PLAZA & JANES
P & J
EPOCA

EL FUTURO DE LA CULTURA

ALTERNATIVAS CRÍTICAS

SERGIO VILAR

PLAZA & JANES EDITORES, S. A.

Portada de

JOAN BATALLE

Primera edición: Setiembre, 1988

Editado por PLAZA & JANES EDITORES, S.A.
Virgen de Guadalupe, 21-33. Esplugues de Llobregat (Barcelona)

Printed in Spain - Impreso en España
ISBN 84-01-23004-7 - Depósito Legal: B. 32.415-1988
Impreso en HUROPE, S.A. - Recaredo, 2 - Barcelona

ÍNDICE

PÓRTICO

INTRODUCCIÓN

PÓRTICO

«Acá y allá algún sabio rompía los compartimientos de la ciencia especializada y trataba de avanzar en el orden de lo general; se soñaba con un nuevo alfabeto, con un nuevo lenguaje de signos que hiciese posible fijar e intercambiar las nuevas vivencias espirituales..., un lenguaje universal alimentado por todas las ciencias y artes...»

HERMANN HESSE
(Premio Nobel de Literatura 1946)

«Hemos de instituir inmediatamente una nueva "Gran Costumbre": la costumbre de reflexionar con métodos nuevos en cada situación nueva.»

BERTOLT BRECHT

«No es la reducción de lo psíquico o de lo sociológico a lo biológico lo que hay que temer: es la reducción de lo sociológico a lo sociológico y de lo psíquico al lenguaje: en otros términos: hay que temer el cierre de un sistema de pensamiento, de una información-estructura sobre sí misma.»

HENRI LABORIT

«Para llegar al punto que no conoces, debes tomar el camino que no conoces.»

San Juan de la Cruz

«Hacer porvenir.»

Paul Valéry

«Los seres vivos son, de hecho, estructuras históricas. Son, literalmente, creaciones de la historia.»

François Jacob
(Premio Nobel de Biología 1965)

«Económico, más social, más político, más ideológico y espiritual, igual a histórico.»

Pierre Vilar

«Las teorías son redes: sólo quien lance recogerá.»

Novalis

«La fecundidad del conocimiento científico consiste en que siempre progresa dialógicamente, en las complementariedades antagonistas de la razón y de la experiencia, de la imaginación y de la verificación. Por tanto, es en la dialógica acción/praxis, comunicación/cambio, reflexión/crítica donde las estrategias del conocimiento encuentran su mejor energía hacia el porvenir.»

Edgar Morin

«La historia de la civilización se está convirtiendo cada vez más en una tarea interdisciplinaria en la que la historia de las ciencias y de las técnicas, la historia económica, la sociología diacrónica, etc., deben analizar conjuntamente las innumerables facetas de las mismas transformaciones. (...) El verdadero objeto de la investigación interdisciplinaria es, pues, la reestructuración o reorganización de los dominios del saber, por medio de intercambios que consisten, en realidad, en recombinaciones constructivas.»

Jean Piaget

«Las universidades muestran una profunda resistencia hacia los contactos interdisciplinarios que son esenciales en el campo de los ordenadores.»

EDWARD A. FEIGENBAUM

«Pensar a la vez científica y artísticamente acerca de los problemas de la multiplicidad anfíbica del hombre y su abundante causación es difícil y trabajoso.»

ALDOUS HUXLEY

«Todo estudiante, todo ingeniero, todo diseñador, todo inventor, debe ser capaz de usar los nuevos instrumentos de los ordenadores para aprender más de prisa y mejor, para revisar, diseñar, comparar, formular hipótesis y desarrollar sus ideas.»

SERVAN-SCHREIBER

«Toda comprensión sucede siempre con retraso y se inaugura en *procesos inconscientes* mucho antes de que su *contenido consciente* pueda ser formulado de modo racional.»

WERNER HEISENBERG
(Premio Nobel de Física en 1932)
WOLFGANG PAULI
(Premio Nobel de Física en 1945)

INTRODUCCIÓN

¿Es toda la cultura que se difunde **adecuada** para las **necesidades humanas**? ¿Cuáles son las tendencias culturales **contrarias** a los **intereses materiales y morales** de las mujeres y de los hombres de hoy? ¿En qué medida los conocimientos académicos toman en consideración los **deseos** de los ciudadanos y el **futuro** que van a vivir?

La humanidad entra cada día a mayor ritmo en una situación histórica-preñada-de-futuro en la que los ciudadanos requerirán —en buena parte ya están requiriendo— transformar sus tradicionales relaciones con la enseñanza, respecto a la cultura en general, con el empleo y en cuanto concierne al tiempo libre.

Desde hace unos pocos lustros se difunde el concepto de revolución científico-técnica cuyas aplicaciones concretas (informáticas, telecomunicativas, robóticas, biotecnológicas, etc.) en la industria y en los servicios anulan diversos tipos de empleos y crean, aunque en menor cuantía, otras categorías ocupacionales.

Ese movimiento expansivo del nuevo maquinismo automatizado suele ser interpretado con no pocos errores por diversas autoridades españolas que tienen poder gubernamental y académico, aunque con frecuencia demuestran carecer de potencia creativa, por ejemplo para renovar los planes de estudio. Así creen, con simplismo y con simpleza, que a una civilización tecnológica ha de corresponder sólo una educación tecnocrática.

El de la «revolución científico-técnica» es un concepto limitativo y subordinado al modo de producción tradicional, pero el fenómeno que desde finales de los años 1960 se ha empezado a vivir es *una global revolución de los conocimientos*, no sólo de los científico-técnicos, sino también de los humanísticos (sociológicos, artísticos, psíquicos, históricos, sensuales, filosóficos...). Los nuevos enfoques y proyecciones de los saberes y de las sensibilidades determinan, en realidad, muchísimo más que cambios laborales y de la enseñanza adecuada a estos fines: la revolución de los conocimientos pide múltiples transformaciones, específicas e interdependientes, en toda la estructura social, empezando por la docente e investigadora.

La progresiva materialización de los nuevos conocimientos y de las nuevas actitudes humanas exigen profundas reorganizaciones en todo el sistema de creación y de transmisión de saberes, en sus contenidos, en la relación entre ellos y en las ósmosis con la sociedad y con la naturaleza.

Ante ese cúmulo de enormes y apremiantes necesidades culturales, el sistema educativo oficial coterráneo, hundido por el neoescolasticismo y por la patrística localista y cateta, fenómeno criticado por los más solventes profesores e investigadores (véase mi libro *La Universidad, entre el fraude y la irracionalidad*, editado asimismo por Plaza & Janés), en sus nuevos planes de estudios ofrece poco más que añadidos, remiendos e injertos para-técnicos a la par que menosprecia la necesaria renovación de las enseñanzas de materias humanísticas y sociales.

No se sabe con seguridad si los propósitos y programas de los maravallianos y de sus seguidores son resultantes de sus insuficiencias culturales o de su provinciana admiración por las nuevas técnicas al servicio de los centros de trabajo. La educación ha de contribuir, sin duda, a formar futuros profesionales, pero tiene que hacer muchísimo más que eso: *formar ciudadanos* en *todas* sus dimensiones *intelectuales* y para todas las *circunstancias vitales*. Pero con los nuevos planes de estudio que se proponen no se conseguirá ese objetivo general y creativo. España todavía corre el riesgo de sufrir, además de la tradicional dependencia científico-técnica, una subordinación cultural en casi todos los ámbitos, salvo en los que basta el impulso creativo individual o el de pequeños núcleos que apenas necesitan medios para realizar sus obras.

a) *La realidad y el principio de placer*

Hasta la actualidad, la enseñanza en España está en gran parte enfocada hacia la reproducción de los conocimientos del pasado (varios planes académicos corresponden aún a los planteamientos de los años 1940, de los años 1920 e incluso de más atrás). Ahora, las autoridades se obstinan en articular los nuevos planes de estudio sólo con el presente a la vez que demuestran otra creencia equivocada: que el futuro no será más que una ampliación cuantitativa de las realidades de hoy. Actúan de manera parecida a la de aquellos negros salvajes del centro de África, que entendían, sólo cuantitativamente, que el teléfono «es un tam-tam más grande», o sea: eran incapaces de imaginar el enorme *salto cualitativo*, fecundado por los saberes científico-técnicos, que existe entre el tam-tam y la transmisión telefónica.

Las propuestas de reorientación de cualquier sistema de estructuras y relaciones sociales han de tomar en consideración no sólo su situación presente, sino asimismo sus elementos potenciales para desarrollar tendencias hacia el futuro, así como deben investigar prospectivamente, o por lo menos imaginar y facilitar las posibles interconexiones entre esas potencialidades y los hipotéticos y verosímiles saltos cualitativos *que rompan con la continuidad evolutiva simple*, para lanzar a los seres humanos a nuevas y más complejos esferas.

Los contenidos y las formas de la enseñanza, así como la cultura difundida por los principales medios de comunicación y por otras instituciones, son algunos de los más poderosos condicionantes, positivos pero también negativos, de esas corrientes hacia el futuro. Ahora bien, la realización del mañana, próximo o remoto, igualmente depende, desde ahora, de la voluntad crítica e independiente (de su energía o de sus carencias), de los deseos e incluso de los sueños (de sus sentidos o de la falta de ellos) que cada cual proyecte (más o menos o nada) hacia esos horizontes.

Todo ciudadano tiene la necesidad y el deber de mostrar un cierto grado de adaptación respecto a la sociedad en la que vive. La escuela, el instituto y la universidad contribuyen a formar las actitudes adaptativas. Pero la voluntaria integración de cada ciudadano no ha de significar que se deje arrastrar por el conformismo borreguil, gregario. *Su racional principio de realidad no tiene por qué impedirle su espíritu crítico e innovador en función de su principio de placer, con el fin de mejorar constantemente su vida individual y colectiva, intelectual y material.* Para alcanzar estas perspectivas, los más lúcidos pedagogos, desde Sócrates y Comenius, hasta Piaget, Freire y Suchodolski, pasando por Freinet, Neill, Illich y otros inconformistas, reiteran, siglo tras siglo y en nuestros días, que los modos y las sustancias de la enseñanza han de superar la mirada sujeta a los hechos del pasado y del presente, para ser, en cambio, los que generen, determinen e impelan la creación de nuevas sociedades e instituciones, nuevas relaciones entre los seres humanos. Dirigir críticas a las realidades actuales ya resulta un estímulo para que promuevan una dinámica en pos de lo óptimo.

No hay que confundir los *hechos* cristalizados en formas socioeconómicas, educativas, institucionales, etc. con las *energías* que los rodean, los penetran y pueden trastocarlos y también sustituirlos por otros contenidos y configuraciones. Si todas las personas hubiesen sido conformistas y no se hubiesen dado cuenta, al menos intuitivamente, de esas diferencias entre fenómenos materiales y fuerzas humanas, el planeta Tierra aún estaría en la Edad de la Piedra. Cualquier hombre o mujer puede influir, en un grado u otro, en la construcción del futuro, combinando sus sueños, planes, visiones, pronósticos, prospectivas y esperanzas para tales o cuáles plazos cortos, medios y largos, sin obstaculizar aquellas potencialidades, eutópicas o realistamente previsibles, que, según se calcule, se materializarán más allá de la prolongación de la vida de los humanos de hoy. Esto ya lo intuye el instinto materno y el paterno, pues dan vida y ayudan a crecer a seres que desarrollarán su existencia hasta 40 o 50 años después de que los padres hayan desaparecido. Éste es el espíritu con el que trabajan los grandes intelectuales de todas las épocas: no escriben, pintan, inventan, etc. sólo para las gentes de su época, sino también para las de los siglos y milenios venideros. Por ello en 1988 todavía aprendemos de y admiramos a los grandes escritores, científicos, filósofos, artistas..., que vivieron en Grecia hace más de dos mil años.

b) *Las migajas de saberes y la necesidad de una cultura global superior*

Son muchos los aspectos y las rémoras que en el sistema educativo español obstaculizan la necesaria difusión de los conocimientos a la altura de nuestro tiempo y en profunda simbiosis con la naturaleza del ser humano. Otro problema, que empecé a poner de relieve en *La Universidad, entre el fraude y la irracionalidad* y cuya crítica desarrollo en varios capítulos de *El futuro de la cultura*, radica en que las enseñanzas continúan impartiéndose demasiado fraccionadas: lo que se da y se obliga a asimilar a los alumnos son migajas de saberes, desconectados unos de otros y enfocados hacia la configuración de especialidades que, posiblemente cuando los estudiantes tengan que encontrar empleo, ya hayan cambiado y se requiera un nuevo tipo de especialización o probablemente más bien se necesiten transespecialistas, o especialistas que puedan reciclarse para devenir otros especialistas. Porque la cuestión de fondo es mucho más amplia y ha de plantearse de otro modo.

Tengamos en cuenta en primer lugar que, por su naturaleza, el ser humano no es un especialista, sino un generalista. Los auténticos especialistas son los animales, que saben hacer muy pocas cosas o una sola, en la que están «especializados». Los especialistas por naturaleza son los perros, las gallinas, los burros, los besugos, las ovejas, etc., pero la mujer y el hombre son *seres generalistas*: les gusta y pueden —si reciben la formación correspondiente— hacer varias e incluso muchas cosas. Por ello, incluso los que se dedican a tareas vocacionales o por las que sienten gran entusiasmo (las artísticas, las de experimentación científica, etc.), al menos necesitan compensar sus horas de trabajo especializado con actividades-aficiones que les ayudan a realizar otras dimensiones de su personalidad o el conjunto de ellas, como son la práctica de la jardinería, el «bricolage», la pesca, los juegos y deportes, o (para los que no son músicos o escritores) la música y la lectura... De cara al porvenir no sólo es preciso atender, por razones evidentes, estas características esenciales de la persona y de su proyección en el mundo, sino que las prospectivas que ya podemos hacer ahora acerca de lo que serán las futuras estructuras de los empleos exigen que los contenidos de la enseñanza y de sus métodos de transmisión dejen de consistir, en buena parte, en conocimientos especializados y pasen, sobre todo, a desarrollar una cultura global superior, interdisciplinaria e incluso transdisciplinaria.

Las nuevas ciencias y sus aplicaciones técnicas implican una tendencia proteica que, a estas alturas, los científicos aislados no pueden controlar: por una parte es la aceleración de los cambios materiales determinados por los nuevos conocimientos; por otra parte es la resultante de esa aceleración en el seno de la propia evolución de los saberes (en los sectores punta, los conocimientos envejecen y se vuelven inútiles cada 5 o 7 años). Las innovaciones pueden ser tantas, y tan relativamente rápidas, que hoy no se sabe exactamente cuáles serán dentro de tres o cuatro lustros. Tan es así que expertos de la UNESCO y de otros organismos culturales han calculado que *la mayor parte de los nuevos empleos que se necesitarán dentro de 15 o 20 años consistirán en aplicaciones técnicas de conocimientos que en la actualidad sólo están, como mucho, en germen o en hipótesis* y que se elaborarán en relación con aquellos centros de investigación y de enseñanza que estén al día en su constante e imprescindible renovación. Por ende, los planes de estudios en marcha —concebidos de nuevo con rigideces formales y contenidos dogmáticos— resultarán erróneos en lo esencial y contraproducentes en relación con las exigencias profesionales que deberán atender en el futuro los niños y jóvenes que hoy andan por los institutos y por las universidades: porque darles una formación excesiva y rígidamente especializada va a impedir, primero, que esos adolescentes tengan la suficiente *flexibilidad* intelectual para adquirir nuevos saberes y adaptarse progresivamente a los cambios sugeridos; y segundo, o más grave: si se forman como especialistas muy unilaterales, en los años venideros pueden resultar incapaces de asimilar una nueva formación profesional, como probablemente será necesario para la mayoría a lo largo de su vida en los años 2000, cuando las actuales autoridades ministeriales y académicas habrán desaparecido y de la casi totalidad de las cuales no perdurará ni siquiera un leve recuerdo.

c) *Necesidades humanas y objetivos técnicos antihumanos*

La enseñanza tradicional ha creado compartimientos estancos entre la cultura, la sociedad y la naturaleza: ha considerado la ciencia como una entidad al margen de la inmensa mayoría de los seres humanos o ha difundido los conocimientos sin preocuparse de sus efectos entre millones y millones de mujeres y de hombres.

Hay científicos que no toman en consideración las necesidades humanas. No pocos profesores muestran una fascinación primitiva respecto a todas las ciencias y sus realizaciones técnicas, sin tener en cuenta que algunas de ellas resultan funestas para los ciudadanos.

Desde las nuevas concepciones culturales también conviene que sometamos a crítica los programas de investigación, de sus aplicaciones industriales y de sus consecuencias sociales, económicas y ecológicas. *Hay que rechazar la idea de los papanatas que creen que toda ciencia y toda tecnología son útiles para el porvenir humano creativo y en paz, para su bienestar material y su bien-ser espiritual.*

La persona necesita desarrollarse física y psíquicamente; ha de gozar de una buena nutrición y de salud; practicar deportes y comunicarse con los demás; adquirir cultura y disfrutar de las artes; tener un empleo y disponer de una vivienda; hacer el amor; ser digno, libre y responsable; viajar y conocer otros pueblos; comprender y tolerar otros modos de ser y de estar en el mundo, así como respetar la respectiva naturaleza. En cuanto se engranen con la satisfacción de estas necesidades y actitudes humanas y sus derivaciones y complementos, las investigaciones científicas, la difusión de sus conocimientos y frutos son completamente plausibles.

Por el contrario, los seres humanos no necesitan e incluso rechazan porque les resultan perniciosas la investigación y la enseñanza de ciencias y técnicas que contaminan y destruyen diversos patrimonios naturales, que se dedican a la fabricación de armamentos, que contribuyen a establecer sistemas sociales injustos y políticamente dictatoriales. Este último es uno de los fenómenos patológicos más enquistados en las formas docentes tradicionales: hay muchos —demasiados— profesores de talante autoritario, que imponen unas relaciones excesivamente jerárquicas con sus alumnos: consciente o inconscientemente, este tipo de enseñantes se creen «sacerdotes» medievales que tuvieran la exclusiva de la transmisión de verdades como dogmas, indiscutibles, cuando hoy más que nunca el auténtico espíritu científico es aquel abierto a la crítica, a la discusión en todas direcciones y con todas las personas interesadas. *La gravedad de esta forma de enseñar se multiplica ya que crea discípulos que, a su vez, propagan el estilo dictatorial y dogmático en la sociedad.*

d) *Conocimientos con poco fundamento real e ilógicos. Necesidad de otros conceptos concretos y críticos*

Salvo las excepciones individuales que pueden hacerse, en los institutos y en las universidades se difunden, por desgracia, varios otros conocimientos que poco o nada tienen que ver con los intereses materiales y morales de la inmensa mayoría. Una gran parte de estos conocimientos son admitidos normalmente como elementos científicos indiscutibles, cuando lo cierto es, al someterlos a análisis crítico, que no pocos de ellos carecen de la suficiente fundamentación empírica, de la exigible lógica y de la precisión del conocimiento que pretenden transmitir a los ciudadanos. Ejemplos concretos de lo que sugiero: la cultura académica al uso considera que la mejor forma de medir el progreso económico de un país es determinar su PNB (Producto Nacional Bruto). Pero la formación de este dato no explica en qué medida están (o no) satisfechas las necesidades humanas, sus derechos y deseos. El PNB no toma en cuenta datos clave de la situación del conjunto de los ciudadanos en una nación como son las cifras de la mortalidad infantil, de las expectativas medias de vida, de la tasa de analfabetismo, del grado de desarrollo cultural, del número de parados, de la depredación de la naturaleza, del gradual agotamiento de algunas materias primas, de las formas de delincuencia alta y baja, negra y de guante blanco. Todos estos procesos de la dinámica social (y de su estancamiento, y de su regresión, etc.) ponen entre interrogantes e invalidan la noción de PNB y de otras análogas. En vez de este conocimiento económico tradicional, es preciso avanzar hacia la concreción de otros saberes que relacionarán más la economía con la sociedad. *Es conveniente, en este sentido, establecer otras categorías científicas* como, a título de sugerencias, los indicadores anuales de la que podemos conceptuar como «Calidad Física, Psíquica y Cultural de la Vida» o como «Proyección Global hacia el futuro» de tal o cuál sociedad. La noción de «renta per cápita» también habría que matizarla o complementarla con otros conceptos como «bienestar per cápita» (porque la renta puede ser elevada, como en los países escandinavos, pero ello no es suficiente para indicar si la gente vive bien: otros signos nos dicen que los ingresos elevados no lo son todo: por ejemplo: Suecia, Dinamarca, etc. son países que presentan una tasa elevada de suicidios en comparación con naciones como Grecia). Las sociedades no sólo tienen que llevar una contabilidad de sus aspectos positivos, sino que también tendrían que contabilizar sus tendencias negativas: así, junto al «bienestar per cápita», sería instructivo establecer un indicador que podríamos llamar «perjuicio anual per cápita» en cuyo capítulo se podrían hacer constar los efectos de la contaminación de las aguas y de la atmósfera (en las grandes ciudades ya se producen sucesos patológicos gravísimos que afectan a las vías respiratorias), la contaminación sonora (los ruidos, incluso nocturnos, ya constituyen otra plaga que genera varias enfermedades que afectan al sistema nervioso, a la buena capacidad auditiva, a la sensibilidad y a la hipertensión). Las sociedades tampoco están suficientemente cohesionadas, y por tanto habría que explicar, cada año al menos, el «Grado de Armonía o de Antagonismo social», o las «Tendencias cohesionadoras o Disgregadoras» o las «Corrientes de la entropía y de la neguentropía» que circulan en la formación social... Mediante estos conceptos encontraremos más explicaciones sociológicas acerca de la verdadera situación de los ciudadanos, de sus sistemas productivos, culturales, políticos, etc. que a través del famoso PNB, a la vez que nuestras explicaciones estarán más engranadas con las necesidades, los derechos y deseos de las personas.

Pero no sólo la «ciencia» económica es la que está aquejada de nociones, conceptos y enfoques que tienen poco que ver con la realidad y menos con las necesidades humanas. Casi todas las ciencias están atravesadas por *rutinas académicas* incoherentes, por prejuicios, estereotipos y ritos, aunque a veces, para disfrazar su insignificancia y su ineficacia, las arropan con digresiones de tipo matemático. Más ejemplos rápidos: los psicólogos imparten algunos cursos o escriben capítulos enteros de sus libros que, si se analizan en profundidad, no explican más que lo que puede interpretar y aconsejar un padre o una madre o un amigo medianamente sensato, inteligente y perspicaz, sin necesidad de hacer ninguna encuesta-«espectáculo». Son numerosos los enseñantes de historia que se parecen mucho a los abuelitos que cuentan sus antiguas guerras y las anécdotas en torno a los jefes de Gobierno y de Estado de su juventud. En España, la ciencia política suele confundirse con el derecho político (éste no es sino una parte pequeña y más bien decimonónica de aquélla). La mayoría de sociólogos tiene una formación concentrada en las técnicas de sondeo superficiales (para-electorales, para-comerciales) y carecen de la cultura histórica (de su país y de otras naciones) que fundamenta los saberes de todos los grandes sociólogos del pasado (Comte, Marx, Durkheim, Weber...) sin los cuales, sin un riguroso conocimiento de cómo se han formado a lo largo de décadas anteriores las estructuras y las relaciones sociales, no se puede hablar con la suficiente clarividencia de lo que sucede en la actualidad, cuyos acontecimientos a menudo no suelen ser más que simples brotes superficiales, coyunturales, de tal movimiento orgánico constituido, compleja y lentamente, durante décadas anteriores.

En todo caso, nuestros conceptos y conocimientos han de engranarse con teorías flexibles, articuladas con lo real y con lo práctico, proyectadas hacia el futuro y sin rígidas pretensiones de haber alcanzado verdades absolutas. Nuestras investigaciones han de tener siempre presentes las normas de los autores que cito en el pórtico de este libro y de otros, como Popper, quien parte del verso de Novalis, para considerar, en «*El universo abierto*», que, efectivamente, las teorías científicas son como «redes creadas por nosotros para atrapar el mundo (...) redes que estén cada vez mejor adaptadas para capturar nuestro pescado, el mundo real. Sin embargo, nunca serán instrumentos perfectos para ese propósito. Son redes racionales hechas por nosotros mismos, y no deben confundirse con una representación completa del mundo real en todos sus aspectos, ni siquiera aunque tengan un gran éxito; ni siquiera aunque parezcan producir excelentes aproximaciones a la realidad». Desde una perspectiva científica distinta, los criterios de Geymonat son análogos y complementarios, según podemos leer en su «*Ciencia y realismo*» donde observa que la teoría y la práctica se encuentran profundamente inter-relacionadas, sobre todo en las ciencias sociales, para concluir que «los factores teóricos y prácticos de nuestros procesos cognoscitivos forman una unidad dialéctica, donde no es ilícito en absoluto apelar a la actividad práctica (o praxis) como criterio de verdad cuando se trata de aplicarlo a la valoración del carácter objetivo de los resultados (siempre relativos, sin embargo) de la investigación científica». La estructura y la dinámica del saber nunca llega a verdades absolutas ni, mucho menos, que pretendan ser absolutistas.

e) *Nacionalismos y localismos anacrónicos, mientras el mundo se internacionaliza*

Los sistemas de enseñanza, en particular el español, continúan muy encerrados en sus concepciones nacionales e incluso nacionalistas (y regionalistas y localistas), mientras el mundo se internacionaliza cada día más. Esta situación se agrava en España desde 1984, debido a que el Ministerio de Educación y la inmensa mayoría de rectorados *confunden la lógica, democrática y necesaria autonomía administrativa* de las universidades, con la autonomización particularista y caciquil de los quehaceres docentes e investigadores, supuestamente científicos. *La ciencia, todo lo esencial de la cultura, es universal o no es.* Pero en Alicante, en Badajoz, en León, etc. hay no pocos profesores que confunden su respetable amor a la tierra en la que han nacido y viven, con la validez de los conocimientos localistas que transmiten, a los que no podemos respetar. Por muy autónomos que política y administrativamente quieran ser en Valencia, Extremadura, Castilla, el País Vasco o Cataluña, etc. (lo que aquí no se discute; al contrario: yo siempre he sido simpatizante de la mayor autonomía posible para cada uno de los pueblos hispánicos, y así lo prueban varios libros míos publicados entre 1962 y 1969 en México,

París, Milán y Barcelona), lo que, sin embargo, resulta absurdo es que al explicar la historia o la cultura ciertos profesores organizan compartimientos estancos, cuando el devenir histórico y cultural de cada comunidad diferenciada: vasca, castellana, gallega, valenciana, catalana, etc., no resulta inteligible más que en el conjunto de o en relación con los demás pueblos constitutivos de España. En todo caso, la enseñanza en sus distintos grados ha de explicar y comprender el ritmo de transformación del mundo actual, la constitución de grandes asociaciones internacionales, bloques económicos y políticos que son hitos de la mundialización humana, lo que asimismo comporta efectos positivos y negativos que han de analizarse y criticarse: sobre todo en cuanto que estas corrientes mundializadoras se acentúan por la difusión de informaciones y elementos culturales homogeneizadores, en especial dimanantes de los países que suelen llamarse superpotencias, que erosionan las costumbres y las culturas específicas de los pueblos dependientes.

Con todo, antes de que se alcance esa mundialización, la sociedad humana tendrá que resolver diversos antagonismos político-militares (Este-Oeste) y económicos (Norte-Sur). Los estudiantes no pueden desconocer estas realidades principales de la actualidad-en-marcha de nuestro planeta, entre otras razones porque esos problemas lanzan impactos sobre la enseñanza y los empleos de cada país, de cada región y de cada ciudad.

f) *Instituciones y métodos nuevos*

La aceleración de los cambios en los saberes cristalizados en nuevas máquinas, la aceleración interna a la propia elaboración de los conocimientos y por ende su envejecimiento más rápido, la aceleración histórica, en suma, combinada con la progresiva desaparición de los nacionalismos, mientras emergen las corrientes mundializadoras, exigen, pues, constantes replanteamientos a fondo de los contenidos y las formas de las ciencias, hasta tal punto que asimismo son necesarias instituciones nuevas que cumplan con tales funciones. En este sentido hay que prescindir de cualquier noción que sacralice —cada día son menos los que la sacralizan— la universidad tradicional. Esta institución se creó en la Edad Media, tuvo un primer desarrollo en la Modernidad y se expande en los tiempos contemporáneos. Pero se creó y desarrolló no con fines sobrenaturales y supratemporales, sino *para cumplir con unos fines sociales, para atender una serie de necesidades humanas* y de los respectivos sistemas productivos y sociopolíticos. Cuando una institución deja de cumplir con las funciones para las que fue fundada, a la larga esa institución desaparece por su propia inercia y, si no lo hace así, los grupos humanos más engranados con el porvenir hacen de manera que desaparezca o que quede aplastada por el descrédito. De acuerdo con el grado de lucidez que prevalezca en cada sociedad, los ciudadanos exigirán su desaparición o su sustitución por otra institución que cumpla con las misiones necesarias de cada dinámica histórico-social y según sea el porvenir que deseen dar a sus estructuras, potencialidades, esperanzas y sueños positivos.

Las universidades ancladas en la retórica de la tradición se encuentran ya rodeadas y atravesadas, en todo el mundo, por graves interrogantes acerca de su futuro. La universidad española es una de las más firmes candidatas al retiro, al mausoleo. Ahora bien, en muchos de sus centros hay una minoría de profesores e investigadores —biólogos, juristas, físicos y químicos, historiadores, matemáticos, sociólogos, profesores de estética y de filosofía, etc.— de considerable valía —algunos de consistencia intelectual análoga a la de los enseñantes en Francia, Estados Unidos, etc.—, que constituyen un valioso patrimonio cultural de España. Con ellos es necesario crear *otras instituciones* elaboradoras, innovadoras y transmisoras del saber: es la gran reforma que había y que hay que hacer, y no la reforma jurídico-administrativa para-localista de los maravallianos-solanescos-felipistas asociados con los diversos grupos caciquiles.

Las alternativas a la universidad inmersa en la tradición retórica es tanto más exigible por cuanto desde hace pocos lustros, las sociedades humanas disponen de otros medios de creación y difusión de los conocimientos. La universidad que en estos últimos decenios se ha heredado —¡pesada y ruinosa herencia!— del pasado, conserva muchos aspectos del estilo con el que hace cuatro o cinco siglos se fundó: transmisión oral de la cultura, memorización rígida, repetición exacta de lo que dice el «maestro», consideración de la universidad como el único centro científico y humanístico de la sociedad. Todo ello fue verdad hace cuatrocientos o quinientos años, y hasta hace aproximadamente medio siglo: corresponde a épocas en las que: 1.°) no había libros (no se había inventado la imprenta), sólo unos pocos volúmenes manuscritos; 2.°) cuando pudieron imprimirse textos, sus ediciones fueron de escasos ejemplares; y 3.°) por tanto, había que atenerse a lo que dijera cada profesor: hasta cierto punto, entonces sí que podía considerarse «sagrada» la palabra del profesor, porque era la única fuente del saber. Hoy no, en nuestros días es o puede ser completamente distinto. Desde hace unas décadas las ediciones de libros, a miles, son la principal y la más precisa transmisión de conocimientos: alcanzan a centenares de miles de personas y, lo que es más importante, pueden ser consultados y contrastados permanentemente, se puede sostener un constante diálogo con ellos, en enriquecedora autodidaxia.

Hoy, los profesores e investigadores más responsables y exigentes con su propio trabajo han de estar al corriente (lo que en la mayoría no ocurre en España) de los libros que se publican en su nación y en el resto del mundo: los conocimientos que imparte un físico, un sociólogo, un biólogo, un jurista, un sociólogo español, etc. pueden estar anticuados o van a resultar anacrónicos en fechas próximas debido a una serie de textos que se han editado o acaban de aparecer o se publicarán en breve en París, o en Tokio, o en Nueva York, etc. y que revolucionan algunos aspectos de tal o cuál disciplina. La edición de libros sigue siendo un medio (un conjunto diverso de empresas editoras) clave para la transmisión y la innovación de los conocimientos.

Es más: otra gran diferencia respecto al pasado es que desde hace unos decenios las sociedades humanas disponen de otras instituciones, como la radio y la televisión, que son excelentes medios técnicos para la comunicación de cultura y de sensibilidad, aunque hoy por hoy, desgraciadamente, la casi totalidad de sus programas no transmite más que infracultura y toscos y groseros elementos sensibles. Es necesario conquistar, en parte al menos, las emisoras radiofónicas y televisivas para los fines de la cultura media y superior: habrá que convencer a sus propietarios que estos programas asimismo pueden ser rentables. Con la radio y la televisión, sin olvidar lo útiles que para este fin también pueden ser los periódicos de gran tirada, se puede llegar simultáneamente a millones de personas (no a unas pocas decenas o, como máximo, a dos o tres centenares, en un aula tradicional). En cualquiera de las nuevas formas de transmisión de los conocimientos, se hará —ya está haciéndose— imprescindible la aplicación del método interdisciplinario, al que en este libro dedico más de un centenar de páginas.

g) *Iniciación al acoplamiento de la inteligencia humana con los ordenadores inteligentes*

Para enseñar-aprender y reelaborar de un modo innovador los conocimientos, otra de las técnicas-clave la constituye la informática, en especial la que propone la nueva serie de ordenadores altamente representativos de la inteligencia artificial, los que popularmente suelen definirse como de quinta generación, supercomputadoras que alcanzan un elevadísimo nivel de complejidad al tratar las informaciones y los saberes, para relanzarlos hacia nuevas consistencias y perspectivas.

Hace tan sólo unos pocos lustros la paulatina introducción de la informática empezó a constituir una revolución análoga a los procesos revolucionarios que, hace milenios, supusieron: 1.° el mantenimiento de la incipiente cultura humana, no sólo por la tradición oral, sino también por la comunicación pictográfica, «memoria» más segura que los volátiles y falibles recuerdos de los hombres. Esta forma de conservar y reproducir los poco a poco crecientes conocimientos humanos conquistó otro nivel revolucionario: 2.°) cuando hace unos 3.000 años (1.000 a. de C.), los fenicios inventaron la escritura alfabética, y gradualmente se arrinconaron los pictogramas, por resultar sólo un modo primitivo de explicarse-comprenderse. Las palabras escritas permitieron representar ideas y prácticas cada vez más complejas, y que no se prestaban al dibujo. La cultura escrita pudo transmitirse desde entonces más fácilmente y con mayor amplitud. La facilidad y la ampliación se multiplicaron enormemente cuando, unos dos mil quinientos años después, Gutenberg (siglo XV de nuestra Era, hacia 1455) inventó la imprenta. Ésta fue la 3.ª gran revolución en el mantenimiento, la reelaboración innovadora y la transmisión de los conocimientos, dinámica revolucionaria que enriquece el saber humano hasta nuestros días. A principios del siglo XVI empezaron a difundirse en cantidades crecientes los ejemplares de libros (hasta pocos decenios antes sólo fueron unos escasos miles de manuscritos): este movimiento cultural, gracias a una nueva técnica, significó asimismo que cada vez fueron más las personas alfabetizadas que, por tanto, pudieron introducirse en estratos progresivamente más altos de la cultura, todo lo cual determinó considerables efectos sociales. Y, desde hace unos pocos años, con la informática, asistimos a la 4.ª revolución en cuanto concierne a los soportes materiales de la cultura y a su reproducción inteligente. Actualmente, con los nuevos superordenadores, estamos acercándonos a la posibilidad de dar otro salto cualitativo en dichas dimensiones y proyecciones.

Como mínimo, los ordenadores facilitan la posibilidad de tener clasificados enormes bloques de informaciones y conocimientos para ponerlos rápidamente a disposición de cuantos deseen asimilarlos y, a partir de ellos, efectuar nuevas reconsideraciones y tareas investigadoras. Uno de los principales especialistas en informática, Edward A. Feigenbaum, profesor en la Universidad de Stanford y discípulo de Herbert Simon (quien hubiese tenido que recibir el premio Nobel de Informática, si este tipo de galardón hubiera existido, y al que le dieron el Nobel de Economía en 1978), explicó a principios de los años 1980 que la informática posibilita la organización de «bibliotecas inteligentes»: este modo informático —también podríamos conceptuarlo como informofílico e informosófico— de ordenación de los libros «será una biblioteca activa, no pasiva. Mantendrá un diálogo con el lector, deduciendo de lo que él le diga lo que realmente le interesa. El lector podrá formular una pregunta, declarar el objetivo que persigue y la máquina, después de interrogar al lector, deducirá lo que desea e intentará satisfacerle. Incluso sugerirá temas relacionados con la materia, en los que el lector de momento no había pensado. Comprobará las hipótesis, verificará las ideas del lector y le dará las explicaciones necesarias para que acabe comprendiendo». Feigenbaum alude, con todo ello, a las posibilidades que ofrecerá la instalación de los ordenadores dotados de inferencia simbólica y de interfaz humana o capacidad automática de escuchar, ver, comprender, y contestar en lenguaje «natural» a los usuarios humanos.

Estas perspectivas técnicas de consecuencias revolucionarias para enseñar-aprender están revolucionándose a sí mismas constantemente. De las pastillas microelectrónicas de medio millón de transistores se está pasando a las de diez millones de transistores. Estados Unidos y Japón van a la cabeza de estos progresos, que alcanzarán realidades casi inverosímiles, misteriosas, que no soñaron ni los más fantásticos utopistas, mediante los procedimientos de miniaturización. Heinrich Rohrer, premio Nobel de Física de 1986, y «padre» del microscopio de efecto-túnel, ha declarado recientemente: «ya se está pensando en poder escribir con letras que tienen dimensiones atómicas, meter una biblioteca entera en una cuartilla o en varias placas de metal todo lo que se ha escrito en este mundo. No se trata sólo de ver sino de modificar la materia y crear cosas nuevas... Creo que en menos de diez años los *chips* serán miles de veces más pequeños». La expansión de los superordenadores inteligentes se prevé para mediados los años 1990, mientras los ordenadores convencionales que conocemos hasta hoy se limitarán al tratamiento de datos, en tanto que los «hardware» y programas más clásicos pasarán —ya empiezan a pasar— a un nuevo tipo de museos: el de la primera ola de la informática.

Con todo, no estamos —ni las actuales generaciones adultas llegaremos— al final de las bibliotecas tradicionales ni, mucho menos, al final del libro, tal como lo conocemos. En este sentido, resulta archisignificativo que los más cultos representantes de estas altas tecnologías siguen subrayando la necesidad de fundarse en los saberes acumulados en los instrumentos neogutenberguianos: contra lo que vulgarmente suele creerse, la clave de la informática no consiste sólo ni principalmente en la existencia de nuevas máquinas-soporte-de-memoria, sino en la aplicación y en el desarrollo, a través de los nuevos medios técnicos, de las ciencias y las artes que nos llegan del pasado: lo esencialmente decisivo es qué hacemos con esas máquinas desde posiciones lógicas y humanistas fundadas en las necesidades y en los deseos de superar las dinámicas históricas destructivas, en la ética, en la psicología, en las matemáticas, en la sociología, en la estética, en la lingüística, en el análisis fonético y semántico... En suma, el porvenir auténticamente civilizador de los nuevos sistemas para el tratamiento informático del saber no radica únicamente en los «chips» o pastillas o circuitos integrados o microprocesadores sino que, en lo fundamental, dimana y ha de dimanar de la proliferación de *nuevos conceptos*, de innovaciones conceptuales. La informática, sobre todo la del próximo porvenir, no consistirá exclusivamente en lo «hard» (duro) sino en lo «soft» (suave, blando), no en lo metálico sino sobre todo en lo teórico, no en lo técnico sino principalmente en nuevas proyecciones humanísticas, científica y artísticamente elaboradas.

h) *Superar las fronteras entre naciones y entre conocimientos aislados*

La supresión de las fronteras entre las naciones se está llevando a cabo poco a poco, aunque de manera comparativamente más rápida a como se hace o se propone la superación de las barreras entre disciplinas culturales. Ir quitando las fronteras, como se hace en el ámbito de la CEE, esto es: promover la asociación, en todos los órdenes, de los pueblos, es un fenómeno que avanza —debería avanzar mucho más— al tiempo que empiezan a abrirse los compartimientos estancos y aislados entre unas y otras ramas de los saberes. Los principales científicos y humanistas están proponiendo asimismo nuevas interconexiones entre los conocimientos y las sensibilidades. Cito, páginas adelante, algunos de sus principales criterios a este respecto, a la par que en España hago las primeras propuestas en el mismo sentido: hemos de observar cómo es necesaria la relación y el trabajo en equipo *entre los que cultivan una mente calculadora y precisa (los científicos) y los que desarrollan su creatividad a través del azar y de la espontaneidad (los artistas)*, entre los que desarrollan sus análisis y los que se concentran en las síntesis, entre los historiadores y los futurólogos, entre los ingenieros y los filósofos, entre los que investigan la sociedad (los sociólogos) y los que experimentan en el individuo (los biólogos y los psicólogos), entre los urbanistas y los ecólogos..., y aún será necesario crear equipos más complejos, con la participación de casi todos ellos, o de otros que aquí no se citan.

En todas esas relaciones, en todos los equipos de trabajo,

habría de estar siempre presente el ciudadano, una representación del hombre corriente, con la posibilidad de hacer preguntas, elementales o no, pero que podrían resultar esenciales y decisivas para dar unas u otras proyecciones a las aplicaciones concretas de los conocimientos y a fin de que no se distancien ni contradigan las necesidades auténticas del ser humano.

i) *Nuevos investigadores y profesores. Necesidad y crítica de las máquinas dotadas de inteligencia artificial*

Con la superación de las formas de enseñanza tradicionales en parte se superará también el concepto y la práctica del enseñante-investigador. La cultura, la ciencia y el arte, en una palabra: los saberes, no los poseen sólo los profesores ni siquiera, dicho de modo amplísimo, los intelectuales. La cultura y la sensibilidad están también (con frecuencia sobre todo) en la vida de la sociedad, en los profesionales de cualquier actividad, en la experiencia de la gente y en *sus capacidades autodidácticas*: los expertos de la UNESCO y de otros organismos internacionales dedicados a la investigación respecto a la enseñanza que es necesaria para hoy y para el futuro insisten mucho en que es imprescindible y utilísimo procurar que se expanda la autodidaxia: la consideran una clave para la cultura del porvenir así como para autocrearse el propio futuro.

Los profesores pasarán a ser investigadores interdisciplinarios, desde su propia rama de saberes y en ósmosis con las demás ciencias y sensibilidades. Los profesores se convertirán, a la vez, en organizadores de inmensos bancos de datos y en programadores de ordenadores. Los profesores serán, sobre todo, consejeros u orientadores flexibles de las inquietudes de los jóvenes, de su espontaneidad y de sus impulsos más auténticos y más persistentes; los profesores les sugerirán lecturas de unos libros y otros, así como de tales o cuáles revistas científicas, artísticas y literarias; les expondrán la conveniencia de que estén atentos a unos u otros programas radiotelevisados y de que consulten con quienes estén trabajando en campos culturales análogos o confluyentes; les harán ver las coherencias o las incoherencias de las combinaciones que hagan; les indicarán las vías de hipótesis a través de las cuales posiblemente se haga avanzar tal o cuál tendencia científica; les inducirán a combinar en sus estudios la certeza con la incertidumbre, lo seguro con lo aleatorio; procurarán que los alumnos afirmen su individualidad, su diferencia, a la par que tengan y desarrollen un profundo y tolerante sentido de la cohesión y de la solidaridad social, pero sin dejarse arrastrar por los gregarismos irracionales; estimularán todas sus potencialidades para autoengendrarse su propio devenir, para labrarse su futuro; y en todo caso, el nuevo tipo de profesor estará muy atento a las preguntas que el alumno le haga: tal vez algunas de sus cuestiones lleguen a dar en el blanco de problemas centrales de nuestra época, y conduzcan hacia hallazgos de ciertas soluciones.

Ciertamente, así como las bibliotecas y los libros en sus formas clásicas no desaparecerán, tampoco se arrinconarán los profesores, cuantos en los diversos niveles tengan como oficio enseñar, transmitir conocimientos. Los enseñantes serán necesarios por varias otras razones, además de las apuntadas en el párrafo anterior: serán tanto más necesarios cuanto más superen la limitada reproducción simple de los conocimientos y puedan alcanzar la capacidad de reproducirlos —y ayudar a que los estudiantes los reproduzcan— de modo ampliado, crítico, innovador. Los enseñantes seguirán siendo imprescindibles si no se circunscriben a la difusión de saberes que llegan del pasado y si contribuyen a la creación de nuevos contenidos y formas culturales para el presente y para el futuro.

En todos esos procedimientos y proyecciones los ordenadores también serán —estando siendo ya— necesarios e imprescindibles. Pero esta tecnología no puede adoptarse de manera a-crítica. La actitud idolátrica que no pocos toman ante las supercomputadoras no es un signo de civilización sino que revela un inquietante primitivismo. Los ordenadores contribuyen a cambiar los contenidos y formas de los conocimientos, pero a estos fines no puede llegarse de forma automática, sino, muy al contrario, mediante *la constante intervención crítica* de las mujeres y de los hombres que trabajen con ellos. En principio, lo que los ordenadores pueden producir son grandes cantidades de información, ríos y mares de información que pueden ahogar a los acólitos con este nuevo tipo de fe primitiva y a los distraídos y espíritus no-críticos. Esas toneladas o millares de metros cúbicos de información serán poco o nada útiles —pueden resultar incluso gravemente contraproducentes— si no se someten a sucesivas *interpretaciones, reconsideraciones críticas, recombinaciones proyectivas* y *síntesis* generadoras de nuevos conocimientos y prácticas. Para estas tareas-clave los nuevos tipos de investigadores y profesores serán indispensables.

La utilización de máquinas dotadas de inteligencia artificial también puede provocar consecuencias impredecibles, algunas probablemente negativas e incluso graves, como la transformación y la reducción de la estructura de los empleos, problemática colectiva a la que dedico un capítulo en este libro. Posiblemente la gravedad mayor que entraña(rá) la implantación expansiva de los superordenadores de la quinta generación radica y posiblemente radicará en las insuficientes capacidad y voluntad crítica y ética de quienes se sirvan de tales automatismos razonadores, que superarán extraordinariamente las posibilidades de raciocinio del ser humano. Por ello Feigenbaum y su colaboradora Pamela McCorduck han creído conveniente poner de relieve, de modo enfático, algunos de los efectos impredecibles preocupantes. Son los siguientes:

«Ignoramos si una máquina puede descubrir nuevos conocimientos (aunque sospechamos que sí y tenemos indicios tempranos de ello). En caso afirmativo ignoramos cuáles serían las implicaciones de estos nuevos conocimientos.

»Ignoramos si una tal red de conocimientos, de alcance mundial, como la imaginan los japoneses, o limitada a una nación, ofrecerá oportunidades sin precedentes para el mal en manos de los gobiernos o de los delincuentes.

»Ignoramos cómo dotar a las personas de la inteligencia crítica necesaria para evaluar el saber que les llega. El problema ya resulta difícil para los lectores de la palabra escrita. Ignoramos si la capacidad de interrogar a una máquina razonadora, de hacer que se explique, ayudará a resolver este problema o a exacerbarlo.

»Ignoramos qué significará, para las personas que no valoran el saber, que el mundo esté profundamente empapado en saber.»

Quizá la civilización actual se encamina hacia otro tipo de divisiones sociales y hacia una nueva conflictividad. Si los superordenadores fueran utilizados por todos con una nueva ética creativa y solidaria, quizá se llegaría a sociedades en las que todo conflicto se circunscribiría a controversias de tipo cultural, científico y artístico, y a fin de incrementar y afinar el sentido civilizado del ser humano, de sus vivencias pacíficas e intelectualmente trascendentes, proyectivas hacia saberes que todavía no sabemos, hacia transaberes más allá de las estructuraciones lógicas a las que hemos llegado, que ciertamente son insuficientes e incluso resultan esterilizadoras para realizar otro estilo de cultura.

j) *Adecuación profesional hacia el futuro,*
mientras cambia la naturaleza y el sentido del trabajo,
al ritmo que la persona aprende a devenir,
a transformarse y a ser más humana

En suma, en este libro sostengo la necesidad de adecuar la enseñanza a las necesidades profesionales del actual modo de producción, pero sin subordinar toda la cultura a estos fines, porque la ciencia y el humanismo tienen preexistencia y preeminencia respecto a las necesidades productivas, así como la proyección de toda tendencia cultural ha de ir más allá del sistema industrial. Hoy más que nunca los conocimientos científico-técnicos y humanísticos constituyen los gérmenes creadores del futuro individual y colectivo, de sus estructuras postindustriales en las que cada vez se concretarán más canales de confluencia entre las fábricas y los laboratorios, entre los talleres y las aulas, entre las nuevas industrias y las multiversidades alternativas de las viejas universidades.

En esos horizontes venideros, la naturaleza y el sentido del trabajo cambiarán. La actividad laboral y los horarios, tal como se conocen hasta hoy, se superarán, a la par que aumentará el tiempo libre. Entonces será posible combinar el empleo (o manera de ganar dinero para vivir) con hacer lo que a cada uno gusta (inclinación preferente u orientación vocacional). El conjunto de estas transformaciones producirá cambios sustanciales en la vida cultural y ética de las personas. Será en ese porvenir en el que el placer de vivir y la libertad de todos y de cada uno alcanzará cotas que hoy es difícil incluso imaginar con precisión. Por ello otra gran necesidad es aprender a devenir, a afinar nuestra condición humana, a *cambiarla para que sea más humana*, a que se distancie más y más de las supervivencias simbólicas de las raigambres animales, depredadoras y gregarias, prejuiciadas y conformistas: es preciso aprender a llegar a ser lo que cada cual será en décadas próximas: lo que sobre todo serán las nuevas generaciones, que llegarán a dirigir la sociedad en torno a los años 2010 y 2020, desde cuyo previsible desarrollo histórico-cultural quizá consideren nuestra época, la de los años 1970-1990, como una etapa emergente, inicialmente liberadora, del segundo período del industrialismo, atravesado todavía por muchos fenómenos autoritarios y contundentemente dictatoriales, así como por situaciones de subdesarrollo, de pobreza y de miseria.

El ser y el devenir del hombre es una preocupación fundamental a través de los siglos: filósofos y poetas, místicos y novelistas, biólogos y psicólogos reiteran esa inquietud, sobre todo cuando contemplan cómo millones de seres humanos superan poco y de modo inseguro las evidentes supervivencias de su antigua animalidad: en este sentido a no pocas personas se les podría decir irónicamente: «para usted no pasan los milenios». Uno de los más actuales filósofos de la Grecia clásica, Heráclito, hace unos dos mil quinientos años ya centraba su pensamiento en las categorías del ser y del devenir. Píndaro, poeta principal en aquella época, tenía como principio el «llega a ser lo que eres», que mantiene toda su vigencia, sobre todo para los que no son lo que podrían ser. Eckhart, el místico medieval, quizás inspirado en los textos heracliteanos define el ser y el devenir como un proceso de «dar a luz» algo que «fluye en sí y más allá de sí mismo». Yo mismo publiqué, en París y en México, en 1963 y en 1964, respectivamente, un ensayo titulado *¿Tener libertad o ser libres?* En 1976, Erich Fromm dio a la imprenta su volumen *¿Tener o ser?* Juan Pablo II, en 1988, publica su encíclica *Sollicitudo rei socialis*, que constituye una de las más sustanciosas series de críticas contra el «tener» que caracteriza a la civilización actual, a la par que un profundo conjunto de propuestas en favor del ser. El Papa desarrolla algunas de las tesis de Pablo VI en la «Populorum Progressio», como aquella que dice que «la búsqueda exclusiva del poseer se convierte en un obstáculo para el crecimiento del ser y se opone a su verdadera grandeza», pero posiblemente se ha inspirado a la vez en otros autores e incluso en el propio Marx, cuando, por ejemplo, el autor de «El Capital» dice «menos uno *es*, y menos expresa la propia vida; más se *tiene* y más alienada es la propia vida». O en Hermann Hesse, que en nuestra contemporaneidad es el novelista que más hondamente pulsa el ser, la necesidad de su realización, de su devenir lo más completamente posible en sus diversas facetas lógicas y para-artísticas. «Realizar» era el verbo preferido de los jugadores —dice en *El juego de los abalorios*— y consideraban su quehacer como *ruta del devenir*, de lo potencial a lo real. Y más adelante hace que su protagonista escriba un poema en el que pone de relieve que «nos empuja siempre la sed de ser»...

Por desgracia no todos tienen esa sed de realización de la respectiva autenticidad.

CONSIDERACIONES FUNDAMENTALES

El cuerpo, los sentidos, la conciencia, el lenguaje y el conocimiento. La persona informívora, la naturaleza y la sociedad

Más que un «animal político» (Aristóteles), el hombre es un «animal informívoro» desde hace milenios, o sea: consume información, se informa de cuanto le rodea; trata mentalmente la información que recoge con sus sentidos, la reelabora y la combina; la retransmite sobre unos y otros fenómenos de la naturaleza y sobre los demás seres humanos; después de diversas pruebas más o menos experimentales (también por resultados que el azar brinda) eleva esa información a la categoría de conocimiento y, en fin, tras sucesivas acumulaciones de informaciones y de conocimientos en su memoria, puede volver a tratar unos y otros hechos mediante proyecciones imaginarias, con las que recrea la realidad: todo lo cual da origen lentamente, a través de los siglos, a las herramientas, a las tareas agrícolas e industriales, a las creaciones artísticas y literarias, a la organización de la ciencia y a nuevas invenciones.

En otros tiempos y hoy mismo suele darse preeminencia jerárquica a una parte del cuerpo, el cerebro, sobre las demás, en los prolongados y complejos procesos de elaboración cultural, cuando en realidad el ser humano es *un todo integrado con equilibrio dinámico* en el que a veces cuenta más el tacto o la mirada, los riñones o los testículos, etc., para el desarrollo de la inteligencia, de la sensibilidad e incluso de los elementos científico-técnicos.

A la información que contiene su estructura genética, el ser humano añade constantemente —pero según ritmos muy individualizados— nuevas informaciones procedentes del medio ambiente, del universo y de la sociedad, minúscula o grande, en la que vive. Existe así, desde tiempos inmemoriales (anteriores a la prehistoria) una constante formación ontogenética y a la vez filogenética. En esta evolución no se sabe con exactitud cuándo, realmente, aparece el ser que en los últimos milenios definimos como humano, y que es el complejo resultante de muchos más milenios de evolución anterior articulada a cadenas evolutivas de millones de años. Lo que sí sabemos es cómo absorbe las informaciones: por lo que se llama el sistema sensorial, de naturaleza química, acústica, mecánica y fotoeléctrica, y que se dedica a detectar luces, imágenes, sonidos, olores, movimientos, frotaciones y contactos. Las informaciones que el hombre (y, claro, la mujer, tan olvidada casi siempre en toda elaboración cultural) recoge por esos conductos múltiples suelen almacenarse en el cerebro que a la vez las regula, contando con otros órganos, y globalmente por el sistema nervioso (electroquímico) y por el sistema endocrino (químico). Es, pues, *un modo muy denso e intrincado de señales* el que constituye la que podemos llamar la proteica materia prima de la reflexión mental.

Ahora bien, el cerebro es un órgano muchísimo más complejo que lo que la gente suele imaginarse, así como en su composición entran elementos muy primitivos: tan es así que algunos no pertenecen exactamente a la filiación humana, aunque los recibimos a través de otros seres humanos, padres-madres. En 1972 tuvo lugar un coloquio internacional para dilucidar esta cuestión. Organizado por el «Centro Internacional de estudios bioantropológicos», los diálogos se centraron en la «Unidad del hombre: invariantes biológicos y universales culturales». Participaron François Jacob y Jacques Monod, ambos Premio Nobel de Medicina en 1965; antropólogos como Maurice Godelier y Georges Balandier; biofísicos como Henri Atlan; etólogos como Eibl-Eibesfeldt; historiadores como Le Roy Ladurie; psicólogos como Luria; sociólogos como Moles, Morin y

Moscovici, etc. En ese marco, Paul D. MacLean, jefe del Laboratorio del National Institute of Mental Health de Bethesda, explicó el producto híbrido que es el cerebro humano: «En el curso de la evolución, el cerebro anterior humano se ha desarrollado según un esquema de tres componentes fundamentales, que yo caracterizaría como reptiliana, paleomamaliana y neomamaliana. Resulta de ello una notable asociación de tres tipos de cerebro radicalmente diferentes en su estructura y por su química y que, en un sentido evolucionista, aparecen separados por innumerables generaciones. Poseemos, por así decir, una jerarquía de tres-cerebros-en-uno, o más simplemente, un cerebro *triúnico* ("triune"). En otros términos: poseemos una asociación de tres ordenadores biológicos, poseedor cada uno de su propio tipo de inteligencia, de su propio sentido del tiempo, de su propio sentido del espacio, de su propia memoria, de sus propias funciones motrices.» En este mismo coloquio, Henri Gastaut, presidente de la Facultad de Medicina y Farmacia de la Universidad de Marsella y catedrático en el servicio de exploración funcional del sistema nervioso del Hospital de La Timone, matiza las explicaciones MacLean: «Me parece excesivo, ciertamente, suponer que son el neoencéfalo y el neocórtex los que tienen la exclusiva del conocimiento, de la consciencia y de la cultura. Si bien es cierto que el neocórtex desempeña un papel esencial en este aspecto, no lo desempeña solo, pues funciona con el resto del cerebro, es decir: con el lóbulo límbico y con las estructuras grises de la base que MacLean propone individualizar como dos "cerebros" distintos del neoencéfalo. Esta reserva no constituye una crítica severa a la proposición de MacLean de distinguir tres partes en el cerebro; representa más exactamente una actitud de alerta de los no-anatomistas ante la tentación de ver tres cerebros separados, uno vestigial, que funcionaría en los comportamientos de imitación, y un tercero en pleno desarrollo, en las funciones intelectuales y la cultura. Nada sería más tendencioso que admitir la naturaleza vestigial o el carácter regresivo de las estructuras cerebrales implicadas en la imitación o en la emotividad, cuando éstas no se desarrollan plenamente más que en las especies más evolucionadas del reino animal y en especial en el hombre.» Y Gastaut concluye: «En definitiva, acepto el punto de vista de MacLean siempre y cuando quede bien sentado: 1) que la triunicidad anatómica de su cerebro se refiere, como indica el término, a una unidad funcional; 2) que existe un *misterio* de la triunicidad cerebral, tal y como hay un misterio de la Trinidad, y en él "tri" significa *uno en tres y no tres en uno.*»*

«Misterio»..., es una palabra impresionante, aunque no rara, en boca de un científico, porque cuanto más profunda es la investigación no sólo responde a más cuestiones sino que plantea nuevas preguntas. En este punto, Morin parece aferrarse más a la posición de MacLean que a la de Gastaut, pues años después, en su libro: *El método: la vida de la vida*, comenta: «Por MacLean sabemos que nuestro cerebro triúnico contiene en sí de manera interferente la herencia de los cerebros reptil, mamífero y primático.» Por todo ello, según Morin, «el concepto de individuo no puede ser autosuficiente y cerrarse sobre sí mismo. Necesita nociones no individuales, subindividuales, transindividuales para ser concebido». Desde el campo de la psicología y del psicoanálisis se han llegado a conclusiones análogas. Pero Morin va más al fondo, hacia lo anónimo y lo innombrable: «En el interior de cada gen existe una descendencia de ancestros entremezclados en un *Se* confuso. En cada individuo-sujeto hay, pues, a la vez *Ello* exterior y *Se* anónimo... Así, no sólo el sujeto nace del no-sujeto, el Yo nace de un juego del no Yo, la identidad nace de la no-identidad.» Por la vía biofísica, hemos llegado a pulsar un universo que tiene resonancias del subconsciente freudiano y del inconsciente colectivo junguiano, y que resulta más complejo. El subconsciente y el inconsciente devienen más amplios y enmarañados a medida que cada individuo desarrolla su vida en sociedad y trata de colmar sus necesidades y deseos, muchos de los cuales se verán frustrados: porque el ser humano no sólo trata en todo momento de mantener el equilibrio físico y mental de su organismo, sino que su dinamismo le lleva a buscar las máximas satisfacciones placenteras en todos los órdenes, incluso en aspectos que pueden resultar patológicos. Las pulsiones hipotalámicas de cada cual en busca de placer suelen chocar con las mismas pulsiones de otros en pos del mismo objeto, persona, negocio, etc. Los instintos también se ven controlados por las prohibiciones socioculturales. Mediante la educación y los tabúes impuestos en el seno familiar,

* Véase la bibliografía al final.

con sucesivas censuras sociales (eclesiales, en el centro de trabajo, etc.), el ser humano, ya biológicamente complejo, aumenta su complejidad al organizar paulatinamente su vida consciente al tiempo que muchos de sus impulsos ha de reprimírselos y hundirlos en el subconsciente.

Pero el ser humano es un animal cuyo destino es ser consciente. La consciencia se engrana con la memoria y con el espacio-tiempo para expresarse con diversos lenguajes. Entramos, así, en un territorio en el que se han realizado muchas y principales investigaciones, aunque unos y otros investigadores no siempre se ponen de acuerdo en sus conclusiones. Es la controversia entre quienes sostienen que es lo innato lo que prevalece en el individuo, y los que piensan que es lo adquirido lo que domina la personalidad. Entre ellos se encuentran científicos tan eminentes como Jacob que lógicamente no se inclinan ni por unos ni por otros. En su *La logique du vivant* este Premio Nobel sostiene que lo innato y lo aprendido se complementan: «El aprendizaje acaba de insertarse en el cuadro que fija la herencia.» En unas declaraciones que hizo años después subrayó que «los factores socioculturales desempeñan un papel más importante y actúan mucho más rápidamente que los factores naturales en la evolución humana». En su libro más reciente, *Le jeu des possibles,* se muestra completamente explícito en el último sentido: «Los partidarios de la cinta magnética (virgen) están a menudo influidos por la ideología marxista según la cual el individuo está enteramente moldeado por su clase social y su educación. Para ellos, las aptitudes mentales del ser humano no tienen simplemente nada que ver con la biología y con la herencia. En lo humano todo es necesariamente asunto de cultura, de sociedad, de aprendizaje, de condicionamiento, de refuerzo y de modo de producción. Así desaparece toda diversidad, toda diferencia en las aptitudes y los talentos de los individuos. (...) Esta actitud es simplemente insostenible. El aprendizaje no es nada más que la realización de un programa que permite adquirir ciertas formas de conocimiento.» Pero, por otra parte, para Jacob también es insostenible la actitud opuesta, «la del disco de fonógrafo. Este punto de vista, que a menudo se encuentra asociado a una filosofía conservadora, sirve de base a formas variadas de racismo y de fascismo. Los partidarios de este criterio atribuyen a la herencia del ser humano la casi totalidad de sus aptitudes mentales y niega prácticamente toda influencia del medio, arruinando así toda esperanza de mejora por el entrenamiento y el aprendizaje». En resumidas cuentas, Jacob, cuando observa no el ser humano concreto sino la historia de nuestra especie, se inclina más por la primera tesis que por la segunda, pese a ser un biólogo *se suma más a la posición cultural que a la genética*: «Casi todo lo que caracteriza la humanidad se resume por la palabra cultura. La transmisión de los rasgos culturales tiene una analogía algo superficial con la de los rasgos biológicos. A menudo incluso se la designa con el nombre de "herencia cultural". La principal semejanza entre los dos sistemas es su tendencia natural al conservadurismo con posibilidad de cambio y, por consiguiente, de evolución. Pero los rasgos culturales se propagan por un mecanismo de tipo lamarckiano. La evolución cultural puede, pues, producirse a una velocidad superior a la de la evolución biológica por varios órdenes de magnitud. Por su biología, el ser humano del siglo XX no parece diferente del que vivió hace 30 o 40.000 años. En cambio, el mundo cultural, social y tecnológico en el que muere un ser humano en este fin de siglo no tiene mucho en común con el mundo cultural en el que nació.»

La confluencia de lo innato y de lo adquirido ha sido analizada por varios otros autores: para Dobzbanzky, «lo superorgánico tiene una base orgánica»; para Cohen, «en la vida del hombre nada es completamente biológico ni completamente cultural». Simpson y Bielicki sostienen criterios parecidos.

En el campo de la psicología y de la lingüística también se abonan las concordancias, pese a ciertas reminiscencias dogmáticas unilaterales. Mientras que para Piaget «sólo el funcionamiento de la inteligencia es hereditario», para Chomsky, por el contrario, «el lenguaje humano» es fruto de un «órgano mental» que posee una estructura innata tan específica como la del ojo o del corazón. Stephen Toulmin, miembro de «The Committee on Social Thought» de la Universidad de Chicago, presente en el debate que enfrentó a Chomsky con Piaget del 10 al 13 de octubre de 1975 en el «Centre Royaumont pour une Science de l'Homme», comenta las posiciones del lingüista y del psicólogo diciendo que «esta diferencia es tan extrema que los participantes podrían estar tentados de contentarse con optar por uno de los campos: a favor o en contra del innatismo, a favor o en contra del constructivismo». Esto resultaría estéril y Toulmin trata de encontrar otras vías de reflexión sobre el problema, reprochando a uno y a otro que sus argumentos se orientan demasiado en su respectiva dirección. Con relación a la tesis de Piaget dice que «datos de experiencia cada vez más numerosos militan en favor de la existencia de una preprogramación en el equipo perceptivo y cognitivo del recién nacido: es el sentido de los trabajos de Tom Bower sobre las reacciones del recién nacido a los "objetos físicos" simulados». Toulmin critica asimismo a Chomsky: «Conciliar sus teorías de la "capacidad de lenguaje del hombre" y la biología general, incluida la teoría de la evolución, pone problemas» y el profesor de Chicago matiza finalmente a Piaget: «La capacidad de aprender el lenguaje depende del hecho que el recién nacido posee "capacidades" muy específicas que son innatas, es decir, "montadas" en el sistema nervioso central: existen, con toda seguridad, pruebas neurológicas independientes de la existencia de tales capacidades "innatas".»

Por su parte, Piaget en otra ocasión sostiene que «lo innato y lo adquirido entran dentro de un mecanismo más general de progresiva equilibración. Hay, pues, una tendencia a superar las tesis antitéticas de las que se parte, lo cual presupone un continuo perfeccionamiento de las formas de causalidad empleadas».

Esas posiciones contrapuestas se superan y a la vez se hacen más complejas cuando se pasa a plantear la relación social que tiene todo ser humano desde que nace, esto es: desde que su conciencia es conciencia de algo situado en el espacio y en el tiempo y su lenguaje a la par que, en parte, habla de sí mismo, ha de ser inteligible para los otros, ha de hablar a los demás. En este sentido resulta instructivo traer a colación las distinciones conceptuales de Vigotski en torno al «habla interna» y al «habla socializada» o externa. En su *Thought and Language* dice: «Esencialmente, el desarrollo del habla interna depende de factores externos; el desarrollo de la lógica del niño es una función directa de su habla socializada. El crecimiento intelectual del niño depende de los medios sociales del pensamiento, esto es, del lenguaje. (...) Si comparamos el primer desarrollo del habla y del intelecto con el desarrollo del habla interna y del pensamiento verbal, debemos concluir que el último estadio no es una simple continuidad del primero.

La naturaleza del desarrollo mismo cambia de lo biológico a lo sociohistórico. El pensamiento verbal no es una forma natural e innata de la conducta sino que está determinado por un proceso histórico-cultural y tiene propiedades y leyes específicas que no se pueden encontrar en las formas naturales del pensamiento y del habla. El problema del pensamiento y del lenguaje se extiende de este modo más allá de los límites de la ciencia natural, convirtiéndose en el problema focal de la psicología humana histórica, esto es, de la psicología social.»

Ahora bien, mientras la persona piensa y habla auténticamente entroncada en su ser biológico global (cerebro más sentidos, todo el cuerpo), y contando asimismo con una cultura globalizadora, puede ofrecer versiones equilibradas, complementarias y armónicas de su percepción del mundo y de su proyección en él. Es a partir del momento en que se orienta sólo por una ramificación cultural especializada y *va convirtiéndose en una ruedecilla* (a veces ni eso) del inmenso mecanismo socioeconómico, cuando a la vez puede deslizarse —de hecho millones de personas, entre ellas muchas que tienen unos u otros oficios intelectuales, se introducen— en una serie de posiciones deformes, esquizoides, hiperjerarquizadas hacia arriba y hacia abajo, simbólicamente sadomasoquistas, posiciones de las que, una vez «instalados» en ellas, resulta difícil liberarse incluso haciendo esfuerzos imaginativos (que no suelen prosperar porque la imaginación ha quedado igualmente subordinada a esos simbolismos fraccionados, dominados-dominantes a uno u otro nivel: incluso entre los mendigos y los ladrones hay jerarquías).

Con esos fenómenos, el ser humano queda muy alejado de su integridad biológica-sensible-mental para pasar a «artificializarse» en un grado u otro, según las exigencias del núcleo familiar y del entramado laboral del que forme parte, sin excluir las influencias negativas del sistema político. Estos procesos de sumersión en lo parcial y artificioso resultan casi siempre funestos (aunque la inmensa mayoría de la gente ignora tal evolución adversa). Ello no impide, sin embargo, que a través de los siglos y en la actual centuria, surjan mujeres y hombres geniales en sus respectivas actividades, sean científicas, artísticas, literarias, etc., lo que ya demuestra la extraordinaria potencialidad creadora —en gran parte sin expresar— que mana del «animal informívoro» que es la persona.

Pero no adelantemos temas que, por exigencias metodológicas, forman parte de otros capítulos. Siguiendo con la exposición de los puntos señalados en este apartado, acudiremos una vez más a los biólogos para reafirmar nuestro enfoque acerca de la necesidad y de la viabilidad de una cultura transdisciplinaria, una cultura que desde unas u otras especialidades fluyera dinámicamente con las demás, superando los compartimientos estancos y las nociones artificiosas de jerarquías, de oposiciones desastrosas y de «clericalismos» sectarios (recuérdese que durante siglos la creación y la difusión de la cultura ha estado dominada por los clérigos). Las investigaciones realizadas por los principales biólogos nos explican con claridad que la estructura y el funcionamiento de nuestro cuerpo no admiten jerarquías, ni arbitrariedades, ni órdenes imperiosas, ni predominio absoluto de ninguna parte sobre el todo. Henri Laborit, que en 1957 recibió el premio Albert Larker de la «American Public Health Association» (premio considerado como «el pequeño Nobel») y que desde 1958 dirige el Laboratorio de Eutonología (ciencia del restablecimiento del equilibrio tras una agresión), es uno de los principales biólogos franceses que a la vez se interesa por la generalidad de las ciencias humanas. Dirige también la revista internacional *Agressologie* y ha publicado unos veinte libros. Este científico de renombre mundial, nada conocido (como otros) en España, en su *La nouvelle grille* explica, en un lenguaje bastante llano que le es habitual, que «se imagina mal, en un organismo, a una sola célula imponiendo su poder al conjunto de las células de un órgano o del organismo. Cuando una de ellas funciona a solas y se multiplica por su propia cuenta, origina un cáncer. Pero, generalmente, en un organismo normal tal destino celular se yugula rápidamente por los que se ha convenido en llamar los medios de defensa, que aseguran la destrucción de los elementos no-conformes con el destino común. Por otra parte, no se trata, subrayémoslo, de la sumisión a un "conformismo" puesto que un organismo normal es capaz de evolución. Pero ésta se sitúa al nivel del *enriquecimiento informativo* y no de la regresión al egoísmo unitario. La memoria, el enriquecimiento en experiencias, son características de los sistemas vivos. Pero esta experiencia adquirida se utiliza para la satisfacción del conjunto orgánico, para el mejoramiento de sus condiciones de vida. La memoria hereditaria, es decir: la estructura genética, la memoria inmunológica y la memoria nerviosa, no son otra cosa. Si ciertos grupos moleculares o celulares se encargan de ello, no es por su propia cuenta, sino por la del conjunto orgánico». Joël de Rosnay, que fue profesor e investigador en bioquímica en el MIT (Massachusetts Institute of Technology) y actualmente director de las aplicaciones de la investigación en el Institut Pasteur de París, dice, contra las actitudes sectarias e intransigentes, que «la biología y la ecología nos muestran que no existen oposiciones tan tajantes en la naturaleza. Toda relación o equilibrio se fundan en el pluralismo, en la diversidad, en la causalidad mutua. No existe la lógica de la exclusión o de la oposición, sino una lógica de la asociación o de la complementariedad». En la multiplicidad de funciones de nuestro cuerpo, el cerebro no es más que una especie de director de orquesta que a la vez fuese dirigido por el conjunto de los músicos, muchos de ellos «desconocidos» (por ejemplo, los que «tocan» desde el subconsciente personal y desde el inconsciente colectivo). «El cerebro —escribe también Joël de Rosnay— aparece como el *integrador* de las diferentes señales y no como el centro jerárquico supremo en el que se toman las decisiones: no hay "leader" en el organismo humano.»

Si actúa conforme a su naturaleza, el cerebro hace poco más que coordinar la razón con la emoción, los instintos con la cultura, pero a veces —según las situaciones, los problemas, las necesidades y los deseos— son las pulsiones de origen primitivo las que prevalecen sobre la reflexión cerebral. O es tal o cuál órgano el que dirige, sin que las personas lo «sepan» (sin que sean conscientes de ello), tal o cuál actitud o toma de decisión inteligente, adecuada para nuestro equilibrio. Es un reduccionismo absurdo, determinado por la hipertrofia del Logos en la cultura occidental, creer que sólo pensamos con nuestra cabeza. Pero el cerebro es incapaz de dirigir el hígado, los riñones o la erección del pene: son órganos que contienen su propia «inteligencia» fecundísima, imprescindible para la buena dinámica de la persona en sí misma y en relación con los demás y con el mundo. El hígado, los riñones, los testículos, el tacto, el gusto, la mirada, el olfato... también contribuyen a hacernos pensar, y a veces contribuyen más de lo que por lo general la gente imagina. Si pudiéramos analizarlos en toda su profundidad, descubriríamos que algunos de los mejores cuadros de Picasso, de Goya, de Rubens, del Bosco, etc., quizá fueron simbólicamente pintados mediante sutiles «instrucciones» de sus respectivos testículos; si analizáramos así, probablemente descubriríamos también que algunas de las sinfonías de Beethoven, así como las actuales composiciones jazzísticas, acaso brotan de los riñones; si ya pudiéramos trabajar con tal complejidad y hondura, sabríamos que Einstein, Heisenberg, Prigogine, etc., construyeron sus clarividentes teorías no sólo gracias a su cerebro, sino también tal vez con la decisiva contribución de su hígado. Desde Epicuro y Newton hasta hoy sabemos, además, que en toda la polimorfa creatividad humana, en todas sus exploraciones, inventos y progresos, las fluctuaciones aleatorias juegan, a menudo, papeles clave: sin el «clinamen» que ya argumentaba el griego hace dos milenios, o sin el azar que toman en consideración muchos científicos (incluso los de las ciencias «exactas», que no son tan exactas como al principio parece) de nuestros días, la civilización no habría llegado a la fase en la que se encuentra. Ese azar lo introducen, en algunas ocasiones, otras personas ajenas a la tarea que está realizando el artista, etc. En otras ocasiones, el azar es alguna expresión de la naturaleza: por ejemplo, el manzano que deja caer su fruto sobre el científico. En suma, los mecanismos asociativos de nuestra mente se ponen en marcha asimismo de manera impensada conscientemente y nos ofrecen grandes o pequeñas luces sobre cuestiones que, cuando reflexionábamos a plena conciencia, estaban bañadas por la oscuridad o por la proliferación de los interrogantes. En este sentido me ocurren varios fenómenos: a veces, a mediodía no voy a comer porque me resulta «imposible» —o no deseable— frenar el flujo de ideas que me mana casi automáticamente al final de la mañana y se prolonga hasta las cuatro de la tarde. Incluso cuando me impongo (o me imponen unas u otras obligaciones sociales) una momentánea parada a mi escritura, al salir a la calle, mientras ando o tomo el autobús o el taxi, con frecuencia me veo impelido a sacar mi agenda para anotar las ideas que siguen viniéndome a la cabeza (me vienen, digo, pero ¿de dónde?), pues no siempre es seguro: ya digo, del hígado, del estómago, del paladar, de la mirada que capta por azar cómo un señor, por ejemplo, tiene dificultades en arreglar su coche o que contempla el paso de una mujer bella o la belleza de una puesta de sol, lo cual (cualquier cosa o ser) puede provocar en mí una serie de velocísimas y complejas asociaciones de ideas que me llevan a tal o cuál resolución del problema teórico que me planteaba y que hasta ese momento se hallaba lejos de mi nivel consciente.

Acerca de la dependencia humana de su subconsciente —o, con otros conceptos, de sus estratos míticos, irracionales, infralógicos— han escrito no sólo los freudianos y los junguianos, sino también físicos como Heisenberg y Pauli, sociólogos como Moles y Morin, novelistas y ensayistas como Hesse y Koestler, y tantos otros de las más diversas ramificaciones de la cultura. La creación lógica viene dando, durante los últimos milenios, auténticas maravillas espirituales y técnicas pero a veces es lo racional-lógico lo que nos oculta fenómenos importantes y decisivos. Desde el campo de la filosofía, Bachelard es uno de los que más se ha ocupado de establecer conexiones creativas entre lo no-lógico y el universo del pensamiento científico al elaborar su concepto-puente u ósmosis-clave de «rêverie» (ensueño) al que me refiero con más detalle páginas adelante. En torno a estos problemas se plantean cuestiones todavía más complejas, con respuestas no admitidas por todos. Por ejemplo, John Carew Eccles, Premio Nobel de Medicina y Fisiología en 1963, a la pregunta de si es el cerebro el generador de la conciencia o el transmisor, se inclinó por la segunda opción. Schrödinger, físico y también Nobel (en el año 1933), dejó impresos pensamientos suyos que, en conjunción con el hinduismo, no dudan en relacionarse con lo metafísico: «Desde los grandes Upanishads la ecuación ATHMAN = BRAHMAN (el yo personal es igual al yo omnipresente, que es eterno y todo lo abarca) fue considerada en el pensamiento hindú (...) como representativa de la quintaesencia de la penetración más profunda de los acontecimientos del mundo (...)» La conciencia es un singular cuyo plural se desconoce». Los físicos y los biólogos, los filósofos, los novelistas y poetas, los fisiólogos y los creadores de inteligencia artificial son capaces de poner de relieve tantas complejidades en los dintornos y en los contornos del psiquismo humano, que la estructuración freudiana del entramado psíquico papá-mamá-edipo, al que se limitan mecánicamente algunos psicoanalistas, queda al descubierto como una tremenda simplificación, casi como un charlatanismo, incluso si a ello suman la dimensión falocrática. La conciencia humana es muchísimo más que la traducción literal de las pulsiones sexuales.

En todo caso, la conciencia necesita, para enriquecerse, asimilar muchísimos conocimientos elaborados por otras personas, por muchos otros autores que también innovan sus conocimientos a través de ese juego complejo de espíritu y materia, mediante esa ósmosis con múltiples canales de nuestros sentidos que acumulan informaciones que son reelaboradas reflexivamente por el cerebro y por otros órganos, viajando real y simbólicamente a través del tiempo y de sus azares frondosos.

En todos nosotros, en todo proceso de formación de saberes, interactúan el animal instintivo que llevamos dentro desde hace decenas de miles de años y la maravilla del cerebro cada vez más consciente que nos alumbra desde hace pocos, muy pocos milenios; interactuamos con la naturaleza, con la sociedad y con los demás seres humanos; interactúa lo objetivo con lo subjetivo...

La cultura no dimana sólo —conviene insistir en ello—, de una fuente llamada cerebro o espíritu o mente; *la cultura es el resultado crítico de la confluencia de todo ello*. La cultura —por supuesto estoy refiriéndome a la cultura auténtica, global, que va más allá de lo «disciplinario»—, es asimismo la *hibridación* y la *proyección* de todas esas series de realidades y dinamismos psíquicos y físicos.

Sin embargo, la adquisición de cultura no significa el desarrollo de una línea recta siempre progresiva en todo. Tampoco la específica actividad de la creación cultural implica en todos los casos una expansión armónica de todas las potencialidades espirituales que cada cual llevamos en nuestro seno. Hasta hoy, la historia de la humanidad es —en su parte oscura y negativa— la historia de *millones de asesinatos* simbólicos de Epicuros, Heráclitos, Cervantes, Shakespeares, Mozarts, Da Vincis, Bachs, Gaudís, Einsteins, Rilkes, Dostoievskis, La Boëties, Descartes, Voltaires, Spinozas, Webers, Marxs, Freuds, Darwins, Lamarcks, Jungs, Comtes, etc., que habrían podido ser pero que no fueron. Y tan grave como esta *no-emergencia* de mayor número de creadores de arte, de ciencia, de filosofía, etc., que posiblemente habrían determinado otros saltos cualitativos en la formación de la civilización en los últimos dos milenios, tan grave, digo, es que parece verosímil que, por ejemplo, en Mozart, además de un gran músico había quizás un lúcido matemático en potencia que quedó esterilizada por su formación unilateral a través del pentagrama; o La Boëtie hubiera podido ser uno de los más eficientes gobernantes antidictatoriales; o Gaudí un físico de los más clarividentes de nuestra estructura y de nuestra función en este pequeño rincón terráqueo del multiuniverso que se expande en centenares de millones de años-luz (un solo año-luz equivale a 9,46 billones de kilómetros).

Tampoco el desarrollo unilateral de nuestra conciencia resulta positivo para el equilibrio dinámico de nuestra personalidad y de nuestras formaciones sociales. Un desarrollo unilateral de la conciencia significa el ahogamiento, quizá la aniquilación de nuestro ser subconsciente e inconsciente, lo que tendrá repercusiones gravísimas para nuestra inteligencia y sensibilidad globales, probablemente también para nuestro ser biológico-básico, por ejemplo en su capacidad de amar.

El Logos de la cultura occidental ha aplastado una buena parte de la capacidad de soñar y de mantener relaciones armónicas con los demás seres vivientes. El Logos de la cultura occidental nos ha llevado a inmensas plataformas de resultados de pensamientos míticos-mágicos-utópicos-científicos anteriores: desde esas plataformas es aún posible, en otra buena parte, seguir soñando, pero en la mala parte, es un Logos traspasado mortalmente por monstruosas pesadillas: la suicida carrera de armamentos, la verosímil guerra atómica, la contaminación creciente de la atmósfera y de las aguas, el «invierno nuclear»...

El desarrollo lógico-científico también ha llevado a las «especialidades» culturales, necesarias y a la vez criticables y por eso en este libro las critico de vez en cuando, ya que el ser humano por naturaleza es un generalista y no un especialista, según se reconoce desde todas las ciencias, incluso desde las ramas que tienen características particularizadas y técnicas, como la cibernética y sus desarrollos informáticos. Robert V. Ayres, profesor en la Universidad Carnegie-Mellon, que se ocupa de las implicaciones sociales de los cambios tecnológicos, ha insistido en ello: «los seres humanos destacan entre los animales porque son los menos especializados, es decir, los más flexibles y adaptables (...) Los hombres nos hemos especializado en no estar especializados. Con el tiempo podemos aprender a hacerlo casi todo. Pero no aprendemos con especial eficacia, por eso apenas sorprende que máquinas especializadas o incluso otras especies de animales superen a menudo con facilidad nuestras capacidades innatas». Con los superordenadores dotados de inteligencia artificial posiblemente se consiga un equilibrio dinámico entre las necesidades de generalización y las de especialización, así como las también necesarias confluencias entre las ciencias y las artes. Valerio Tonini, partiendo de Norbert Wiener, en su *Cibernética e informazione,* llegó a considerar el tratamiento automático de la información como uno de «los factores esenciales creadores de la condición humana futura». Sin duda, los ordenadores amplían y agudizan la memoria humana. Vittorio Frosini, profesor de Filosofía del Derecho en la Universidad de Roma, que se ha ocupado de estos temas con un enfoque interdisciplinario, se refiere a los ordenadores como un «nuevo método cognoscitivo» que puede contribuir a transformar al hombre: ... «la civilización cibernética, que señala la fase de ingreso en la nueva era, plantea también un problema ético de valoración en cuanto que supone una modificación radical de la condición humana y crea un género hasta ahora desconocido de conciencia externa del hombre, en la cual se refleja una composición nueva de la sociedad con un marcado carácter tecnológico». La propia fabricación de esta nueva tecnología ya es profundamente innovadora, interdisciplinaria: «el elemento dominante en la industria de semiconductores es la arquitectura del *chip,* materia que cae dentro de la órbita del arte, la magia y la ingeniería informática» (Ernst Braun, físico, jefe de la Unidad de Política Tecnológica de la Universidad de Aston, en su libro *Tecnología rebelde*). Pero la utilización de la informática no puede considerarse como una panacea que vaya a resolver todos los problemas. Al contrario, junto a sus aspectos positivos, de enorme repercusión en la vida social e individual sobre todo en los próximos años, también se presentan fenómenos negativos, como el de la pérdida de empleos. De cara al futuro suelen expresarse otros interrogantes no menos inquietantes, como los que se refieren a un posible uso policíaco-político-dictatorial de los ordenadores: con estas tecnologías asimismo se podría imponer el peor de los despotismos de la contemporaneidad. De este modo observamos que si la tecnología puede considerarse en principio como algo neutro, se presta a fines distintos e incluso gravemente contrapuestos: lo mismo sucede con la energía nuclear, con el láser, etc.: es posible utilizarlos para fines benéficos, pero también, convertidos en armas, en maléficos. Lo cual nos remite de nuevo al ser humano, a sus sentidos, a su conciencia, a la forma de elaborar sus conocimientos y transmitirlos: sabemos ya «bastantes» cosas, los más dados al optimismo se atreven a decir que muchas, pero los realistas, basándose en hechos y experimentaciones, afirman que todavía sabemos poco, incluso de lo que deberíamos saber más, el cerebro, el integrador o coordinador de nuestros sentidos informívoros. Lo que parece más cierto, dadas las tesis contrastadas en fuentes muy diversas, desde las del físico Einstein hasta las del sociólogo Morin, es que sólo utilizamos una pequeña parte de nuestro cerebro: el resto permanece en la oscuridad. Un profesor del Massachussets Institute of Technology, Philiph E. Agre, investigador en la teoría informática de la personalidad, colaborador de Minsky, también sostiene que «apenas sabemos nada sobre el funcionamiento de la mente humana» y añade más adelante: «la gente sigue pensando que tiene Yos unitarios a pesar de que los psicólogos y los teóricos de la informática insistan en que en la mente hay mucha más estructura». En páginas anteriores ya hemos observado esa transmilenaria estructuración. Robert Freitas, investigador de la NASA en torno a las interacciones de los hombres con las máquinas, que se ocupa también de cuestiones referentes a la inteligencia artificial, comenta que «los científicos apenas están empezando a cartografiar en la actualidad la geografía de la mente humana —su microneurografía— utilizando técnicas de análisis del tráfico nervioso. Los fenómenos que tienen lugar superan todavía nuestra comprensión»... Peor aún: lo poco que comprendemos o autoanalizamos del cerebro humano es que él mismo, en cada persona, es capaz de *lo mejor pero también de lo peor,* puede inclinar los sentimientos del individuo hacia el amor pero también hacia el odio, hacia la vida y hacia la muerte, hasta el extremo bestial de que una de las actividades más persistentes del ser humano a lo largo de los siglos —hoy constituye una de las más poderosas industrias— es la de fabricar «racionalmente» todo tipo de armas mortíferas que a la vez pueden provocar la propia muerte del o de los fabricantes. Las actuales industrias de la muerte también son fruto

—envenenado— del desarrollo científico-técnico de los últimos decenios. Por eso cada vez son más los científicos que rechazan este tipo de racionalidad. Uno de los principales especialistas en inteligencia artificial, Edward A. Feigenbaum, ha advertido con toda claridad, según lo citado páginas atrás, contra los usos descontrolados e «impredecibles» de las supercomputadoras, las cuales lanzarán una serie compleja de efectos que «ignoramos». La desconfianza en torno a la «Razón» tal como se ha venido construyendo en los últimos siglos es tanta que incluso se escriben sesudos libros contra ella: así el físico Paul Feyerabend, profesor en la Universidad de Berkeley, en California, y el más polémico filósofo de las ciencias, que desde una posición liberal-libertaria ha publicado dos libros cuyos títulos ya son significativos: *Tratado contra el método* y *Adiós a la razón.* Feyerabend sostiene tesis extraordinariamente estimulantes para superar el estancado academicismo universitario: la uniformidad y las tendencias dogmáticas de las ciencias «ponen en peligro el libre desarrollo del individuo»; en la ciencia y para el progreso «todo sirve»... «dada cualquier regla por muy "fundamental" o "necesaria" que sea para la ciencia, siempre existen circunstancias en las que resulta aconsejable no sólo ignorar dicha regla, sino adoptar su opuesta». Con espíritu bachelardiano e interdisciplinario también sostiene: ... «necesitamos un mundo soñado para descubrir los rasgos del mundo real en el que creemos habitar» (...) «Debemos inventar un nuevo sistema conceptual que mantenga en suspenso, o choque con, los resultados experimentales más cuidadosamente establecidos, que confunda los principios teóricos más plausibles, y que introduzca percepciones que no formen parte del mundo perceptual existente». Feyerabend se inspira en diversas fuentes, algunas de las que me parecen más videntes son las de Niels Bohr, por su tendencia a no considerar nunca sus trabajos como algo acabado, sino *abiertos a otros desarrollos*; y las de Ernst Mach porque «intentó *transformar* las ciencias, hacerlas menos especializadas, y en este proceso hizo contribuciones a la psicología, fisiología, filosofía, física, historia del conocimiento e incluso a la literatura; al darse cuenta de que el proceso del desarrollo científico es demasiado complejo para ser captado por categorías ordenadas, ello le hizo esforzarse por conseguir un estilo narrativo que *siempre mantuviera la incompletud ante los ojos del lec-*

tor» (subraya SV) En otros textos y en una entrevista que le hizo el diario *Le Monde* de París, Feyerabend insiste en la necesaria confluencia de las ciencias con las artes: «la investigación científica es una mezcla de intuición y de razonamiento» (...) «la ciencia no progresa más que transgrediendo las reglas impuestas por los lógicos» y cree, con Prigogine (Premio Nobel de Química 1977), otro clarividente espíritu interdisciplinario, que la «nueva alianza» de los conocimientos y de las sensibilidades se sintetiza en la siguiente «norma» prigoginiana: «una escucha poética de la naturaleza». En suma, *hay que compensar la razón con otras fuentes de creatividad intelectual*, porque el ser humano no es todo cerebro sino sentidos, y por ende no hay que dar tanta preeminencia a la lógica ni a sus rígidas deducciones-inducciones, para facilitar mayores cauces a la suave flexibilidad de los sentimientos. El «magister Ludi» de esa novela tan interdisciplinaria que es *El juego de los abalorios*, de Hermann Hesse, lo explicaba así: es necesario «expresar en palabras lo que siempre se sustrae a las palabras, hacer racional lo que evidentemente es extrarracional». Koestler, en «Jano», también es plenamente consciente del exigible cambio de rumbo que venimos sugiriendo: «muchos de los problemas que padece la humanidad se deben a la tenacidad con que luchan los hombres por alcanzar aquello que les dicta su razón, desoyendo el consejo de sus propios sentimientos». En estos enfoques en síntesis acerca de lo que sabemos y de lo que no conocemos de nosotros mismos, Heinrich Rohrer (Nobel de Física en 1986) asimismo ha confesado recientemente sus ignorancias: «particularmente me gustaría descubrir por qué las personas pueden pensar, se aman y odian unas a otras... Ese es el misterio más asombroso». El sentido de lo misterioso es, para Einstein, «la experiencia más bella y más profunda que puede tener el hombre».

I. CUANDO EL SER HUMANO NO DESARROLLA SU HUMANIDAD

Uno de los problemas básicos de todas las épocas y de hoy es que el «animal informívoro» choca con numerosos obstáculos para informarse. Peor aún: algunos de esos obstáculos le desinforman, le deforman sus posibilidades de análisis de la realidad, así como le intoxican sus necesidades de síntesis y de proyección coherente global.

Esos obstáculos son, en parte, de carácter hereditario y, en la otra parte, corresponden a las formas y los contenidos del aprendizaje tradicional. En este contexto, por hereditario no hay que entender sólo algo referente a la estructura genética, sino también todo cuanto concierne a la historia cultural: familiar-nacional-mundial.

En las sociedades de nuestros días, sin duda asimismo en la española, constantemente tenemos múltiples oportunidades de observar series de hechos que demuestran cuán reciente es todavía la evolución del ser humano a partir de su condición animal. Reciente, sí, en términos históricos: unos pocos milenios, en gran parte desaprovechados debido a muy reiterados y prolongados estancamientos intelectuales y a causa de numerosas (en cada siglo) regresiones morales, que volvieron-han vuelto-vuelven a hundir a las incipientes personas en conductas más brutales que la de nuestros lejanos antepasados los monos.

En tales comportamientos caen asimismo los hombres que

poseen un considerable desarrollo cultural especializado. Digo más: en modos de proceder salvajes, bárbaros, irracionales o, cuando menos arbitrarios, incurren igualmente, en determinadas circunstancias, no pocos de quienes han adquirido una formación global humanística bastante apreciable. ¿Por qué?

Porque la adquisición de información y cultura, en numerosos casos individuales, no se lleva a cabo más que a través de un proceso que transforma únicamente algunos minúsculos núcleos neuronales del cerebro, dejando intactos, en sus estratos primarios, a todos los demás. Esa transformación sectorialmente intelectual apenas afecta o repercute negativamente sobre los sentidos, colocándoles sordinas e interferencias diversas que impiden o frenan el desarrollo de la humanidad de cada cual.

Esos diques, pantanos o atolladeros son los efectos de las variadas manifestaciones del gregarismo, de los prejuicios y de los estereotipos, de las disonancias cognitivas y de las propensiones exageradas a la obediencia y al conformismo.

La historia, la sociología y la psicología social vienen enriqueciéndose desde hace décadas con importantes estudios sobre esos comportamientos humanos. En todos ellos se pone de relieve, explícita o implícitamente, un problema central: la falta de cultura o su escasa densidad. Ahora bien, las posiciones gregarias, las inclinaciones prejuiciadas y conformistas, el rechazo de los saberes que no concuerdan con la estructura mental constituida rígidamente, también son frutos —envenenados o podridos o insípidos— de determinados modos de asimilación cultural. No sólo la cultura del remoto pasado ni la del cercano ayer, sino también la cultura que circula en la actualidad, incluso en los países altamente desarrollados, tiene numerosos elementos y ramificaciones impregnadas de esas actitudes primitivas, cerradas, poco o nada abiertas a otros campos de los conocimientos, poco o nada críticas en relación con la realidad natural y en función de la dinámica histórica hacia el futuro.

La cultura de hoy sigue siendo, salvo pocas excepciones, un conjunto multifragmentado de informaciones especializadas o hiperdisciplinarias, en cuyos intersticios no cultivados o notoriamente incultos, sigue brotando el ser humano primitivo (aunque disimule su condición al ponerse una brillante corbata sobre una camisa limpia y un traje elegante), sigue brotando el hombre de hace siglos, carente de una información general o de una cultura global suficientemente consistente. Como ésta es una enorme evidencia que se ignora por la inmensa mayoría de la gente (también por gran parte de universitarios), el ponerla de relieve reiterada y críticamente constituye uno de los *leit motiv* de este libro: son numerosos los estudios especializados, pero los espacios que entre ellos no pertenecen a ninguna disciplina, forman amplísimos territorios, *no man's land,* en los que brotan todas las especies de la ignorancia, incluso las más ponzoñosas. Si se trabajase exploratoriamente, al menos en las fronteras de esos «continentes» desconocidos, la cultura humana, en sus principales expresiones, daría extraordinarios saltos cualitativos. De lo contrario, si no se atienden ni se desarrollan las propuestas de las investigaciones interdisciplinarias —en sucesivos capítulos, esta obra también insiste mucho en este punto—, si todo continúa más o menos igual como hasta ayer, en esos territorios metafóricos seguirán pastando los burros, las ovejas y muchísimos otros animales gregarios, incluso no pocos licenciados.

1. El gregarismo

En el ser humano que está acercándose al siglo XXI perduran múltiples atavismos que le articulan simbólicamente con los antepasados gregarios: del latín *gregarius, grex, gregis,* o sea: «rebaño», o tendencia a seguir dócilmente al grupo en el que cada cual se inserta. Diversos historiadores, sociólogos y psicólogos se han referido críticamente a este movimiento de inercia por el que, en un momento u otro, se dejan llevar millones de individuos en unos países y en otros.

En el hombre-técnico contemporáneo perduran muchos comportamientos típicos de hace milenios, cuando no había empezado a ser el constructor de la historia, cuando era un ser que oscilaba entre la más simple condición animal y la formación del clan y de la tribu. (En gaélico *clann* significa «familia»; comúnmente se considera que la tribu es un grupo social fundado sobre el parentesco étnico real o supuesto.) En sus *Fundamentos de la crítica de la economía política,* Marx se refiere a esos orígenes complejos en los que el hombre «aparece como un miembro de la especie, como ser tribal, como un animal de rebaño». Es decir, este animal gregario, aunque muestra cierta sociabilidad, está lejos de ser el «animal político» de Aristóteles. En tales orígenes, el prehumano es un animal indistinto de los demás o todavía no se atreve a expresar su diferencia. Su identidad empieza a desarrollarse, también según Marx y Engels, en la medida en que se aísla y se individualiza (fases éstas —seguramente largos períodos—, respecto a las cuales Darwin dijo que no se les podía poner fecha) a través de su propia dinámica histórica, marcando las primeras distancias con la más frondosa naturaleza. La dinámica ideal de la individuación es aquella que combina el desarrollo digno, auténtico y libre de la individualidad de cada cual, con el desarrollo de las tendencias a la cooperación y a la solidaridad con los demás, pero sin incurrir en subordinaciones o adaptaciones excesivas respecto al conformismo a-crítico de los otros ni, mucho menos, con relación a las actitudes gregarias en las que éstos o aquéllos queden estancados.

Uno de los grandes psicólogos del siglo XIX, Gustave Le Bon, en quien se inspiraron Freud y otros analistas del psiquismo humano, estuvo especialmente interesado en investigar las supervivencias gregarias en el mundo coetáneo: su trabajo culminó en un libro titulado *La psychologie des foules,* de cuyo contenido todavía parten las nuevas investigaciones de sociólogos, historiadores y psicólogos, como ha vuelto a poner de manifiesto hace pocos años Serge Moscovici en su *L'âge des foules*, en el que considera que nuestro tiempo presencia la marejada creciente de las masas lo que «quizá marca la agonía de las civilizaciones antiguas, el retorno del desorden que precede la eclosión de las civilizaciones nuevas. En pocas palabras, esos fenómenos son los signos precursores de una edad de masas planetaria». No pienso yo exactamente como Moscovici: si habrá una civilización nueva es algo que no puede asegurarse, pese a los ya enormes inventos tecnológicos; lo seguro es que asistimos, a disgusto, a reproducciones ampliadas de prehistóricos gregarismos, de antiquísimas actitudes gregarias ocultas hoy bajo nuevas formas, incluso disimuladas con los ropajes y músicas de algunas de las más avanzadas tecnologías como la televisión, que es el principal difusor actual de gregarismos, de actitudes e ideas homogéneas y uniformes, magmas desde los que suelen brotar propensiones totalitarias.

Al principio de los tiempos, había una masa gregaria; poco a poco se organizaron sociedades, pero en ellas, y hasta este momento, persisten unos u otros grados del gregarismo masivo. Al comentar el libro de Gabriel Tarde *Les lois de l'imitation,* Moscovici sintetiza los criterios de este sociólogo francés, asimismo del siglo XIX: «*El hombre es un borrego pensante.* Crédulo e impulsivo, se precipita hacia cosas que no ve ni conoce. Según la voluntad de las órdenes que recibe, se arrodilla o se levanta, hunde cuerpo y alma en la multitud y se deja cubrir por ella hasta llegar a ser irreconocible.» Tarde y Le Bon coinciden en lo fundamental de sus análisis de las masas; aunque Le Bon es más conocido que Tarde, cabe señalar que, sin embargo, el libro de éste se publicó en París cinco años antes (en 1890) que el de aquél. Uno de los rasgos, en efecto, del ser gregario, es su credulidad; pero sus creencias brotan de un poso ilógico, y su fuerza irracional se proyecta con energía emotiva que se exalta en una unidad mental estimulada por el sentimiento de poder que le embriaga al contemplar que está rodeado por miles —a veces por centenares de miles— de personas que piensan simplistamente como él. En una masa gregaria la mayoría pierde buena parte de su identidad individual al tiempo que se transforma en un miembro más de esa emoción o de ese estado más o menos hipnótico —autohipnótico— colectivo. A partir de una u otra ideología, el gregarismo en marcha grita «vivas» y «mueras» a diestra y siniestra. Uno de los más sensibles escritores de nuestro tiempo, Elías Canetti, Premio Nobel de 1981, en su libro *Masa y potencia,* asimismo explica los comportamientos masivos: «Sólo todos juntos pueden liberarse de sus cargas. Es lo que se produce en la masa. En la *descarga* rechazan lo que les separa y se sienten todos iguales... Satisfacción inmensa. Los hombres llegan a transformarse en masa para gozar de este instante feliz en el que nadie es más ni mejor que los otros.» Pero es una felicidad muy primaria. Además, como Etienne de La Boétie ya supo observar con toda lucidez en pleno siglo XVI, la masificación no se lleva a cabo sin procesos paralelos de ultraindividualización. En efecto, las identificaciones inter-personales y para-colectivas no suelen establecerse sin contar con un personaje, real o imaginario, presente o ausente (contando con una imagen suya), en torno al cual se unifican y cuya superioridad reconocen o co-elaboran, atribuyéndole todos lo que creen que es lo mejor de sí mismos y sus ilusiones más queridas. El gregarismo es inviable sin un «pastor», los movimientos de masas no se organizan sin un «duce», o un «führer», o un caudillo populista, o un secretario general: admirados e incluso idolatrados. Un «rebaño» o una masa, por sí sola, dura poco: «Las explosiones de revuelta y de destrucción son siempre efímeras», escribió Le Bon y, como un eco del libro de La Boétie, añadió: «Abandonadas a sí mismas, pronto se ve a las masas, cansadas de sus desórdenes, que se dirigen hacia la servidumbre.» Y si no encuentran el «Amo» al que sirvió, no tardan en instalarse por sí mismas en el inmovilismo, en el conformismo inerte, en el conservadurismo de hecho, en la pereza mental; en suma: el retorno a su fondo arcaico suelen efectuarlo o «grandiosamente» (a través de un Hitler o de un Stalin) o discretamente: por su propio movimiento de inercia (o contando con algunas contribuciones de subhitlers o vicestalins o imitadores aún inferiores de éstos y de otros tipos de «pastores»).

Los «rebaños» o las masas pueden estar compuestos por centenares de miles de individuos pero también por unos pocos centenares o unos pocos miles.

En la Universidad española de los últimos años del franquismo hubo, en apariencia, un movimiento (compuesto, en todo caso, por grupos minoritarios) de izquierdas: en él figuraban profesores no numerarios y estudiantes. Como PNN, ese «movimiento» se prolongó hasta 1984. En aquellas etapas de vez en cuando dieron la impresión de que estaban constituyendo una corriente renovadora de los contenidos y de las formas científicos y humanísticos de los centros universitarios. Pero luego, inmediatamente después de que sus reivindicaciones laborales fueron satisfechas mediante el irregular e irracional procedimiento maravalliano de nombrarles a dedo para puestos vitalicios, se sumieron en el silencio. De la renovación de la Universidad nunca más volvieron a ocuparse. Y lo que es peor: muchos de ellos incurrieron e incurren en la aplicación de los vicios administrativos y «científicos» de los catedráticos más típicos del franquismo. O sea: que lo de aquellos años 1970 y 1980 no era un «movimiento de izquierdas» ni siquiera «progresista» (salvo excepciones individuales que podríamos hacer) sino simplemente *un vulgar movimiento gregario-corporativo*: querían ser lo más parecido posible a los catedráticos con quienes se habían formado, deseaban obtener un *status* laboral análogo. Una vez obtenido, apagan sus protestas y entran en el «corral», mientras la Universidad española, según sus profesores e investigadores científicamente más relevantes, sigue hundiéndose en el catetismo. Por fortuna, hoy, en los periódicos de diversas tendencias, siguen publicándose algunos artículos sumamente críticos acerca de la situación de la enseñanza superior y de la investigación en España: casi todos esos textos están firmados por catedráticos e investigadores que tienen entre cincuenta y sesenta y tantos años. Mientras tanto, los ex-PNN, que supuestamente eran «revolucionarios», no dicen ni pío: en su inmensa mayoría, seguramente están haciendo la digestión del «maíz» que Maravall les echó.

2. Los prejuicios y estereotipos

Diversos sectores de la Universidad española también están en gran parte dominados por los prejuicios y estereotipos, por los tópicos y las disonancias cognitivas.

El prejuicio, ya lo dice el propio concepto, es un «juicio anticipado», un opinar antes de tener los fundamentos empíricos y teóricos suficientes para sostener tal o cuál punto de vista. El prejuicio es lanzar irresponsablemente un parecer al margen de lo razonable y de lo justo. Los prejuicios suelen tener una doble vertiente: la positiva, a favor de los amigos y de todo aquello en que se cree (ideología, metodología sectorial, etc.); y la negativa, contra los enemigos, adversarios o sencillamente desconocidos, así como contra sus ignoradas culturas y prácticas correspondientes. La casi totalidad de los concursos «públicos» para seleccionar profesores que tienen lugar en la Universidad española, están atravesados por ambas series de prejuicios, que antes se han negociado en privado: cualquier minúsculo mérito del candidato a profesor amigo se suele hipertrofiar desmesuradamente, mientras que los grandes méritos de los desconocidos se reducen y menosprecian.

Entre las causas de los prejuicios y de los estereotipos

volvemos a encontrar diversos rebrotes del remoto pasado animal del hombre y de los milenios siguientes durante los que evolucionó como pitecántropo y ser de las cavernas. Una considerable parte de las opiniones y de las actitudes prejuiciadas se forman a partir del instinto de supervivencia, o sea: en estratos irracionales de la personalidad. Ese instinto, cuando el ser humano vivía en condiciones salvajes, tenía sus motivos para mantenerse alerta, porque, de lo contrario, las acciones de otros seres de la naturaleza en bruto, también otros homínidos y relativamente posthomínidos, podían resultarles de funestas consecuencias. Así, en aquellas épocas era relativamente lógico que los seres humanos se agruparan rígidamente y en posiciones constantemente defensivas-ofensivas en el seno del clan, de la tribu, de la caverna, del poblado... El instinto de autoconservación mantuvo todavía una cierta coherencia con los problemas naturales y sociales que se ponían de relieve en los sistemas esclavistas de la Antigüedad y durante los diversos modos de servidumbre que atravesaron la Edad Media y el absolutismo «moderno». Pero a medida que, sobre todo en Europa occidental, se institucionalizan las libertades públicas y se promulgan las normas democráticas de convivencia, con lo cual se facilita una amplia circulación de personas y cosas, protegidas todas por leyes y costumbres civilizadas, la supervivencia de esa causa del prejuicio es anacrónica. No obstante, diariamente podemos observar que persiste la manifestación de tal prejuicio: entre vecinos que se desconocen o se conocen mal, entre pueblos a pocos kilómetros de distancia, entre los habitantes de distintas regiones y naciones y, sobre todo, entre hombres de razas distintas por el color de la piel (porque, por su constitución biológica, no existen diferencias raciales): el prejuicio étnico es uno de los más extendidos: de los blancos respecto a los negros, y viceversa, de los asiáticos respecto a los europeos, y viceversa... En tiempos primitivos, el ser humano vivía en comunidades muy cerradas porque de lo contrario peligraba su vida, pues podía ser destinado incluso a algún festín de antropófagos. Las comunidades cerradas se justifican todavía entre los animales salvajes que el ser humano suele cazar. Pero hace décadas que son injustificables entre personas que viven en paz.

¿Por qué, pues, los prejuicios siguen envenenando diariamente numerosos comportamientos? Porque esa raíz primigenia del prejuicio está desde hace siglos articulada con otras causas psíquicas y materiales: la gente (especialmente la que carece de cultura) prefiere vivir con quienes se le parecen y rehúye los distintos; convive con sus iguales y rechaza o teme o tiene sus reservas respecto a los que están en posiciones sociales diferentes (los que están por encima, pero también los que considera que se encuentran por debajo: el obrero industrial o el pequeño burgués sin cultura muestran tanto sentido jerárquico y paternalista o autoritorio respecto al campesino pobre o el aprendiz del taller, como lo tiene el aristócrata terrateniente o el financiero con relación al comerciante-nuevo rico, por ejemplo). El prejuicio surge en cuantos carecen de informaciones y de conocimientos reales y racionales sobre los demás, así como también emana de las deformaciones de los hechos y de los seres concretos, de las propagandas o de los rumores que se lanzan contra ellos. Dadas las múltiples diversidades sociales, culturales, costumbrísticas en todos los ámbitos, etc., la intoxicación prejuiciada casi siempre encuentra una vía de penetración maliciosa de lo real y de lo verdadero.

El individuo que tiene los prejuicios muy arraigados es un hombre (o una mujer) que propende a bloquear la información y los conocimientos que le llegan por otros conductos y que no concuerdan con sus estereotipos. Para mantener su actitud, para autojustificarse, el individuo con prejuicios incluso es capaz de inventarse, consciente o subconscientemente, otros aspectos referentes a aquello o a aquel sobre el cual lanza sus prejuicios: es el fenómeno que los psicólogos definen como «proceso de atribuciones». Si inicialmente se perjudica a una persona a partir de palabras y acciones prejuiciadas, el individuo atravesado por los prejuicios es capaz de aumentar su cantidad de tergiversaciones a fin de «darse la razón» y evitar la mala conciencia por la arbitrariedad o el atropello cometidos. Cuando el individuo con prejuicios se enfrenta con ideas o con prácticas que contradicen con toda evidencia sus puntos de vista, es también capaz de rechazar o de lanzar distorsiones sobre las pruebas: así elimina su malestar o reduce lo que suele definirse como una situación de disonancia cognitiva.

Por la vía de los prejuicios, a través de los siglos se han creado numerosos estereotipos que afectan, en un grado u otro, a grandes sectores de la población en todo el mundo: así hay prejuicios muy enquistados, difíciles de suprimir, acerca de las mujeres, sobre los judíos, en torno a los árabes, etc. Los prejuicios son muy difíciles de erradicar debido a la carga emocional que contienen, a todo su componente irracional, del que muchas personas no son conscientes, debido a que se arrastran desde hace décadas e incluso a lo largo de los siglos, como una «tradición» o una «evidencia» más, es decir: como algo que creen «indiscutible». Por estos cauces psíquicamente viciados el individuo preso de los prejuicios suele desembocar asimismo en la personalidad *dogmática* y *autoritaria*.

En la Universidad española, en la que desde hace siglos se ha mamado el dogmatismo y el autoritarismo de las ubres contrarreformísticas y de los sucesivos despotismos y dictaduras, las personalidades bloqueadas en sus creencias o conocimientos anquilosados no son pocas, y en todo caso demasiadas. Los prejuicios y los dogmas, así como el talante autoritario, llevan consigo su exigencia de una cultura simplificada. Los «manuales» rígidos y esquemáticos en los que se basa la enseñanza por «asignaturas» aisladas, sin conexiones con otras esferas del saber, constituyen las pruebas de las simplificaciones que circulan por las facultades coterráneas. La enseñanza a partir de un manual puede tener alguna utilidad para los estudiantes principiantes en una materia, pero a la larga les resultará contraproducente porque todo elemento cultural es complejo por sí mismo y su complejidad aumenta de manera insoslayable al entrar necesariamente en relación con otros conocimientos y fenómenos. Algunos estudiantes españoles se quedan estupefactos cuando les dices que en relación con cualquier materia se han publicado centenares de libros importantes y que, por tanto, es imposible limitarse, en ningún caso, a un manual, y que, por el contrario, hay que leerse, como mínimo, tres o cuatro de dichas obras. Numerosos estudiantes españoles no están acostumbrados a este esfuerzo, entre otros motivos porque contemplan cómo sus profesores son los primeros en no llevarlo a buen término: la mayoría de ellos viven de sus conocimientos adquiridos hace años, y acerca de los cuales no han vuelto a leer ninguna nueva aportación teórica.

Desde tales posiciones, diversos profesores e incluso autoridades ministeriales sostienen grandes y graves prejuicios contra la cultura procedente de otros países, a la que absurdamente pretenden someter a control, incluso cuando se trata de disciplinas que en la Universidad española todavía no se han estudiado o no se estudian más que desde hace pocos años: ejemplos: la sociología, que en Francia y en otros países se enseña desde hace un siglo y medio, y que en España no empieza a organizarse académicamente como licenciatura más que a partir de los años 1970; la ciencia política, que en este país se confunde con el derecho político...

3. Obediencia y conformismo

Como un efecto perverso más de la impregnación de las conductas por el «modelo» contrarreformístico y dictatorial, en las Universidades españolas ha imperado —y en parte persiste— una cierta articulación simbólica sádico-masoquista entre profesores de distintas categorías, así como entre profesores y estudiantes. Todo ello ha generado —y en parte sigue desarrollando— masivos fenómenos de obediencia y conformismo. Los hechos concretos de todo ello constan en los modos autoritarios de transmitir conocimientos y en las formas policiales de controlarlos; en los laberínticos caprichos corporativos de «seleccionar» y nombrar ayudantes y adjuntos, y en las pacientes esperas subordinadas para ver si se consigue ocupar alguna cátedra...

La historia de todos los tiempos y también la contemporánea ha dado hirientes ejemplos de los extremos escandalosos a los que puede llegar la obediencia humana. Bajo los sistemas totalitarios y en las guerras, millares de personas cumplen con órdenes que repugnan a toda conciencia auténticamente humana. Luego, al término de tales guerras y regímenes, se escudan diciendo: «Cumplíamos órdenes», como si el ser humano no pudiera rebelarse y como si, en determinadas circunstancias, no fuese más digno estar en la cárcel o en el exilio que convertirse en cómplices de unos y otros déspotas, o estar fuera de la Universidad —como decidieron Tierno Galván y unos pocos más— que permanecer en ella. Los numerosos casos de obediencia a los que aludimos —no es este libro el espacio adecuado para referirse a ellos con detalle— demuestran cómo la conexión con el autoritarismo puede pasar por encima de toda ética, pisotear cualquier moral. Acabo de escribir «conexión con el autoritarismo» y esto no es sólo una expresión literaria. En efecto, así como Freud y otros psicólogos y filósofos —el último de ellos, Gilles Deleuze, en su *Présentation de Sacher Masoch*—, demostraron hace años que en la personalidad del masoquista hay también un sádico en estado latente que puede manifestarse en el momento que le resulte propicio, asimismo en la individualidad obediente y conformista anida, potencialmente, un ser autoritario que espera la escala individual correspondiente para poner en acción su respectivo autoritarismo (Lamberth y Milgram). Dicho con otras palabras, más divulgadoras y adaptadas al problema universitario: el masoquista y el obediente de una etapa, al cabo de unos cuantos años, cuando, por el movimiento del escalafón y de las fechas establecidas para el retiro, pasan a ocupar los puestos de los antiguos sádicos y autoritarios, reproducen el mismo comportamiento —o uno muy parecido— para con los nuevos subordinados.

De tal modo, incluso los que fueron PNN hasta 1984, en 1988 se muestran insolidarios con los nuevos PNN y ayudantes, al tiempo que tratan de explotarlos real y simbólicamente, como ellos fueron explotados por los antiguos catedráticos, a la par que, de manera análoga, también procuran servirse de la Universidad como trampolín para hacer carrera suplementaria: en la política, en la empresa privada.

Junto al malestar y a la crítica que expresan algunos profesores e investigadores, en minoría, parece ser que la mayoría se ha instalado en un *conformismo rutinario* al servicio de sus intereses privados o del grupo del que forman parte. Ese conformismo se configura por pasividad, por el no-decir y el no-hacer, como una serie compleja de consecuencias perversas de diversos grados de la pereza mental. Es decir, no hay presión explícita de grupo que determine el actual conformismo, sino que éste parece el efecto inerte de tal movimiento de inercia. No es un conformismo por sumisión, sino un conformismo por identificación entre conformados que *digieren* la asimilación de su «ideal» del yo —«ser profesor titular», «ser catedrático»— con el que se ha soñado durante años, y cuya condición han alcanzado, «por fin». Con todo, ese modo de identificarse demuestra los resultantes, los residuos, de lustros y décadas de ser sumisos ante los antiguos catedráticos, de «internalizar» por vía obediente e incluso masoquista los sistemas de valores de quienes fueron sus «maestros» durante cortas o largas etapas bajo el franquismo.

Situación muy alarmante porque las principales innovaciones culturales, científicas y humanísticas, que se han producido en el mundo han sido obra de inconformistas, de quienes han luchado contra la cultura académica establecida, desde Bacon a Descartes, desde Locke a Montesquieu, desde Darwin a Freud, desde Comte a Marx, desde McLuhan a Bateson, desde Einstein hasta Prigogine...

II. NECESIDADES NATURALES E IMPRESCINDIBLES CONTRA «NECESIDADES» ARTIFICIALES Y ENAJENADAS

La naturaleza del ser humano se historifica (Jacob) en la medida en la que construye su propia identidad según sea su separación de la masa y la formación de su individualidad (Marx). El ser humano tiende a la libertad y a la creatividad, pero choca con numerosos obstáculos —internos y externos— para realizarse libre y creadoramente. El ser humano recopila informaciones por la vía sensorial-intelectual, pero debido a inexistentes o a insuficientes filtros críticos, asimila nociones que no corresponden o que incluso son contraproducentes para sus necesidades naturales y sus proyecciones espirituales. A lo largo de los milenios, numerosos hombres y mujeres pudieron-han podido-pueden salir y emanciparse de los estados gregarios, de la multitud indiferenciada, pero muchos de ellos pasaron-han pasado-todavía pasan a formar parte de otros tipos, menores, de «rebaños»-gremios-corporativismos-hiperespecializaciones cerradas que, cuando no atacan a los otros, los desprecian y los ignoran (Machado).

Cada uno de los actuales cinco mil millones de seres humanos que viven en la Tierra es un individuo biológicamente diferente, y sus diferencias aumentan en la medida en que cada cual forma, aumenta y afina su cultura. Ahora bien, la persona es un ser social, que necesita vivir en sociedad, que por lo general crea una familia (microsociedad), trabaja en una empresa (otra microsociedad) y estudia o enseña (más microsociedades), desde las cuales se relaciona (la mayoría, más bien poco o nada) con los aspectos principales del sistema social-nacional y del mundo.

Aunque cada cual tiene su diferencia, el ser humano es, a la vez, un generalista, o sea: que potencialmente es capaz de hacer varias cosas y de perfeccionarlas con la adquisición y el desarrollo de una formación cultural diversificada. Pero, de acuerdo con las exigencias del modo de producción, el individuo ha de especializarse para participar en unas o en otras microsociedades y en los distintos niveles de sus estructuras. Lo más grave puede ser que la especialización a la que se articule por presión familiar o por otros condicionamientos grupales no corresponda a las naturales preferencias su condición diferente (ya se dan varios casos de, por ejemplo, estudiantes de Derecho que, en realidad, quieren ser músicos; o de economistas que hubieran preferido ser biólogos; o de biólogos a los que más bien les gustaría ser lingüistas, etc.). Incluso entre quienes se sienten a gusto con la actividad profesional que hace décadas escogieron, de vez en cuando surge una especie de nostalgia o de enfoque eutópico-eucrónico acerca de otras profesiones que hubieran podido o tal vez aún podrían escoger: piloto de avión, actor de películas, arquitecto, bioquímico...

Por lo menos desde Aristóteles sabemos que el hombre es un animal político en el sentido de social, pero tampoco ignoramos (desde antes de Hobbes y con él) que el ser humano en determinadas circunstancias (desde la guerra a la falta de respeto de las señales de circulación) es *antisocial*, destructivo de los demás y de sí mismo.

Por sus inclinaciones a la diferencia, tiende a ser real y simbólicamente nómada, pero su condición generalista y social le lleva a constituir modos de vida estables, que fácilmente se introducen en rutinas y en burocratismos.

Esas naturales tendencias contradictorias suelen encontrar su punto intermedio de equilibrio, la superación coyuntural o para etapas largas de sus tensiones y antagonismos, con sucesivos y renovados pactos o compromisos o contratos sociales (Rousseau). En suma, el ser humano necesita «conformarse» con sus semejantes, asumir algún grado de adaptación a los demás, tolerar las diferencias de los otros. Sin embargo, el que sea necesario una cierta conformidad interindividual y colectiva, no ha de significar que sea aceptable el conformismo. *Aceptar la realidad tal cual es, es propio del ser racional, pero quedarse inmóvil ante esa realidad, sin tan siquiera intentar transformarla, supone volver a vivir como un animal.* Las articulaciones más o menos armónicas con lo dado, con los hechos, con lo material hasta un determinado momento, no tienen por qué impedir que a la vez se impulse una dinámica renovadora. La vida en sociedad es inviable sin alguna adecuación de unos respecto a otros, pero el conformismo colectivo es el estancamiento de todo grupo social, de toda sociedad y sus instituciones, es la paralización, la esclerosis y la muerte del necesario desarrollo humano. El conformismo suele estar atravesado por necesidades e incluso hay numerosas personas que pretenden justificar su posición conformista en aras de determinadas necesidades, o de lo que ellos creen «necesidades», pese a que hace milenios Epicuro dejó escritas unas distinciones de ellas que todavía son válidas: «De los deseos, unos son naturales y necesarios; otros naturales y no necesarios, y otros no son ni naturales ni necesarios, sino que se originan en la vana opinión» (...)

Por desgracia para millones de seres humanos, hubo-ha habido-hay profesores e investigadores que, en su respectiva época, respetan poco o nada tales diferencias, es decir: que estructuran sus ciencias sin tomar en consideración esas características variadas, con el agravante de que con frecuencia dan prioridad al desarrollo de ramificaciones culturales innecesarias y hasta contraponen los conocimientos que determinan necesidades artificiales y nocivas para las personas, a la satisfacción de sus necesidades auténticas.

1. Necesidades materiales y espirituales

En otro texto, el poco conocido y el muy calumniado Epicuro, desarrolla su sensata y equilibrada teoría de las necesidades: «... Colmar los apetitos naturales, obtener las satisfacciones mínimas, elementales, que alejan el dolor ocasionado por esas carencias de placer, es fácil. Satisfacer, en cambio, otros deseos que provienen de apetencias exageradas, resulta arriesgado e imposible en muchos casos. La vanidad humana provoca deseos infinitos y arriesga, tras vanos fantasmas placenteros, la dicha fundamental de fácil acceso. La mayoría de los humanos son infelices porque andan extraviados por falsas apetencias, que no son naturales ni necesarias. La división fundamental de los placeres en naturales y no naturales, se ve luego precisada por la división de los deseos naturales en necesarios y no necesarios. Sólo los naturales y necesarios tienen una urgencia inmediata y requieren satisfacción bajo pena de dolor. Pero colmar esos deseos es, en general, asequible a todos.»

En conjunción con las necesidades radicadas en el cuerpo, Epicuro preconiza la necesidad de la práctica filosófica, el desarrollo del saber en el transcurso de la vida, y la imbricación coherente entre el pensar, el decir y el quehacer cotidiano: «Vana es la palabra de aquel filósofo que no remedia ninguna dolencia del hombre. Pues así como ningún beneficio hay de la medicina que no expulsa las enfermedades del cuerpo, tampoco lo hay de la filosofía, si no expulsa la dolencia del alma.»

La filosofía epicúrea ha influido a algunos de los principales pensadores de todos los tiempos, desde Giordano Bruno y Montaigne, pasando (antes) por Cicerón y (después) por Marx, hasta Einstein, Gellmann (Premio Nobel de Física en 1969) y Prigogine (Premio Nobel de Química en 1977).

Porque hace milenios dejó de ser un animal en el más estricto sentido de la palabra, el hombre tiene hoy tantas necesidades materiales como espirituales. En los países subdesarrollados, aquéllas predominan sobre éstas, mientras que en extensos sectores de las naciones altamente industrializadas, éstas prevalecen sobre aquéllas. En todas partes, sin embargo, existen unas u otras alienaciones, que interfieren, ponen sordina, desvían u obstaculizan la expresión a cuanto de consustancial y más noble lleva el ser humano en sí.

El ser humano necesita nutrirse, mantener su salud, desarrollar su personalidad intelectual y trabajar. También le resulta necesario gozar del amor, del arte en alguna de sus esferas y de la participación en libertad en el ordenamiento de la vida colectiva. El saber que se «traduce» en técnicas y en aplicaciones productivas, asimismo atrae a los hombres siglo tras siglo, tanto más por cuanto de la concreción de esos conocimientos (por ejemplo: con la radio, el teléfono, la televisión, etcétera) prolonga y vuelve más poderosos sus sentidos y hasta llega a materializar algunos de sus más antiguos sueños y mitos (con el avión, el submarino, las astronaves, etc.).

Pero, recalquémoslo, con la progresiva adquisición de informaciones y la consiguiente reelaboración cultural y científica, unos u otros grupos humanos reintroducen algunos prejuicios primitivos y nuevas «necesidades» enajenadas, tan absurdas que llegan a ser mortíferas para todo tipo de vida en este planeta.

La producción industrial provoca la contaminación de la atmósfera, de las aguas y del suelo. El trabajo alienado provoca el ocio embrutecedor. *El tosco materialismo* (que nada tiene que ver con la materialidad de las ideas de Epicuro) *condiciona un hiperconsumo de cosas con las que irracionalmente se quiere llenar el vacío cultural y espiritual.* La ciencia y la técnica, cuando están implicadas en planes estatales-militares, traicionan sus fundamentos y sus fines humanísticos: así la energía nuclear se transforma en bombas atómicas; la exploración del espacio interestelar, en preparación de una hipotética «guerra en las estrellas»; las experimentaciones microbiológicas, en amenazas de ataques bacteriológicos; el láser, salta de su utilidad médico-quirúrgica a temible armamento...

2. Hacia nuevos enfoques de la investigación científica y de los modos de vida

Para hacer frente a esas tendencias contrarias y nefastas para los intereses vitales de la humanidad, ya se han celebrado varias reuniones de científicos que a la vez son decididos humanistas, quienes a través de declaraciones y de diversos textos han dejado constancia de su oposición. Uno de los grupos más importantes en ese sentido es el que coordinó Federico Mayor Zaragoza, catedrático de bioquímica de la Universidad Autónoma de Madrid, cuando fue director general adjunto de la UNESCO (1978-1981; en 1988 es el principal dirigente de esta institución). El resultado de sus trabajos fue la publicación de un libro, primero en Londres y después en Madrid: *Investigación científica y metas sociales*, que preconiza «un nuevo modelo de desarrollo». Los colaboradores de este volumen parten de la crítica de las necesidades enajenadas y de la vinculación de las actividades científicas a ellas para pasar a exponer diversas propuestas de investigaciones en torno a las necesidades naturales e imprescindibles, tanto en cuanto se refiere a la existencia de la vida física como a su desarrollo psíquico, a su creatividad cultural, a la coordinación de todos los ámbitos y a su proyección en libertad. Uno de los textos que más claramente sintetiza estos enfoques es el de Carlos Mallman, director de la argentina Fundación Bariloche.

Realizar las futuras investigaciones no sólo «en torno a» sino, además, *a partir de* las necesidades auténticas, probablemente llevará, a largo plazo, a una nueva filosofía de la vida, a un nuevo tipo de civilización, a una reorganización a fondo del sistema social e institucional, así como a un replanteamiento de la propia organización y de los contenidos de las ciencias, de toda la cultura, para lo cual serán asimismo imprescindibles los métodos interdisciplinarios, a los que varios autores de este tomo se refieren explícita o alusivamente:

...«Las circunstancias sociales no cambian únicamente por el solo efecto de la tecnología, sino que el agente del cambio es la interacción entre las ideas filosóficas y la aplicación de tecnologías nuevas. (...) Se puede asegurar que desaparecerá la separación entre ciencias naturales y ciencias humanas. La transformación de la ciencia vendrá marcada por una renovada capacidad de los científicos para pasar con relativa facilidad de una especialidad a otra, y por un mayor compromiso entre los valores científicos y humanos. El mensaje transmitido por la ciencia ya no será puramente técnico, y se podrá comprender al hombre en toda su complejidad, su necesidad de estabilidad social tanto como su deseo de libertad personal» (André Danzin, presidente de la AFCET: Asociación Francesa de Cibernética Económica y Técnica, y director de investigación del Instituto Nacional de Investigación de Informática y Automática).

«Junto con la transformación de las relaciones humanas en las comunidades científicas, que debería producirse cuando se adopte el planteamiento de las necesidades humanas, es probable que se refuerce también la voluntad de romper los rígidos límites académicos y disciplinares. Esto no quiere decir que se borren las diferencias entre las distintas disciplinas y especialidades o que se confundan las disciplinas. (...) Cada teoría supone la construcción de un objeto abstracto que supuestamente contacta en un determinado punto con un sector del mundo real. Esta aproximación a la realidad es una característica esencial del método científico; abolirla equivaldría a eliminar la propia ciencia. Pero incluso si esto se da por supuesto, la integración entre las distintas disciplinas aparece todavía como un proceso necesario para alcanzar la comprensión científica del mundo. La integración, tal como yo la entiendo, implica por lo menos dos procesos relacionados entre sí. En primer lugar, plantear y afrontar los problemas independientemente de la rigidez disciplinar. En segundo lugar, tener en cuenta, en cada etapa de elaboración de una teoría, el conocimiento proporcionado por otras teorías y disciplinas que contemplan el mismo segmento de la realidad o aspectos relacionados, desde una perspectiva diferente o con distinto propósito» (Oscar Nudler).

Este último autor no parece tener suficientemente en cuenta que hay campos materiales de investigación y métodos investigadores que se engranan unos con otros, hasta el punto que es con frecuencia muy difícil o imposible delimitar dónde empiezan unos y dónde los otros, como, por ejemplo, en cuanto concierne a los trabajos sociológicos, historiográficos, psicológicos, científico-políticos, económicos, antropológico-culturales, etc.

Petrovsky, miembro del Instituto Internacional de Investigación de Estudios Administrativos de la Unión Soviética, ante la complejidad de los problemas, también propone combinar «los métodos analíticos tradicionales con el método moderno de aproximación de sistemas». En fin, en las conclusiones de este libro, Sam Nilsson sostiene que «los problemas y soluciones deberían considerarse en forma "holística", para así tener en cuenta el mayor número posible de factores interrelacionados».

Ninguno de estos enfoques, que llevan en sí un desarrollo intelectual de toda la sociedad, anima los planes del equipo del Ministerio de Educación. Con dichos planteamientos y varios otros que cito páginas adelante, desde organismos internacionales como la UNESCO y el Club de Roma y en países como Italia, Francia, Estados Unidos, etc. se avanza teórica y prácticamente para dar nuevas orientaciones a la enseñanza, a la investigación y a los sistemas productivos en todo el mundo, a sus culturas y modos de vida. España, pese a que su Ministerio de Educación (y, al parecer, «de Ciencia») está ocupado por un grupo que dice ser «socialista», no toma parte en ese movimiento innovador. Las autoridades programan todavía una enseñanza e investigación fragmentada, hiperespecializada, tecnocrática y economicista, mientras en los mencionados países y en otros semejantes apoyan las tareas interdisciplinarias y el fomento de un modelo de desarrollo que no sea sólo el unilateralmente económico, sino otro en el que se integren las principales necesidades humanas y sus deseos naturales. En vez del desarrollo económico tradicional (que tantos efectos negativos lanza sobre la naturaleza), cuyos índices de progreso constantemente ocultan sus repercusiones destructivas, se propone un desarrollo humano global en el que prevalezca la formación cultural superior de todos. Dados los medios técnicos con los que cuentan los principales países de la Tierra, eso no es un sueño utópico, sino algo posible y necesario, que ha de llevarse a buen término. Esto es responsabilidad de todos y de cada uno. Es decir, no hay que caer en irresponsabilidades dejándose llevar por los fatalismos y los absurdos de la historia. A la dinámica histórica podemos darle un sentido, como se lo dan las personas más conscientes y críticas, al menos desde que los griegos de Pericles optaron por desarrollar una sociedad abierta, desde cuya perspectiva parte Popper para seguir proponiendo «nuestra lucha por la sociedad abierta, por la primacía de la razón, de la justicia, de la libertad, de la igualdad y por el control de la delincuencia internacional. Si bien la historia carece de fines, podemos imponérselos, y si bien la historia no tiene significado, nosotros podemos dárselo». Es preciso, añade más adelante, «que nos vayamos tornando conscientes del hecho de que el progreso reside en nosotros, en nuestro desvelo, en nuestros esfuerzos, en la claridad con que concibamos nuestros fines y en el realismo con que los hayamos elegido. *En lugar de posar como profetas debemos convertirnos en forjadores de nuestro destino*» (subraya S.V.).

3. Revolución de los conocimientos y de las sensibilidades, nueva escala de valores y cambios en la orientación consumística

Esos nuevos enfoques no pueden ser completamente practicables si a la vez no se asumen nuevas tendencias éticas, que lleven a constituir otra escala de valores que superen a los actuales, que también infectan la elaboración y la difusión de las ciencias: los valores de un capitalismo agresivo e insolidario, estructurado en compartimientos estancos, «exclusivos», en corporaciones que no transmiten nada a los demás si no es a cambio de algún beneficio, que concibe a la sociedad y a las instituciones como un inmenso mercado del que sólo se piensa extraer plusvalías en beneficio individual o del grupo-corporativo, incluso a costa de que esas operaciones repercutan negativamente en otros o en toda la dinámica social: esas manifestaciones salvajes de una cierta esquizofrenia, tales encrucijadas de hiperindividualismos propios de tiempos remotos, atraviesan asimismo el mundo académico: cada cual va por su lado, temeroso o envidioso de los demás, sin comunicarse creativamente más que con los que forman parte de una intimidad-segura, procurando sacar todavía algún tipo de rentabilidad de una institución, la Universidad, que sólo una minoría («sólo», pero la más lúcida y responsable) denuncia en su gradual hundimiento (por los años que unos y otros —desde Alejandro Nieto y José Luis Abellán, por ejemplo, hasta Jordi Nadal, Vian Ortuño, Rodríguez Villanueva y yo mismo—, venimos diciendo que se hunde, hay que empezar a deducir, lo que es más exacto, que *está hundida* y, por tanto, con no pocos de sus miembros «ahogados», con el agravante de que éstos todavía no se han enterado).

Las jerarquías de valor actuales están fundadas en el fraccionamiento que impelen los conocimientos especializados, en las tensiones y en los antagonismos entre ellos, en las tentativas y en las situaciones imperialistas de unos respecto a otros y en los prejuicios que en cada etapa esas confrontaciones generan. Ello explica que en los años en que vivimos, las ciencias de aplicación técnica productiva o distributiva dominen a las ciencias humanas y sociales hasta el extremo de que subordinan grandes sectores de éstas (psicología, sociología, etc.)

como meros complementos (para la selección de personal, para hacer encuestas con fines de «marketing», etc.) excluyéndolas de una orientación global de la sociedad. *Las escalas de valor contemporáneas y sus luchas por la dominación de todo lo que les es ajeno o diferente, constituyen los más colosales obstáculos para una nueva elaboración-difusión de los conocimientos y de las sensibilidades, así como de su consiguiente reestructuración de las inclinaciones consumísticas y del conjunto de la formación social.*

Mientras en los países más avanzados ya se ha empezado a criticar las viejas jerarquías de valores, en España, por ser una sociedad que ha llegado tarde al desarrollo industrial, se encuentran todavía pujantes, como también pueden observarse en el comportamiento de las masas. En esos países, la proliferación de canales de televisión no impide que millones de ciudadanos lean periódicos y libros de calidad, en tanto que en la sociedad española la pequeña pantalla es, para la inmensa mayoría, la única conexión (infra)cultural con el mundo próximo y lejano. En la TVE, los programas auténticamente culturales son pocos, muy espaciados en el tiempo, y a menudo con alguna impregnación político-partidaria. Lo mismo hay que decir acerca de las televisiones en manos de los gobiernos autónomos de la periferia. Un libro científico que en el extranjero vende normalmente 25.000 o 30.000 ejemplares, aquí por lo general no vende más que unos dos o tres mil, con suerte cuatro o cinco mil, y sólo en contados casos supera los diez o quince mil.

El retraso en la aplicación de nuevas escalas de valores en el consumo en España puede observarse en otros sectores. Por poner un ejemplo más: en esos países altamente desarrollados en todo sentido el automóvil particular deja de ser un signo de distinción social (salvo si, además, se tiene chófer) a la par que se toma conciencia de que no aumenta la comodidad ni la rapidez para trasladarse de un lugar a otro de la ciudad: en París o en Londres, muchos de quienes tienen coche lo utilizan sólo los fines de semana para ir al campo: los demás días cogen el Metro para ir a la oficina o al comercio o al taller.

Por otra parte, en España la mayoría no es consciente de que, si es cierto que se vive de modo parecido al de los países más desarrollados, algunos de los principales componentes de la estructura económica coterránea no son frutos de las inversiones españolas ni del esfuerzo investigador nacional, sino que son resultados de inversiones y tecnologías extranjeras. La dependencia de España del exterior aumenta, lo que a estas alturas ya es poco o tal vez nada criticable: si esa dependencia no hubiese aumentado seríamos todavía un país semidesarrollado y si no se incrementase en el próximo futuro caeríamos en un nuevo tipo de subdesarrollo. Ahora bien, ello tiene consecuencias funestas para la investigación científica en España: si los principales elementos científico-técnicos se compran o se alquilan en otros horizontes, ¿qué sentido puede tener lo que hagan los investigadores nuestros? ¿Acaso estamos condenados al raquitismo en la creación de la ciencia?

En España se están atendiendo las necesidades materiales de gran parte de la población, pero *los planes para dar satisfacción a sus necesidades culturales son insuficientes* (y en diversos casos entre aleatorios e inexistentes). En las sucesivas avalanchas de bienes materiales, se han introducido en nuestro país costumbres consumísticas foráneas que no añaden nada positivo al bienestar de los españoles y que incluso los enajenan. Por ejemplo, que en una Península como la nuestra, tan rica —desde Andalucía y las Castillas, hasta las tierras vascas y catalanas— en embutidos, se extienda el consumo de salchichas de Frankfurt, de hamburguesas y demás rudimentarios productos de la elemental gastronomía anglosajona, es un enorme despropósito. Es probable que este fenómeno se deba, no sólo a la fuerza económica-publicitaria de determinadas multinacionales de la alimentación que el lector ya conoce, sino también a la global influencia y prestigio técnico-cultural de esos países (Alemania, Estados Unidos, etc.) sobre los nuestros, sin descontar la sinuosa penetración a través de películas de ésos y de otros hábitos infraculturales. Ésta es una de las tendencias más criticables: la subordinación de millones de españoles a productos infraculturales fabricados en otras latitudes, mientras no se les induce ni siquiera a la imitación de la alta cultura científica y humanística de esos mismos horizontes. Esto es imprescindible y aquello es rechazable. Un pueblo, todo ser humano, no realiza plenamente su humanidad potencial, si no satisface sus necesidades espirituales, si no participa, aunque sólo sea de modo divulgativo, de los conocimientos más elevados de su época, así como de sus sensibilidades. Es decir, en nuestra época y de cara al futuro, todo pueblo necesita tener sus propios equipos de investigadores en los diversos campos de las ciencias —en las tecnológicas, pero también en las sociales y humanas— y en relación crítica con los centros de investigación de las demás naciones. Pero, ¿será posible encontrar vías de «salida» para que algunas de nuestras investigaciones sean, por su autenticidad, competitivas a escala internacional? ¿O acaso nuestra cultura seguirá siendo predominantemente literaria y artística? Estos y otros interrogantes no encuentran, por hoy, respuestas claras, debido a los enfoques «teóricos» que los felipistas siguen dando a sus seudorreformas, así como a causa de los escasos medios económicos con los que pretenden llevarlas a cabo. No es seguro que vayamos a superar el tradicional subdesarrollo científico-técnico español, con el inconveniente de que es posible, según algunos de los catedráticos más humanistas a los que cito en el siguiente capítulo, que la cultura coterránea pierda parte de la espontaneidad y la creatividad características de las artes y de las letras clásicas, en aras del leviatán tecnocrático, el monstruo contemporáneo a cuya sombra crece la (infra)cultura consumística del «úselo y tírelo».

Antes de continuar adentrándonos en los surcos que ya se trazan y en los gérmenes del futuro que ya brotan en otras latitudes, es conveniente que continuemos poniendo críticamente de relieve la situación de la enseñanza y de la investigación en España en 1987-1988, que en *La Universidad, entre el fraude y la irracionalidad* ya analicé en cuanto concierne a las últimas décadas y hasta 1986.

III. EL SISTEMA ESPAÑOL DE ENSEÑANZA E INVESTIGACIÓN

¿En qué medida la enseñanza y la investigación en España facilitan u obstaculizan el desarrollo cultural de nuestros compatriotas? ¿Satisfacen sus necesidades auténticas o, por el contrario, los orientan hacia la satisfacción de necesidades enajenadas? ¿Contribuyen a que los seres humanos se liberen de sus primitivismos, prejuicios, estereotipos y ritos, o no hacen más que domesticarlos en nuevos conformismos? ¿Se relacionan críticamente con las realidades del mundo de hoy, que se internacionaliza por todas partes, o se quedan ancladas en viejos localismos? ¿Procuran crear nuevas instituciones culturales, acordes con nuestro tiempo, o se limitan a conservar la vieja universidad? ¿Suprimen las fronteras entre disciplinas o bien las refuerzan y siguen levantándolas, con lo cual crean múltiples compartimientos estancos o minifundios —también infundios— intelectuales?

Fundándome, en parte, en los criterios de muchos de los más solventes profesores e investigadores españoles (que sólo forman una minoría) y en la otra parte en mis propias investigaciones, en *La Universidad, entre el fraude y la irracionalidad* ya hemos hecho la crítica sistemática del estado de esa situación y de otras que le son complementarias, como la del Consejo Superior de Investigaciones Científicas. Tras ese análisis del pasado y hasta 1986, es necesario poner de relieve la continuidad de esas críticas en 1987-1988, antes de pasar a exponer las alternativas que se encuentran en marcha en otros países, alternativas que constituyen planes con una dirección distinta e incluso cualitativamente opuesta a las orientaciones de los proyectos maravallianos-solanescos empeorados por la gestión caciquil en cada Universidad. Hay que reafirmar las críticas en este presente porque los «responsables» del Ministerio de Educación procuran por todos los medios hacer olvidar, ocultar o al menos disimular el estancado conjunto de fenómenos universitarios, a fin de facilitarse la «argumentación» de un hipotético «brillante porvenir»: con lo cual incurren en otra irresponsabilidad: inducir a creer absurdamente que se puede construir un supuesto futuro creativo sobre una base decrépita, débil y anacrónica, a la que apenas se le insuflan métodos y contenidos nuevos. Los universitarios e investigadores españoles están ante nuevas tentativas del pensamiento mágico felipista, el que imagina confusamente realidades para mañana, sin resolver los problemas de hoy.

1. Continuación crítica (1987-1988) del panorama general de la Universidad española

Las duras críticas a las orientaciones que el Ministerio de Educación viene dando a la Universidad proliferan desde todas las latitudes, metodologías científicas y posiciones ideológicas; incluso varias personalidades representativas del PSOE se han manifestado enérgicamente contra los efectos perniciosos que propaga la LRU (Ley para la Reforma Universitaria) maravalliana: así Jorge de Esteban, catedrático de derecho político de la Universidad Complutense de Madrid y hasta hace poco embajador de España (nombrado por el gobierno del PSOE) en Italia: «La Universidad se halla al pairo y no se sabe a dónde va. O mejor aún, así no vamos a ninguna parte y para ese fantasmagórico viaje no hacían falta las alforjas de una nueva ley de Reforma Universitaria. Lamento tener que decirlo, pero en muchos aspectos nos encontramos peor que en 1983. (...) Se ha elegido, a través de la LRU, un modelo también confuso y erróneo de lo que debe ser nuestra más alta institución educativa.» Jorge de Esteban asimismo critica los estudios superespecializados porque «no conducen más que a suministrar licenciados que no poseen un mínimo de base cultural general y a crear personas *robotizadas* e incapacitadas para tomar decisiones. Lo mismo podríamos decir del absurdo criterio escogido para crear los departamentos que, por su propia naturaleza, se convierten en pequeños parlamentos de bla-bla-bla o en sádicas máquinas burocráticas, pero no en centros de investigación y enseñanza». En fin, Jorge de Esteban también rechaza otro de los «inventos» de Maravall: «El absurdo sistema de selección del profesorado, que cada día tenderá más al localismo y a la paletería caciquil.»

Las esperanzas de que todo ello cambie para bien son nulas ya que el nuevo ministro, Javier Solana, afirma que no hace ni hará más que seguir la reforma maravalliana.

En un panorama de críticas unánimes a la seudorreforma maravalliana, sorprende que un director adjunto de *Diario-16*, Justino Sinova, pretenda sostener lo contrario: «En la actualidad él (Maravall) ha trazado ya las líneas fundamentales del cambio de la educación en España, entre ellas la reforma de las titulaciones universitarias y los planes de estudio, que concibe como el comienzo de la gran renovación de la Universidad» (¡*sic*!). Sinova no sólo no es un experto en temas educativos-investigadores sino que, además, pone entre interrogantes su condición de periodista, es decir: de profesional que ha de informarse con rigor de lo que sucede y que transmite fielmente esa información, de acuerdo con los criterios de la mayoría. Al parecer, Sinova ignora que desde hace unos cinco años cada día son más numerosas las críticas a la gestión maravalliana de la Universidad y que numerosos estudiantes y profesores pidieron la dimisión o el cese de este ministro, hasta que, por fin, Felipe González se enteró, reconoció que estaba gastado y prescindió de él. Lo que provoca mayor estupefacción es que Sinova, con ese texto apologético sobre el quehacer de Maravall (publicado en *Diario-16* del 6 de setiembre de 1987), toma una posición completamente contraria a la propia línea editorial de este diario que, con plena racionalidad, en varias ocasiones ha criticado con dureza a Maravall y a sus planteamientos educativos. Así, en un editorial titulado «El cinismo político de José María Maravall» (19-II-1987), la dirección de dicho periódico sostiene: «Lamentablemente, el viejo problema educativo, todavía irresuelto diez años después de la llegada de la democracia, no es cuantitativo, sino cualitativo. La reforma del sistema no puede abordarse por el simple procedimiento de parchear lo existente, de aplicar más recursos al modelo actual. (...) Falla la idea misma de cultura que tiene el poder, el concepto de educación que se maneja.» En este mismo editorial *Diario-16* reprocha a Maravall que no dimitiera tras las primeras manifestaciones estudiantiles. Justino Sinova no parece saber informarse de lo que ocurre en la Universidad y quizá tampoco lee los textos editoriales del diario en el que él es director-adjunto, porque *Diario-16* insiste el 27-VII-1987: «En defensa de las universidades de invierno»: critica la Universidad Internacional Menéndez Pelayo como «una tribuna de calidad cuando menos superficial que sirve de peana vanidosa al *establishment* cultural y profesional de este país», para sostener a continuación que «no deberíamos caer en el espejismo de pensar que la Cultura —con mayúscula— española se beneficia en mucho de esta vana exhibición, o que este alarde veraniego remedia de alguna manera el estado de lamentable y preocupante postración real que padece la verdadera Universidad española, la de invierno». En esa Universidad Internacional se hace un derroche de medios que contrasta con «el aspecto sórdido que ofrece una Universidad ayuna de recursos, yerma de cultura, vacía de ilusiones y exigua en expectativas. (...) La Menéndez y Pelayo sobrevive en un verdadero desierto universitario.» Otro editorial del mismo periódico vuelve a criticar (el 14-IX-1987) el maravallismo: «Empieza el nuevo curso escolar con un ministro de Educación cansado, muchas reformas pendientes, una calidad de enseñanza insatisfactoria. (...) La política educativa del Gobierno socialista continúa, año tras año, enredada en la madeja de sus propias reformas.» Quince días después, *Diario-16* de nuevo se ocupa de la «Universidad, campo de concentración de lujo» (1-X-1987), víctima del «anquilosamiento», de «falta de laboriosidad» y sigue: «La crisis universitaria, que preocupa en toda Europa —no en vano el futuro de cada país depende en gran manera de su Universidad—, parece aquí un asunto marginal, casi intrascendente. Mientras los países de nuestro entorno cultural y político dedican, desde hace tiempo, dinero y atención preferente a este problema crucial, en España todo se ha reducido a un insufrible devaneo político y a unas reformas impuestas e inservibles. La reforma iniciada y la recuperación de la autonomía universitaria apenas han pasado del plano de los buenos propósitos. La Universidad española sigue estando dominada por la burocracia. (...) Casi nadie confía en la reforma Maravall.» Casi sólo Justino Sinova confía en ella, situándose paradójicamente contra la línea editorial de su propio diario, tan realistamente crítico. Sinova quizá no lee estos editoriales, decía, y posiblemente tampoco lea los artículos igualmente críticos que varios profesores han publicado en *Diario-16*. Así, Marco A. López, catedrático de Estadística de la Universidad de Alicante, en un artículo titulado «La degradación de la Universidad española: un análisis de sus causas», critica los procedimientos endogámicos y caciquiles en la selección y nombramiento de profesores: «El ciudadano debe saber que más del 90 % de las plazas convocadas por una Universidad son "ganadas" casualmente por el candidato local. (...) No se negará que estas prácticas son bochornosas y que nos alejan del verdadero espíritu universitario, que, como la propia palabra indica, se opone a cualquier localismo desaforado.» Marcos A. López probablemente se ha inspirado, al escribir su artículo, en «expertos» en procedimientos endogámicos y caciquiles de la Universidad de Alicante, como Salvador Forner y Enrique Giménez López, a quienes no les importa pisotear la racionalidad científica en aras de sus intereses corporativos. También en *Diario-16*, Amando de Miguel, catedrático de Sociología de la Complutense, el 27-II-1987 denuncia «las oposiciones a cátedra, que vuelven a ser como las del "arribaespaña". Sólo que el drama se nos ha convertido en farsa. Durante la ominosa cuarentena franquista, cuando una jerarquía aspiraba a catedrático, por lo menos solía distanciarse previamente de la carrera política. Ahora, los mozos del partido (PSOE) se encaraman a las cátedras desde el fichero de altos cargos.» Como, por ejemplo, Emilio Lamo de Espinosa. No es cuestión de referirme a todos los artículos publicados en ese diario sobre la Universidad, pero un texto de Manuel Ramírez, catedrático de Derecho Político de la Universidad de Zaragoza («Lo que queda de la Universidad», 23-IV-1987), resulta momentáneamente concluyente, pues critica la «desdichada ley general de la Universidad, más propia de país subdesarrollado», las «pruebas de idoneidad» y los concursos en los que se favorece el aldeanismo. Una «reforma tan mal planteada» no puede resolver los problemas: «No olvidemos que nadie puede salvar a un náufrago que no parece tener el menor interés en salvarse. Simplemente, cambiemos el gaudeamus por la misa de córpore insepulto.» Queda aquí resumida la clarísima posición crítica de *Diario-16* en contradicción con la falta de espíritu crítico de uno de sus directores adjuntos, Justino Sinova, el inaudito y casi único apologista de Maravall y de su política.

En los demás periódicos, en sus textos editoriales y en los artículos de sus colaboradores, también abundan las críticas al ministro de Educación. En declaraciones a *Ya*, el Premio Nobel Severo Ochoa dice que el problema de España sigue siendo de cultura: «Si España ha brillado con luz deslumbrante en la literatura y en las bellas artes, su contribución al conocimiento científico que ha conducido al espectacular desarrollo tecnológico de nuestros tiempos ha sido modesta, más bien escasa.» Andrés Ollero Tassara, catedrático de Filosofía del Derecho de la Universidad de Granada, es uno de los más constantes críticos del seudorreformismo maravalliano, asumido por Solana en la actual etapa, que provoca un «ostensible deterioro de aspectos cruciales de la vida universitaria»; por ello la modificación de la LRU es «inaplazable» para frenar, al menos, «un proceso suicida» determinado, en gran parte, por el sistema maravalliano de «selección» de los profesores respecto al cual la crítica «es unánime». En otra ocasión, Ollero Tassara comenta asimismo en el diario *Ya* que «incluso voces cercanas al Ministerio han señalado que se ha puesto la carreta delante de los bueyes, con lo que no habrá departamentos al servicio de títulos y planes, sino el contrario. (...) Uno de los más prestigiosos docentes e investigadores de una antigua Universidad decía hace poco: "Para Maravall una universidad es como un instituto de bachillerato con alumnos más creciditos." Me pareció exagerado. Días después recibí un documento del propio Ministerio donde se alude a la enseñanza "postsecundaria": la sinceridad es encomiable: llamarla superior sería excesivo.» En una reunión organizada por la Fundación Humanismo y Democracia, los profesores reunidos (Rodríguez Villanueva, Tussell, Javier Davara, Martín Ruipérez, etc.) declaran: «La Universidad pública española lleva camino de convertirse (lo es ya en ciertos aspectos) en una guardería para adultos.» En este encuentro, Luis García Moreno, presidente de la FACU (Federación de Asociaciones de Catedráticos de Universidad) sostiene un criterio compartido por los demás: «La Universidad pública española se la está cargando el Gobierno del PSOE. En estos momentos sólo se ofrece o se trata de ofrecer la siguiente alternativa: o la universidad privada o el modelo sudamericano que consiste en que los ciudadanos manden a sus retoños a universidades extranjeras por falta de calidad en las suyas propias.» En *ABC de la educación*, García Moreno ha insistido en varias ocasiones que «los universitarios recibimos con cierta expectativa la LRU», pero «esta expectativa se ha transformado en desesperanza y frustración». Y añade: «Los mecanismos puestos en funcionamiento por la LRU han devenido en una auténtica "caja de Pandora" que no ha hecho más que aumentar ciertos vicios universitarios hasta extremos alarmantes: el amiguismo, la endogamia y el localismo, el electoralismo indiscriminado para cualquier acto de la vida universitaria. (...) En la mayoría de nuestras universidades rige una ley no escrita que podríamos formular así: "Función principal de la institución es colocar lo mejor posible, y dentro de ella, a las personas que ya están dentro."»

Rodríguez Villanueva, catedrático de Microbiología en la Universidad de Salamanca, otro de los más sistemáticos críticos de la situación universitaria, insiste en que «el panorama es auténticamente desolador, ya que por un lado, la confusión es máxima y por otro, el desánimo se ha generalizado. (...) La precipitación legislativa de la LRU nos conduce irremisiblemente hacia una Universidad considerablemente peor que la que encontramos. (...) Los desafueros planteados en los sistemas de selección del profesorado, primero mediante las pruebas de idoneidad y ahora con el funcionamiento de las comisiones de selección, que favorecen y dan como producto la más absurda endogamia provinciana, amigable y paleta, son ahora seguidos por la destrucción injustificada e igualmente absurda de lo que hasta ahora denominábamos Facultades para sustituirlas por unos ambiguos macrodepartamentos absolutamente artificiales, sin sentido y en la práctica sin posibilidades de futuro.» También en *ABC*, el experto en cuestiones educativas Miguel Ángel Arroyo, al referirse a la persistencia de la baja calidad de la enseñanza, señala los problemas que la afectan. Uno de ellos, ya puesto de relieve en mi *La Universidad, entre el fraude y la irracionalidad*, es la incapacidad de esta institución para autocambiarse, y por ello habría de ser la sociedad la que exigiera y determinara los cambios o por lo menos las reformas en profundidad. Ahora bien, no sólo sufrimos un ministro de Educación dominado por el pensamiento mágico, sino que, además, según Arroyo, gran parte de los españoles siguen viviendo de modo acrítico: «Los ámbitos del saber y de la ciencia continúan siendo para la mayor parte de los españoles algo lejano y casi mágico que no osan criticar. Sólo una larga tradición de incultura y de deseducación puede explicar que una sociedad como la española actual, que en el espacio de unos pocos años ha destruido tantos mitos y ha desacralizado tantas cosas, permanezca inhibida y reverente ante los problemas educativos, reforzando así las tendencias autárquicas y endogámicas del sistema. Creo que es en esta línea en la que es preciso profundizar. Si aspiramos a mejorar la calidad de nuestra enseñanza es imprescindible modificar aquellas tendencias y, probablemente, la única vía posible para ello sea la de la crítica social.»

El Periódico, de Barcelona, en su columna editorial denuncia «el último episodio sainetesco que nos depara nuestra *alma mater*»: la conversión de un entresuelo de un barrio de Barcelona «en aula para estudiantes de cuarto curso de Medicina, debido a la falta de espacio en la vieja instalación del Hospital Clínico». Y añade: «Este caso no es ni más ni menos grave que otros anteriores. Los alumnos de Derecho, de Filosofía, de Informática o de Ciencias de la Información, en la Universidad de Barcelona, la Politécnica o la Autónoma, saben de inconvenientes similares, de la imposibilidad de que las autoridades académicas den satisfacción a sus reclamaciones y de la incapacidad de los poderes públicos para afrontar con rigor las dificultades. La nuestra es una universidad reumática, científicamente anticuada, desesperantemente mal dotada y absurdamente burocratizada.» En este periódico, varios colaboradores hemos insistido reiteradamente de modo análogo. Uno de ellos, José L. Domingo, profesor de Toxicología, contribuye a subrayar críticamente que la LRU «consagró una serie de defectos que muy difícilmente podrán ser soslayados. (...) Mucho me temo que las universidades estatales españolas, con las actuales estructuras, no tienen solución.»

Incluso *El País*, diario que tiene (por varios de sus accionistas y redactores) fuertes vínculos amistosos con Maravall, de vez en cuando (menos que los otros periódicos) considera inevitable lanzar alguna crítica a su política educativa o, preferentemente, deja que colaboradores externos al diario se la lancen: así, José Manuel Souto Menéndez, catedrático de Algebra de la Universidad del País Vasco: «En la cuestión central del profesorado, la LRU ha sido y es, como era previsible desde su redacción, una incitación a la corrupción. Con tal de adaptarse a los plazos fijados por el ministerio, se ha hecho frecuentemente la vista gorda ante la caída de las exigencias académicas al hacer funcionarios a los nuevos profesores. (...) «¿Cómo van a ser conciencia crítica de la sociedad (para citar un lugar común) personas que, *cuando el poder ha dicho "al redil"* no han hecho otra cosa que cuadrarse militarmente?»

La Universidad «está muerta» dice Julio Aróstegui, catedrático de Historia Contemporánea de la Complutense, cosa que ese profesor sabe de buena fuente, ya que él mismo ha contribuido a matarla por su participación como presidente de la «comisión seleccionadora» de algunos concursos que la prensa ha denunciado por sus irregularidades e irracionalidades.

El nuevo rector de la Complutense, Gustavo Villapalos, lanza finos sarcasmos a Maravall y a uno de sus principales colaboradores, Emilio Lamo. Acerca del ministro, dice: «El modelo de Universidad que persigue Maravall es de corte anglosajón, pero yo siempre le he dicho que cuando los modelos se traen de tan lejos, se pierden por el camino.» Respecto a Lamo, antiguo secretario general del Consejo de Universidades, Villapalos comenta que su decisión de que en 1987 la Complutense debía aumentar en un 3 % el número de alumnos admitidos en primer curso es una «imposición» que «se habrá basado en complicados estudios según los cuales la dilatación de los bancos de las aulas será este curso de un 3 %, o quizá se deba a que este año los alumnos son un 3 % más delgados». En suma, para Villapalos el sistema universitario español descansa sobre una «ficción», una inmensa ficción que lleva a diversos universitarios a catalogar a Maravall, más que como un científico-sociólogo, como un autor de novelas de ciencia-ficción.

Esas ficciones crean «escuela» en otros colaboradores de Maravall, como el señor Oro, director general de Investigación Científica y Técnica, que tras publicar un artículo en *Ya* titulado «La investigación y la Universidad», suscitó tanto asombro que José Delfín Villalaín Blanco, profesor en la Complutense, escribió inmediatamente a dicho diario para advertir: «El artículo parece referirse a otra Universidad porque ni cuantitativa ni cualitativamente se parece a la nuestra. Es de agradecer el cúmulo de proyectos y buenos deseos que manifiesta, pero, desgraciadamente, su conocimiento de la realidad parece desmentir su viabilidad.»

Pero lo más grave de los irrealismos maravallianos radica en que se permitió ignorar o no aplicar algunas normas de las propias leyes que él promulgó.

2. Fraude en la reconversión de los PNN en «profesores asociados»

La «idoneización» que permitió nombrar, poco más que a dedo, a unos 5.000 nuevos profesores en 1984, continuó abandonando, sin embargo, a la mayoría de profesores no numerarios (PNN) a su tradicional inestabilidad laboral. En 1986-1988, la mayor parte (un 55 %, aproximadamente) del profesorado del sistema universitario español (en torno a los 20.000-21.000, de un total de 38.000-39.000 enseñantes), todavía pertenece a esa insegura categoría. El pretexto maravalliano para no incluir a éstos entre aquellos «idóneos» (también llamados «dedóneos») fue que, según el ministro y sus colaboradores, gran parte de quienes forman este grupo no tenían o no tienen los méritos suficientes para ser profesores titulares numerarios y, además, les faltaba o les falta escribir la imprescindible tesis doctoral. Sin excluir la probabilidad de que muchos de ellos tengan, efectivamente, una baja calidad como enseñantes, lo que también puede ser comprobable es que no desmerecen en comparación con la mayoría de los ya «idóneos» (véanse las páginas correspondientes de mi libro *La Universidad, entre el fraude y la irracionalidad*, donde se citan numerosas denuncias acerca de los modos «milagreros» con que se seleccionaron a esos «idóneos», así como la inconsistencia de sus tesis doctorales). En el proceso de «idoneización» se cometieron numerosas arbitrariedades: colocaron a jóvenes sin méritos y rechazaron el nombramiento de candidatos con muchos méritos demostrados. Es instructivo recordar uno de estos casos, el de José Antonio Ríos González, PNN de Psicología desde 1974, doctor desde 1977 y con otros diplomas: «En 1984 presenté a las pruebas de idoneidad 13 libros y 243 trabajos que están en la documentación "subjudice", en tanto se resuelve el contencioso. Desde 1984 hasta hoy he publicado 16 trabajos más. Todos, por supuesto, publicados en revistas especializadas, actas de congresos nacionales e internacionales, obras en colaboración junto a nombres como Ajuriaguerra, Pinillos, Yela, Mayor Zaragoza... No soy de los docentes que dan clases sin escribir una línea en diecisiete años. Publico ininterrumpidamente desde 1962 hasta hace un mes. Otros son catedráticos con un solo artículo.» Éste es uno de los problemas que interfieren gravemente la racional y legítima selección de nuevos profesores numerarios: como muchos de los ya «colocados» y por tanto componentes de las «comisiones seleccionadoras» tienen pocos méritos, poca obra publicada (o ninguna), no quieren que nuevos profesores con numerosos textos editados les hagan sombra.

Los miles de PNN que tienen su problema pendiente de resolver el 30 de setiembre de 1987 oficialmente dejaron de ser PNN en cumplimiento de lo dispuesto en la LRU, pero prácticamente no son más que un nuevo tipo de PNN. El juridicismo maravalliano, que cree que los cambios se hacen a golpe de pergamino legal, ante la evidencia de que la situación material no se transforma según su voluntad legisladora poco informada de lo real, tiene que volver a practicar aquel lamentable refrán español: «Hecha la ley, hecha la trampa.»

Las primeras noticias acerca de las tentativas regresivas del Ministerio para reconvertir a los PNN circularon en marzo de 1987. Entonces, estos profesores organizaron algunas manifestaciones: una de ellas se dirigió hacia el palacio de la Moncloa. Una de las pancartas presentaba un mono diciendo «yo también soy ministro» y de vez en cuando gritaban «Maravall, tunante, trabaja de ayudante». Se creía que todos los PNN iban a ser rebajados a la condición de auxiliar de la enseñanza, sin reconocerles auténtica capacidad docente. Por primera vez en muchos años volvieron a verse policías a caballo hostigando a profesores.

El primer rector que se opuso a esta reorientación maravalliana fue Cayetano López, de la Autónoma de Madrid. Este catedrático de Física teórica denunció «la interpretación no progresista» de la LRU y llegó a presentar la dimisión, aunque luego dio marcha atrás.

Con todo, las irregularidades e irracionalidades fomentadas o toleradas por el Ministerio Maravall siguieron su curso, a pesar de que la inmensa mayoría sostenía en privado y algunos en público que lo que pretendían suscitar y/o amparar los maravallianos era —es— un fraude a su propia ley: reconvertir a los PNN en «profesores asociados». Una reunión organizada por la Fundación Humanismo y Democracia, en la que estaban presentes unos cincuenta profesores, así lo sostuvo el 10 de junio de 1987, antes de que se cometiera el hecho: el intento de «convertir en profesores asociados a los no numerarios que no cumplen con los requisitos previstos es un claro fraude», según la crónica de Sara Medialdea publicada en *Ya*. Tras la vulneración de la ley se manifiestan varias denuncias más o menos explícitas. Una de las más claras es la protesta publicada por Javier de Mendoza Sans, catedrático de Química orgánica de la Universidad Autónoma de Madrid: «Si bien la LRU establece que los profesores asociados deben ser especialistas de reconocida competencia que desarrollan normalmente su actividad profesional fuera de la Universidad (artículo 33.3), muchas universidades han utilizado esta figura para contratar restos de serie de los antiguos «penenes», ante la pasividad, por no decir complicidad, del Ministerio. De esta forma se ha pervertido, ilegalmente, una de las figuras más dinamizadoras contenidas en la LRU» (publicada en *El País* del 17-X-1987).

La profesora y sindicalista Alicia de Vicente, secretaria general de Universidad de FETE-UGT, comenta esas irregularidades cometidas «en contra del clamor colectivo de los PNN, que pedían su laboralización. (...) Han desaparecido todas las figuras contractuales de los no numerarios anteriores a la LRU, pero no han desaparecido los PNN. Las previsiones de la Administración de que (el 30 de setiembre) estarían configuradas las plantillas de las universidades conforme a la propia LRU con un 80-70 % de profesores numerarios, en función de que fuesen universidades politécnicas o no, y el resto contratados, no se han cumplido por falta de presupuestos para dotaciones de plazas de profesores numerarios. Por ello se ha reconvertido a todos los antiguos PNN en nuevos PNN, que ahora se les conoce por una nueva nomenclatura: ayudantes y profesores asociados. Ninguna de estas dos figuras estaba contemplada en la ley para reabsorber a los PNN, por lo que ha habido que violentar al máximo ambas figuras para resolver el problema de cubrir la docencia teórica y práctica en muchas de nuestras universidades. (...) En su inmensa mayoría, los profesores asociados no responden al modelo diseñado en la LRU, al ser profesionales de la enseñanza universitaria y no personas de prestigio profesional por su actividad extraacadémica y extrauniversitaria.»

Si el enorme fraude hubiese satisfecho a los PNN todavía tendría alguna justificación, pero son los propios PNN los que de nuevo se consideran maltratados por «el actual tinglado burocrático» (Ministerio de Educación, LRU, rectorados) que «es el medio que posibilita la perpetuación del *feudalismo* en la Universidad bajo nuevas apariencias», según José J. Erviti, representante de la Universidad Politécnica de Madrid en la Coordinadora Estatal de PNN de Universidad. «La terminación del conflicto de setiembre de 1987 —dice el profesor Erviti— ha consistido en la imposición de una serie de chapuzas transitorias, las cuales rechazaban los *penenes*, que convertirán a la mayor parte de los actuales en unos nuevos *penenes* con peores condiciones, por uno o dos años más, pero con nombres que aparecen en la LRU para aparentar su cumplimiento. (...) En contra del loable espíritu recogido en el preámbulo de la LRU, aumenta el caos de la selvática e irracional estructura jerárquica del profesorado y además se crean nuevos agravios comparativos entre profesores. (...) Esta reconversión asimismo «supone un insulto para los *penenes* al ser utilizados uno o dos años más para cubrir las necesidades docentes». Erviti también critica a las autoridades académicas que se subordinan a los tejemanejes maravallianos: «Su comportamiento» no está exento de la «conciencia clara de hacer chapuzas e injusticias». (...) «En casos extremos, al hacerle el trabajo sucio al Ministerio, las autoridades académicas quedan con las manos más libres para continuar la tradición del disimulo, corrupción y despilfarro, característicos del funcionamiento interno de la Administración.»

Esta reconversión de los PNN perjudica a todo el mundo y probablemente será causa de nuevos conflictos. Perjudica la marcha de los centros universitarios y obstruye su relación con la sociedad. La figura del «profesor asociado», o sea: el nombrar profesores a personas de reconocido prestigio profesional al margen de la Universidad, teóricamente creaba el cauce para que confluyeran la dinámica social y la académica. Al ser los antiguos PNN los que ocupan estas plazas, las Universidades seguirán cociéndose en su propia salsa endogámica. El fraude no se concreta sólo en ello, sino también en otros aspectos: por ejemplo, la ley dice que los «profesores asociados» deben haber tenido su principal puesto de trabajo fuera de la Universidad durante al menos tres de los últimos cinco años. La mayoría de los PNN no cumple este requisito. La ley también prevé que el porcentaje de profesores asociados no podrá superar el 20 % de la plantilla total (o del 30 % en las Politécnicas); pero, por ejemplo, en la Universidad Central de Barcelona, los profesores asociados son en torno al 50 % de la plantilla.

Maravall está desarrollando, así, su peculiar táctica, consustancial al pensamiento mágico de otras épocas: en vez de cambiar las cosas, las cambia de lugar (antes los problemas estaban concentrados en el Ministerio, en Madrid; con la LRU, los problemas se han repartido entre las universidades «autónomas»); en vez de cambiar las cosas, les cambia el nombre (de PNN a «profesor asociado»); en vez de cambiar las cosas, procura trasladarlas al tiempo futuro. Si los PNN no vuelven a protestar en 1988, la protesta está asegurada para 1989-1990, cuando terminen sus contratos de «profesor asociado». Mientras tanto, Javier Solana no introduce ningún nuevo enfoque para resolver tantos y tan graves problemas.

3. Prosiguen los chanchullos en los concursos para seleccionar nuevos profesores

Cuando a un sistema universitario no le sobran los profesores de solvencia científica demostrada, lo lógico es que se resista a perder los pocos que tiene. Pero también en esta cuestión se ha puesto de relieve la peculiar mentalidad del Gobierno de Felipe González, oscilando con frecuencia entre la incompetencia y la arbitrariedad: así, mientras en otros países procuran que sus mejores profesores enseñen hasta los 68 y los 70 años, en España los jubilan a los 65, edad en la que muchos intelectuales se encuentran todavía en la mejor etapa de creación y de difusión cultural. En el Ministerio de Educación (y, al parecer, «de Ciencia») se aplica tal norma como si los catedráticos fuesen trabajadores manuales, en cuyas tareas se necesita, ciertamente, considerable vigor físico. En ese Ministerio quizás ignoran que un escritor, un científico, un enseñante, un artista, un intelectual, en suma, tiene sus mejores años profesionales en la larga madurez que puede oscilar fecundamente entre los 40 y los 70 (y más) años de edad.

Mientras se rechaza la valiosa experiencia de diversos catedráticos, en la selección de profesores aún se denuncian numerosas irregularidades e irracionalidades. Recordemos algunos casos que han sucedido en los últimos tiempos: José Ramos y otros 227 firmantes más, estudiantes en la Facultad de Ciencias Biológicas de la Complutense, denuncian a la comisión de selección de un candidato para la plaza de catedrático de Vertebrados: «...queremos dejar constancia de nuestra repulsa ante las irregularidades que, a nuestro juicio, se cometieron en la adjudicación de dicha cátedra. Consideramos que la propuesta aceptada por el tribunal presentó un programa docente de muy inferior calidad pedagógica, mucho menos elaborado y ciertamente más restringido que el presentado por otro concursante, siendo el de este último decididamente potenciador no sólo de los aspectos teóricos y prácticos del estudio de la zoología de vertebrados, sino también de los aspectos aplicados de la misma, lo que contribuiría con mucha mayor eficacia a nuestra formación como futuros profesionales de la zoología.»

Un concurso para una plaza de profesor titular de Periodoncia en la Escuela de Estomatología de la Universidad de Barcelona, estuvo a punto de convertirse en una batalla campal. El único aspirante, el doctor José Javier Echevarría, formado en la Universidad de Michigan y ya profesor de la materia, tenía, sin embargo, el «inconveniente» de ser un espíritu crítico que no se callaba los defectos de la enseñanza que se impartía en esa rama de conocimientos. Los miembros de la comisión seleccionadora, en vez de juzgar serenamente los méritos del aspirante, se dedicaron a desacreditarle; uno de ellos «ridiculizó la formación anglosajona del concursante, quien también fue criticado por el número y características de sus publicaciones (de todos los presentes, el candidato es el único que ha publicado en la que se considera la mejor revista internacional de periodoncia, naturalmente en lengua inglesa; y en Estomatología se han concedido plazas —incluso de catedrático— con una cantidad y calidad de publicaciones que hacen de nulo recibo esta crítica). Antes de la oposición, el concursante había sido advertido por algunos profesionales de prestigio de que debía desistir de presentarse, pues se buscaba un rotundo ajuste de cuentas, de modo que el opositor tuvo la precaución de consignarlo notarialmente. Efectivamente: no obtuvo ni un solo voto de sus cinco eminentísimos examinadores, siendo descalificado para la plaza de profesor numerario en aquella materia en la que tenía acreditados sobrados conocimientos. Conocimientos que, por otra parte, ninguno de los miembros del tribunal se hubiera atrevido a discutirle en una confrontación científica libre» (Carolina Manau Navarro, en *El País*, 21-VI-1987).

Los nombramientos más o menos a dedo de los «idóneos», y los fenómenos análogos que se producen en los concursos normales, siguen desprestigiando la Universidad española: «El resultado está ahí: masificación del profesorado —dice José Jiménez Blanco, catedrático de Sociología de la Complutense—, pérdida de la calidad de la enseñanza, ausencia de estímulos para que el profesorado esté al día y, en última instancia, un fraude de tamaño monumental a los sectores sociales que por primera vez en la historia acceden a los estudios universitarios.»

Las críticas y las denuncias se reiteran constantemente desde todas las posiciones ideológicas y científicas. Así Carlos Martínez Shaw, catedrático de Historia Moderna de la Universidad de Barcelona: el nuevo método maravalliano que hace suyo Solana «constituye un fracaso en lo tocante a garantizar la calidad del profesorado seleccionado». A su juicio, de acuerdo con el de todos, la raíz del problema es que «las universidades no están interesadas en la competencia de su profesorado»; en los concursos se produce «el triunfo de los criterios extracientíficos», con lo cual se expande «la alarmante provincianización de las universidades, cada vez más controladas por las camarillas locales y sus prácticas caciquiles» («La Universidad, coto cerrado», en *Diario-16* del 19-XII-1987). Las protestas ya se manifiestan en la etapa de Solana: según datos estadísticos oficiales, en el 96 % de los concursos, las «comisiones de selección» optan por el candidato de casa (de la Universidad que convoca la plaza), un fenómeno, apostilla Rodríguez Villanueva, catedrático de microbiología en Salamanca, «que debería ser un motivo de escándalo» pero que, asombrosamente, *mantiene en silencio acaso cómplice* a los equipos rectorales y decanatos de todas partes. Villanueva sigue: «Es muy grave la responsabilidad del ministro y de sus colaboradores..., así como del profesorado en general» («Un daño horroroso a la Universidad», en *Ya*, 12-VII-1988). Manuel Ramírez, catedrático de Derecho Político en Zaragoza: «Hace cinco años que padecemos la LRU» mediante la cual se ha efectuado la «consagración del aldeanismo, que es, justamente, todo lo contrario a lo que, por esencia, debe ser la Universidad. Las famosas pruebas de idoneidad y el actual sistema de selección del profesorado son piezas esenciales en esta consagración» («En España, enseñar sigue siendo llorar», en *Diario-16* del 21-V-1988).

Ante la repetición de esos casos (de los que doy sólo unos pocos ejemplos ilustrativos, o sea: de ningún modo hago una relación exhaustiva) sería lógico que el Ministerio pusiera en marcha las correspondientes inspecciones para tratar de poner aunque sólo fuese un mínimo de orden y de métodos racionales. Pero el Ministerio no sólo no se ocupa de ello, sino que sus «responsables» se dedican a hacer algo parecido mediante el procedimiento de «libre designación» de personal administrativo en «concursos internos» en los que fácilmente pueden colocar a sus amigos y «correligionarios», aunque, por supuesto, en ello no tengan nada que ver las ideas socialistas de Pablo Iglesias, el fundador del PSOE.

3.1. *El sistema Maravall de selección de profesores es perverso*

Ante tal panorama, aquí muy resumido, la Federación Nacional de Asociaciones de Catedráticos de Universidad (FACU) hace pública una declaración en la que asegura que el sistema Maravall de selección de profesores «es intrínsecamente perverso por cuanto permite a los candidatos de la propia universidad la manipulación parcial de la composición del tribunal... Es cínico o, por lo menos, ingenuo fiar luego la bondad del resultado a las virtudes personales de los jueces cuando la ley permite y aun fomenta la arbitrariedad, el amiguismo y el favoritismo».

En los últimos tiempos se estaban poniendo tan mal las cosas a Maravall que éste, en el colmo del absurdo, empezó a tomar distancias incluso respecto a las leyes que él había hecho. De tal modo, contra ese comunicado, su director general de Enseñanza Universitaria, Asís de Blas, replica pretendiendo que «no existe ningún sistema Maravall de selección del profesorado», lo que facilita a la FACU la publicación de otro comunicado en el que la crítica es más profunda: «...El querer desvincular el nombre del señor Maravall de la ley que él proyectó y de los decretos que la desarrollaron parece traicionar una cierta inseguridad en cuanto a sus bondades. (...) El real decreto regulador de los concursos contiene, según ha demostrado la experiencia, una auténtica conculcación del artículo 23.2 de la Constitución, según el cual los ciudadanos tienen derecho a acceder en condiciones de igualdad a las funciones y cargos públicos. (...) Está desgraciadamente demasiado claro que el sistema Maravall es un ataque en regla contra el mérito basado en el estudio y una maniobra de captación demagógica de simpatías y votos de quienes, en lugar de una carrera académica escalonada y homologable, prefieren un sistema que les facilita el ingreso o la promoción.»

3.2. *Parcialidades de la moral universitaria*

El sistema Maravall de selección de profesores es tan perverso que acaba perjudicando incluso a los propios amigos de ese exministro. Y entonces, nunca antes, incluso éstos ponen el grito en el cielo. En el invierno de 1987-1988 se habla y escribe mucho sobre el «caso Lledó»; quienes se quejan de que a éste no le hayan dado la plaza de catedrático a la que aspiraba en la Universidad Complutense, son universitarios directa o indirectamente vinculados con el equipo de Maravall e incluso íntimamente relacionados con este promotor del empeoramiento de la Universidad. En el colmo del despropósito es el propio inventor de la LRU el que alusivamente lanza críticas duras contra el resultado del concurso al que se presentaba Lledó. A partir de este caso, los maravallianos ya saben con rigor, en su propio cuerpo, cuál es el efecto de tales normas. Pero los que protestan contra la opción mayoritaria tomada en tal ocasión, guardaron total silencio cuando otros profesores tuvieron que sufrir las arbitrariedades de las combinaciones endogámicas. En casos anteriores, los contestatarios de la última hora —como Javier Muguerza, catedrático de Filosofía, nombrado por Maravall para dirigir el Instituto de Filosofía del CSIC (Consejo Superior de Investigaciones Científicas)— ni siquiera manifestaron la menor reserva acerca de los vigentes procedimientos maravallianos para el nombramiento de docentes.

La comparación de ambas series de actitudes pone de relieve una doble moral, un doble sentido de lo que ha de ser la valoración científica al seleccionar a unos u otros aspirantes a plazas de profesor e investigador. Esas mismas personas denuncian la falta de objetividad si la evaluación de los méritos afecta negativamente a amigos suyos y antes y después toleran e incluso cometen todo tipo de subjetivismos anticientíficos cuando arrinconan las candidaturas de otros candidatos que no son amigos suyos o a los que consideran indiferentes. Su «ética» es muy acomodaticia y ultrarrelativista.

No cabe aquí entrar en detalles acerca de las decisiones tomadas por el tribunal en ese concurso-escándalo. El seleccionado para la plaza no es ninguna persona relevante en el campo de la filosofía: he preguntado por sus obras publicadas y todos me dicen que no existen. Lo único que parece destacable en él es su actual condición de vicerrector de la Complutense, lo que quizá sea un valor administrativo, pero desde luego no puede hacerse pasar como mérito científico, como en otros casos se han valorado cargos análogos. Por otra parte, el rechazado Lledó tampoco es ningún creador original de filosofía: como máximo es un considerable divulgador de la filosofía griega; ahora bien, la plaza convocada a concurso no es de su especialidad, sino que desde esa cátedra ha de enseñarse Historia de la Filosofía Moderna y Contemporánea, en la que el otro candidato (hoy ya catedrático) dicen que está especializado. O sea que la presión de Lledó y sus amigos maravallianos es como si un catedrático de historia política de la antigüedad quisiera pasar a ocupar una cátedra de Historia Política Contemporánea. Si los que protestan ahora estuvieran limpios de toda irregularidad e irracionalidad, su voz airada tendría cierta autoridad. Pero no es así. Otro de los principales firmantes de una carta colectiva en solidaridad con Lledó es Salvador Giner, sociólogo experto en irregularidades y amiguismos: su cátedra la consigue gracias a los maravallianos y el propio Maravall le nombra «dedológicamente» como director de un instituto de investigación en ciencias sociales del CSIC. Es decir, que los amigos del exministro, cuando no tienen los concursos arreglados a su favor, procuran nombrarse aún con más comodidad gracias a que son editores del *Boletín Oficial del Estado*. En España hay por lo menos diez científicos sociales con méritos entre análogos y superiores a los de Giner para ocupar esa sustanciosa plaza. El propio Lledó, autor de unos pocos y breves libros (o folletos ampliados), hombre que sabe ser muy cordial, también ha participado como jurado en diversos concursos en los que se han cometido irregularidades e irracionalidades: es corresponsable de decisiones incluso surrealistas, típicamente dalinianas. Con la LRU, Lledó ha cometido injusticias peores que las que sus amigos ahora dicen que le afectan. Con sus compañeros, Lledó fue uno de los más entusiastas propagandistas de la LRU. Varios profesores de Filosofía saben cómo Lledó actuó como presidente de una de las comisiones evaluadoras de las pruebas de idoneidad. Una profesora de enseñanza media, Regina de las Heras, denuncia algunas de tales actuaciones de Lledó: «...ha sido víctima de un sistema (LRU) del que él mismo se constituyó en su más fiel valedor, al ser el presidente de la comisión evaluadora de uno de los lastres de dicha ley: las pruebas de identidad» (en *El País* del 22-XII-1987). Lorenzo Peña, otro enseñante de Filosofía, se admira de que entre los firmantes de la carta en solidaridad con Lledó figuren «tres o cuatro personas que desde sus poltronas de miembros de tribunales, al socaire de la LRU, que ahora parecen criticar, han perpetrado injusticias peores que la que ahora denuncian ellos» (Ibídem del 20-XII-1987). Lledó ha tenido otras intervenciones motivo de escándalo, como, por ejemplo, contribuir, en tanto que miembro clave de una comisión seleccionadora, a nombrar a tres especialistas en Ciencias Agrarias como investigadores en Ciencias del Hombre: un inaudito desafío a la razón e incluso al más sencillo sentido común. En el concurso en el que no obtuvo la cátedra a la que aspiraba, Lledó no obtuvo siquiera un voto, «ni siquiera testimonial», como denunciaron sus amigos los catedráticos Celia Amorós y Jacobo Muñoz, lo que ciertamente es una tremenda injusticia, como otras que se han cometido contra profesores de otras especialidades y análogos o superiores méritos a los de Lledó, pero que al no contar con los amigos que éste tiene vinculados a *El País* se han visto obligados a sufrir la injusticia en silencio. El resultado del concurso-batacazo-de-Lledó pone, por lo dicho, entre interrogantes y exclamaciones no sólo a los miembros del jurado que iban a seleccionar subjetivamente al otro candidato sino a todos y a cada uno de los supuestos «seleccionadores». Por ello es instructivo poner de relieve la autocrítica que ha publicado uno de esos jurados, Víctor Gómez Pin, catedrático de Filosofía de la Universidad del País Vasco: en beneficio de «nuestros intereses más inmediatos y de menor vuelo teórico (...) los que participamos en comisiones de evaluación nos convertimos en auténticos alcahuetes de una progresiva esterilización de la Universidad española» (en *El País* del 15-XII-1987). Más arriba aludo a otros casos parecidos y conviene citar por lo menos otros dos: el del profesor Luis Cencillo que, tras pasar 20 años dedicado a las tareas universitarias en España y 9 años más en cuatro universidades alemanas, el 20 de diciembre de 1986, en la Universidad de Salamanca, de la que ya había sido catedrático, le rechazan para ocupar la cátedra de Antropología Filosófica; y el del profesor Víctor García Hoz, a quien José Linaza, ex vicerrector de la Universidad Autónoma de Madrid, ha descrito como «el español más prestigioso en Psicología Animal», al que negaron la plaza de profesor de su especialidad en la Complutense, pese a que figuras internacionales de esta disciplina se prestaron a testimoniar en su favor.

En la Universidad española predominan bárbaramente las «éticas» privadas, a título individual o de camarilla limitada o para-amistosa o de articulación entre clanes similares, con los que se intercambian favores: «tú me ayudas a colocar a mi discípulo predilecto y después te ayudo a colocar el tuyo», etc. De vez en cuando, estas «morales» particulares, archiparciales, chocan entre sí. También hay una «ética» general-limitada a los que ya están en cada universidad y en contra de los candidatos a plazas de profesor que procedan de otros centros universitarios (ni Heráclito ni Aristóteles, ni Epicuro, ni Bertrand Russell. etc., ya que estamos hablando de filósofos, conseguirían hoy en la Universidad española ni la más modesta de las plazas de profesor). Salvo las pocas excepciones de actuaciones personales que puedan hacerse, ninguna de esas «morales» se fundamenta en un baremo concreto, preciso, riguroso, de valoración de méritos probados. La propia LRU deja este punto clave a la amplísima discrecionalidad o capricho de cada comisión seleccionadora.

La Universidad española necesita una ética consistente y general engranada, además, con la racionalidad científica comprobada en los países altamente desarrollados. Mientras no se alcance ese nivel y en tanto que cada uno y todos los universitarios no se comprometan pública y solemnemente a cumplir con esas normas ético-científicas, valorando los méritos documentados, al tiempo que excluyan cualquier consideración amistosa y de capilla en relación con los candidatos, mientras todo ello no se consiga, el cambio de la LRU por otra ley también resultaría insuficiente. Y no hay ningún impulso organizado-colectivo para conseguir esos objetivos civilizados, imprescindibles para la buena marcha de las ciencias y de las humanidades en estas tierras.

Por tanto, la Universidad coterránea seguirá siendo una tribu (según la definió Alejandro Nieto, catedrático de Derecho Administrativo de la Universidad de Alcalá) y en ella seguirán predominando, explícitas o implícitas, las luchas tribales, con unas u otras violencias simbólicas (hace años también hubo violentos enfrentamientos físicos entre catedráticos, que escandalizaron incluso a la mujer de la limpieza que pasaba por allí, como he explicado en mi *La Universidad, entre el fraude y la irracionalidad*).

4. La investigación española: un fenómeno entre anormal, arcaico y surrealista

En España, la investigación científica sigue estando donde estaba, con pequeñas variantes de matiz apenas significativo. Y las perspectivas para los próximos cuatro o cinco años no motivan ningún entusiasmo: este país seguirá en uno de los últimos puestos de las naciones creadoras de ciencia.

Según datos oficiales, en 1986 las inversiones en investigación alcanzaron el 0,58 % del PIB y en 1987 dicen que es el

0,72 %. Estos datos están todavía muy lejos del 2,5 % y del 3 % del PIB que desde hace años dedican a investigación científico-técnica países como Francia, Alemania, Japón, etc. Las enormes distancias que esas cifras significan no se acortan ni van a reducirse: las previsiones del Ministerio de Educación para los próximos años son aumentar poco a poco esa cantidad para quizás llegar en 1991 al 1 %, cuando las sociedades de alto desarrollo cultural e industrial habrán alcanzado otro plano superior. El español es un pueblo limitado a consumir ciencia-tecnología, pero elaborada en otras latitudes. Todo ello lanza gravísimas repercusiones sobre los universitarios e investigadores coterráneos.

Respecto a ese horizonte futuro-próximo, la periodista Paloma Larena pregunta a Enrique Trillas, presidente del CSIC (Consejo Superior de Investigaciones Científicas): «¿Qué imagen científica y tecnológica cree que ofrecerá España entonces?» Y Trillas dice: «Mi ilusión es que sea una imagen normal, porque todavía no la tiene.»

Sin embargo, lo que numerosos ciudadanos y científicos no comprenden es por qué un profesor como Trillas, que podría estar la mar de bien creando o difundiendo ciencia desde su cátedra, contribuye en algún grado, por acción o al menos por omisión, a que se propaguen diversas anormalidades, incluso en la institución de la que él es directo responsable. Así, por ejemplo, Carlos Buesa, licenciado en Ciencias Biológicas y becario del CSIC, denuncia las «condiciones sociolaborales draconianas» en las que se ven obligados a trabajar los que tienen una beca de este organismo: un mínimo de 40 horas semanales, sin posibilidad de tener otra actividad, «bajos ingresos, sin pagas extraordinarias y con pagos absolutamente irregulares, cuyos retrasos siempre imprevisibles han oscilado en los últimos años entre 25 días y tres meses» (...) sin que les reconozcan «ningún tipo de relación laboral en ninguno de los tramos del PFPI y, por ende, ningún derecho a prestaciones sociales ni de desempleo» (...), con escasas perspectivas de conseguir un puesto de investigador ya que en el CSIC el número de plazas que se ofrecen son un número «sensiblemente inferior al propio crecimiento vegetativo del número de becarios». Por tanto, «la opción más clara para este colectivo es el exilio científico» (...) «Nos convertimos en exportadores netos de cerebros, abocados a una desertización intelectual crónica.

Así, pues, cabe preguntarse hasta qué punto es rentable para la sociedad española costear la formación de especialistas cualificados sin ofrecerles posteriormente salida profesional.»

Mientras tanto, el informe de la OCDE de 1986 señala la falta de personal cualificado como el mayor obstáculo para la buena dinámica del sistema científico-técnico español. Ese personal cualificado habría de estar colocado, además, en el campo de su especialización y no incurrir en los surrealismos en los que han incurrido Trillas y Maravall al nombrar a agrónomos, que evidentemente pertenecen al grupo de las Ciencias Agrarias, como investigadores en Ciencias del Hombre, irregularidad e irracionalidad que ya escandaliza al sentido común.

Lo anormal también es que, mientras esos becarios proyectan exiliarse y otros investigadores chocan con surrealistas obstáculos puestos por el CSIC, Juan Rojo, secretario de Estado de Universidades e Investigación declara: «Cuando hemos querido llevar a cabo un programa con una orientación temática bien definida, el problema no ha sido una cuestión de financiación. Por mucha que hubiera, no era posible de realizar, o había que limitarlo, *por la carencia de personal investigador.*» ¿Y por qué estos profesores metidos a gobernantes no se aplican un plan de microinvestigación para conseguir coordinarse mejor?

¿Caben esperanzas de que todo ello se mejore con la puesta en práctica de la Ley de Ciencia? Esta ley (aprobada en abril de 1986) y su correspondiente PNI (Plan Nacional de Investigación) se lleva a la práctica con grandes lentitudes, indecisiones y ambigüedades, la más inquietante de las cuales es que no acaba de estar suficientemente clara su financiación. La ley y el plan se caracterizan por no coordinar los diferentes organismos investigadores, según denuncian Alicia Durán y Emilio Criado, investigadores en el CSIC: «La ley es incapaz de coordinar los Ministerios que hacen investigación con aquellos que desarrollan o consumen tecnología. En efecto, salvo Educación e Industria, el resto de Ministerios queda en práctica libertad de organizar sus propios planes de investigación. Estos investigadores también critican la orientación militarista de los quehaceres científico-técnicos: «Otra expresión del cambio de orientación observado en la ley es el protagonismo que asume el Ministerio de Defensa, cuyas demandas tecnológicas no se someten al PNI, sino que, en la práctica, lo determinan en sectores clave, como microelectrónica y nuevos materiales. Esto se refleja también en el aspecto presupuestario: mientras que la ley no prevé compromisos presupuestarios, ni siquiera a medio plazo, que garanticen y aseguren la viabilidad de la planificación, el Gobierno ha comprometido ya 225.000 millones de pesetas para investigación militar en la Ley de Dotación de las Fuerzas Armadas y el Plan Estratégico Conjunto para los próximos 10 años.»

Respecto a esta característica maravalliana de hacer leyes que carecen de los correspondientes medios económicos, un periodista, Santiago Graíño, en una entrevista con el profesor José Antonio Martín Pereda, coordinador del Plan Nacional de Investigación, hizo la siguiente reflexión: «... respecto a fondos, es difícil aclararse bien de dónde proceden y a cuánto ascienden.» Y obtuvo la siguiente respuesta «graciosísima», tragicómica: «Eso también quisiera saber yo.» El profesor Martín Pereda añadió después que serían necesarios unos 7.000 u 8.000 millones de pesetas por programa, lo que contando con unos 14 programas, «pues te suman ciento y pico mil millones».

El PNI tiene otro gran fallo: que no prevé la realización de investigaciones en cuantos problemas conciernen a las ciencias sociales, lo que confirma la orientación tecnocrática del maravallismo-solanismo. Ello demuestra también, una vez más, su falta de sentido de la responsabilidad ya que, con los cambios tecnológicos que se viven y vamos a vivir en los próximos años, se provocarán grandes inestabilidades socioeconómicas, psicológicas, en las costumbres, globalmente culturales, que, evidentemente, necesitarán ser tratadas por especialistas en ciencias humanas.

La orientación inconsistente, la vaguedad, el secreto y el tratamiento poco democrático de los planteamientos de Maravall se demostró también cuando este ministro expuso, el 10 de noviembre de 1987, ante la Comisión Mixta de Investigación Científica y Desarrollo Tecnológico del Congreso de los Diputados, el contenido del primer Plan Nacional de Investigación: los parlamentarios se quejaron de que sólo tuvieron conocimiento de ello en el mismo momento en que Maravall empezó a dirigirles la palabra. Así se evitan, de momento, críticas y oposiciones razonadas, que estallan después.

Por fin el Plan Nacional de Investigación lo presentan oficialmente el 21 de marzo de 1988, y tras las dudas iniciales apuntadas más arriba, se concreta la cifra de 634.171 millones de pesetas a invertir durante los próximos cuatro años y repartidos en 23 programas. De esa cantidad se dedicarán 15.210 millones de pesetas a la formación de personal investigador: se pretende pasar de los veinte mil investigadores que, al parecer, en 1988 existen en España (1,4 por cada 1.000 habitantes, mientras la tasa media en los países de la OCDE es de 2,8 por cada 1.000 habitantes) a 30.000 investigadores. En principio no parece realista ni, muchísimo menos, riguroso querer formar tantos investigadores en tan poco tiempo: en cuatro años se puede formar un contable, un ingeniero técnico, un licenciado en Biología o en Historia, es decir: profesionales capaces de reproducir de manera simple unos u otros bloques de conocimiento anterior, de ciencia ya creada, del pasado, pero en cuatro años no se puede formar un personal capaz de innovar, de crear ciencia y tecnología nuevas, que eso es ser investigador: explicar, proponer algo nuevo, al menos lanzar una serie de hipótesis verosímilmente innovadoras. En cuatro años no puede conseguirse eso, quizás en seis o en ocho sí. En cuatro años es absurdo pretender alcanzar ese objetivo también debido a la crisis profunda que atraviesan los centros universitarios, donde el espíritu auténticamente investigador no existe en la inmensa mayoría de profesores. Tal absurdo se multiplica al considerar que la investigación científica en España (la poca que se hace) está burocratizada, trabada por trámites administrativos y por normas obsoletas, jerarquizada, centralizada, principalmente en Madrid y con centralizaciones subsidiarias en manos de funcionarios poco creativos en los gobiernos autónomos que dicen asimismo ocuparse de estas materias. Hasta hoy no sólo no existen los medios sino que tampoco se dan los ambientes propicios para investigar. Severo Ochoa, el único Premio Nobel que hoy tenemos en España, lo ha declarado así varias veces, criticando al Gobierno de Felipe González: «La Administración está echando abajo la investigación. (...) A veces dudo de que seamos un país civilizado». Sobre la investigación biomédica, otros destacados científicos españoles como Francisco Grande Covián, Santiago Grisolía y Rafael Nájera, han afirmado que en España se encuentra al nivel que tenía Estados Unidos hace treinta años. Por lo general el PNI es acogido con críticas y reservas por algunos de los universitarios más autorizados. José Luis Maté, decano de la Facultad de Informática de la Complutense, opina que dicha masa de nuevos investigadores «sólo se puede conseguir teniendo buenas universidades». Premisa que «no se cumple» por lo que «el plan puede parecer una huida hacia adelante» (en *Ya* del 22-III-1988). Alberto Sols, bioquímico, uno de los principales discípulos de Ochoa, señala el impacto de la LRU como un fenómeno «contraproducente para el ambiente de la investigación» (en *El Independiente* del 5-III-1988). Es el propio secretario de Estado de Universidades e Investigación, Juan Rojo, quien muestra su acuerdo con esos criterios: «la Universidad española no ha estado nunca preparada para hacer investigación, ni lo está ahora: sólo para enseñarla» (en *ABC* del 29-III-1988). Algunos científicos explicitan claras críticas políticas como condicionantes negativos de los actuales proyectos investigadores del Ministerio. Así, el profesor Sánchez del Río, decano de la Facultad de Físicas de la Complutense: «Lo más negativo de todo esto es que hay un gran sectarismo en cuanto a las personas que intervienen en esa planificación. *El que no es socialista no participa para nada y hay que contar con todo el que tenga algo que decir.* Me parece que tiene toda la razón Severo Ochoa en su denuncia reciente. Aquí, desde 1982, el que no tiene el carnet del partido se le borra con tinta china» (en *Ya* del 22-III-1988). Esta crítica es tanto más valiosa por cuanto en otros ámbitos, en la mayoría, se evita hacer críticas, entre otros motivos por *miedo a las represalias.* Como esto puede parecer inaudito o exagerado citemos el testimonio de Ernesto García, investigador científico en el Centro de Investigaciones Biológicas del CSIC (Consejo Superior de Investigaciones Científicas): «...es de común conocimiento que una buena parte de los científicos del CSIC simplemente tienen miedo a posibles represalias. Es increíble (pero es cierto) que esto suceda cuando se vive en democracia». No obstante, el mismo Ernesto García informa que «alrededor de 300 investigadores han manifestado estar cansados de que las autoridades abusen sistemáticamente de su vocación y profesionalidad» (en *El País* del 11-XII-1987). El Centro de Investigaciones Biológicas atraviesa una situación problemática en cuanto a necesidades infraestructurales. Su director, José Gómez Acebo, critica que en España «se pretende hacer ciencia por decreto» (en *Diario-16* del 9-V-1988). Por otra parte, los investigadores están mal pagados, por debajo de otros empleados de la Administración de niveles análogos, por lo cual el PNI «sólo podrá tener como ejecutores a dos clases de personas: o santos o imbéciles», dice otro investigador del CSIC, Armando González-Posada, presidente del Sindicato Independiente de Trabajadores (En *Ya* del 9-V-1988). En el CSIC se ponen de relieve muchos otros problemas: otro caso es el del nombramiento del director del Instituto de Filología: la mayoría absoluta de los investigadores propusieron para ese cargo a Miguel Ángel Garrido Gallardo. Pero no fue nombrado porque Enrique Trillas, el presidente del CSIC, «no lo considera de su cuerda», según la carta de protesta que los investigadores firmaron en la que también se quejaban del «desprecio a la propuesta libre y legítima». La inclinación de Trillas a cometer y a tolerar arbitrariedades llega todavía a mayores extremos y es de temer que se deslice en otras exageraciones debido a los colaboradores con que cuenta para ello, incluso entre los magistrados de algunas salas contencioso-administrativas. Ya he sugerido que el simple sentido común apunta con rigor que unos agrónomos (especialistas en alfalfa, patatas, etc.) no tienen derecho ni racionalmente pueden concursar a plazas de investigador en «Ciencias del hombre» (Historia, Derecho, Sociología...). Además, lo sostienen así, con todo detalle y solemnidad, el Reglamento del CSIC y otros Reales Decretos y normas complementarias del Código Civil y de sentencias del Tribunal Supremo. Pero ni Trillas ni Maravall quisieron subordinarse a estas reglas científico-jurídicas, y en 1985 nombraron a tres agrónomos como investigadores en Ciencias del Hombre. Lógicamente se puso en marcha una demanda contra ese despropósito y desmán. El abogado de la parte demandante, el catedrático madrileño Juan Manuel Pascual Quintana, hizo una extensísima argumentación, sólida, impecable y exhaustiva. Pero los magistrados de la Sección Quinta de lo Contencioso-Administrativo de la Audiencia Nacional, en su fallo del 20 de junio de 1988 no hacen el menor caso a tales alegaciones, dominados por su presunta incultura. En su sentencia ponen de manifiesto grandísimas lagunas en cuanto se refiere sobre todo a ramificaciones de los conocimientos al margen del formalismo judicial; pero a veces sus insuficiencias intelectuales conciernen incluso a la rigurosa estimación de las leyes vigentes y a la jurisprudencia del Tribunal Supremo. Además, en su fallo esos jueces sostienen cosas que no son ciertas: que los agrónomos «concursaron» a plazas de «investigadores en economía»; no, los agrónomos optaron a plazas de «Ciencias del Hombre»; esos jueces también dicen que para participar en ese concurso bastaba tener el título de doctor; no, la lógica y la norma legal exigen ser doctor en la especialidad a la que se concursa o en otra disciplina de su mismo grupo (por ejemplo, también Psicología), mientras que la Agronomía pertenece a las Ciencias Agrarias. Es comprensible (pero inaceptable) que esos jueces se apoyen en el concepto de «economía» porque desde él se atreven a extenderse a la «economía agraria», lo que les lleva a justificar que esos agrónomos, después de haber sido seleccionados como investigadores en ciencias del hombre, «han sido destinados a plazas pertenecientes al ámbito de las ciencias agrarias» (precisamente por su incompetencia en Ciencias del Hombre), ya que la economía, siguen diciendo esos magistrados presuntamente incultos, «por tener un carácter general es susceptible su composición en múltiples especialidades, entre las que se encuentran la agricultura y la ganadería» (*¡sic, sic!*). Por lo cual, según estos jueces, la cría de vacas y toros así como el cultivo de melones pasan a formar parte de las Ciencias del Hombre. Esta estupefactiva sentencia la firman los señores Fernando Cid Fontán, presidente, y los magistrados Alberto Amunátegui y Pavía, Octavio Juan Herrero Pina, José Luis Requero Ibáñez y Ricardo Varón Cobos: éste implicado en la liberación-fuga del mafioso napolitano Bardellino, hecho por el que estuvo procesado y separado de su cargo: a su reincorporación se opusieron varios magistrados del Tribunal Supremo). El ministro de Justicia tendría que organizar unos cursillos de formación cultural acelerada para esos jueces. De lo contrario, si se siguen las tesis de esa sentencia, se abren otras surrealistas posibilidades: que los veterinarios puedan obtener plazas de magistrados; que los botánicos se conviertan en catedráticos de ingeniería aeronáutica; que los abogados lleguen a ser profesores de arquitectura o de bioquímica; que los sociólogos queden autorizados a ocupar cátedras de ginecología o de cirugía...

Los ciudadanos estamos obligados a acatar las sentencias pero la Constitución no fuerza a nadie a comulgar con ruedas de molino, ni prohíbe ejercer la crítica de hechos que ahogan la racionalidad, sobre todo cuando esas torpes resoluciones no pueden recurrirse ante otros tribunales.

4.1. *Dudas fundadas y razonadas acerca de la hipotética consistencia científica del tercer ciclo o de los cursos de doctorado*

En los países cuyas universidades tienen alta solvencia científica, los estudios de doctorado sirven para formarse como investigadores y como fase decisiva de la formación del futuro catedrático. No se puede negar que Maravall sabe todo eso y por ello, desde que Felipe González le nombró ministro, puso énfasis en que en España había de organizarse seriamente el tercer ciclo y que las tesis doctorales tenían que ser examinadas con rigor por los correspondientes tribunales. Durante décadas y décadas, en numerosos casos no se ha dado seriamente el título de doctor: entre ellos hay casos de auténtica farsa a frivolidad, como ya puse de relieve en mi libro anterior sobre estos problemas.

Maravall plasmó tal énfasis en la ley correspondiente, confundiendo una vez más la articulación jurídica con las posibilidades reales de llevar a buen término el correspondiente cambio de esa gran y grave anomalía en el sistema universitario e investigador español. En 1987, Maravall vuelve a insistir refiriéndose a los PNN: «El país necesita un tipo de profesor que no es aquel que en dieciocho años no hace el doctorado ni escribe una sola línea.» Esto es verdad, es una crítica plausible. Pero también es cierto que España no necesita ministros como Maravall cuya tesis doctoral está atravesada por errores empíricos y equivocaciones metodológicas.

El ex ministro de Educación de Felipe González combinaba su entusiasmo por organizar el tercer ciclo con la poca capacidad, incluso legislativa, para crear normas racionales mediante las cuales pueda hacerse auténticamente el doctorado. En la Universidad maravalliana-solanesca se riza el rizo del surrealismo cuando no sólo los que imparten cursos para los aspirantes a doctor carecen de una tesis doctoral escrita según las exigencias de otros países, sino que también se atreven a ser directores de esos cursos algunos que ni siquiera han pasado una tesis doctoral simulada o de mentirijillas, o sea que ni tan siquiera han pergeñado un folio válido con tal fin. Hemos hecho ya varias denuncias en ese sentido. Uno de los que ha escrito críticas más claras contra esas irregularidades e irracionalidades que se fundamentan en la LRU es el catedrático y diputado Ollero Tassara: «Tenemos departamentos dirigidos por no doctores, encargados —por ley— de organizar los estudios de doctorado. Cuando hice ver —en el Congreso— esta circunstancia al señor Maravall mostró notable sorpresa; aunque no mayor que la mía, asombrado de que un ministro pueda desconocer tan concienzudamente materias de su competencia. Pero el asunto no queda ahí; tenemos, incluso, directores de departamento que no son siquiera licenciados. Me hablan de uno, matriculado en un curso de acceso de peritaje a ingeniería, que lo ha abandonado para no verse convertido en alumno de sus subordinados. La imaginación al poder... El señor Maravall me espetó, iracundo, que denunciara por "ilegal" tal anomalía. Craso error que demuestra que el agobiante quehacer del ministro le ha impedido hasta el momento leer su propia ley: la LRU señala que será director del departamento un "catedrático" o "profesor titular"; al no añadir "de Universidad", se incluyen los de escuelas universitarias, muchos de cuyos catedráticos no son aún doctores, mientras que sus titulares no tienen por qué ser siquiera licenciados.»

La reforma Maravall lleva a tales galimatías, asimismo denunciados por Julio R.Villanueva, que fue rector en Salamanca: «Todo el mundo está dispuesto a desarrollar cursos de doctorado, incluso profesores que poco o nada han aportado al desarrollo de la ciencia y que, por tanto, *a priori* no podrían considerarse los más aptos para adquirir la responsabilidad de un curso de doctorado. En esta situación mucho me temo que, como está sucediendo con otros sectores de la reforma universitaria, todo se queda en agua de borrajas (...) Poco o nada va a cambiar en el doctorado, si no cambian los actores y responsables de los cursos.»

Esta nueva ficción maravalliana es asimismo motivo de comentarios jocosos en numerosas facultades que suscitan el interés de varios periodistas. Así, Milagros Asenjo que recogió varias informaciones y comentarios concernientes a las universidades madrileñas y de sus alrededores: la «precipitación y ligereza» es lo que caracteriza «la forzada aplicación de la reforma del Tercer ciclo» (...) «los cursos de doctorado son impartidos, en determinados programas, por profesores que no son doctores».

De tal modo no se conseguirá la formación de nuevos investigadores y profesores: por el contrario se les está(rá) induciendo a nuevas deformaciones.

4.2. *Éxito político y fracaso científico de la UIMP*

La Universidad Internacional Menéndez Pelayo constituye un espectacular fracaso científico al tiempo que un relativo éxito político, sobre todo para la exhibición veraniega de los políticos, especialmente los del PSOE y sus profesores dependientes. Si se hubieran desarrollado las raíces científicas y humanistas de las que partió esta Universidad (las de la Institución Libre de Enseñanza y las de la Junta de Ampliación de Estudios, en épocas anteriores a la dictadura franquista) su destino en la actual democracia necesariamente habría tenido que ser el de impartir cursos de tercer ciclo en serio y el de la investigación interdisciplinaria, tal como viene proponiéndose-haciéndose en los países de más desarrollo cultural. Pero en vez de este desarrollo lógico, sus fines esenciales se han traicionado al prestarse como tribuna de los gobernantes, de sus colaboradores y amigos, lo que ofrece bastantes semejanzas con lo que se hacía bajo el franquismo. La subordinación de la cultura a la política es, sin duda, un fenómeno específico de los sistemas dictatoriales, sean de tipo capitalista o estalinista. La subordinación de la pulsación de los conocimientos estructurales a las fraseologías coyunturales de los ministros, subsecretarios y correveidiles es, por otra parte, una confusión típicamente tercermundista. Salvo las pocas excepciones que puedan hacerse, los elementos confusionistas pretenden con sus apariencias llenar el lugar de las realidades, a la par que aspiran a hacer pasar lo frívolo por lo serio, porque al parecer creen que la oratoria teatral puede compensar la falta de contenidos. En anteriores ocasiones he criticado este conjunto de adulteraciones de la UIMP y en los últimos tiempos han sido varios los periodistas y articulistas que se han ocupado críticamente de este centro, que asimismo parece dedicado a facilitar contactos entre los del PSOE y sus amigos o posibles simpatizantes, a los que les suele pagar muy bien: en suma, la UIMP se ha convertido, con el equipo rectoral encabezado por Santiago Roldán, en una gran agencia de relaciones públicas del felipismo institucionalizado y de sus pretensiones absolutistas de continuar con su dominio gubernamental. Basilio Rogado, director de *Interviu*, es uno de los que en tiempos recientes más certeramente ha criticado esa Universidad, definiéndola como una escuela de mandos del PSOE: entre cargos oficiales de este partido, cargos complementarios e intelectuales que apoyaron a Felipe González en sus campañas electorales y en su inaudito cambio de criterio para permanecer en la OTAN, los supuestos cursos están dominados en su inmensa mayoría por enseñantes y análogos unilateralmente politizados. Allí no se busca la verdad o las sucesivas verdades científicas y humanistas, allí sólo interesa encontrar la verdad felipista o, al menos, para-felipista o paraguerrista o la verdad en consonancia con algún otro jefe del PSOE, la verdad que convenga para su permanencia en el gobierno. Esta politización de la UIMP cuenta con el apoyo de los medios de comunicación asimismo controlados por los delegados del Palacio de la Moncloa. Esto resultó evidente en el programa «Cara a cara» de TVE, «moderado» por Eduardo Alonso, que el 19-VIII-1988 se dedicó a este problema, contando con la presencia de Santiago Roldán. En otros «Cara a cara» Alonso se mostraba como un periodista bastante agresivo, pero ante el rector de la UIMP todo fueron suavidades, comprensiones, tolerancias. Así lo considera también Eduardo Haro Tecglen, antiguo director del semanario de izquierdas «Triunfo», quien en un artículo publicado en «El País» del día 21 critica tanto a Eduardo Alonso como a la UIMP: «El problema de esta serie de programas de televisión ronda mucho las deficiencias que se atribuyen a las universidades de verano: la vacuidad, la frivolidad, el ministerialismo.» Y sobre Roldán, que «tiene carnet del PSOE», dice que «ha convertido la Menéndez Pelayo en el modelo por antonomasia de estas universidades». El lujo estival de estas exhibiciones es algo que escandaliza a todos los comentaristas, sobre todo cuando lo comparan con las carencias de la enseñanza durante todo el año. En ese «Cara a cara», los únicos periodistas que quisieron ir al fondo del problema fueron el citado Basilio Rogado y Pedro Altares, antiguo director de «Cuadernos para el diálogo», hoy en Radio Nacional de España, del PSOE, pero que es uno de los pocos que mantiene una cierta independencia de criterio. Ángel S. Harguindey, de *El Globo*, también estuvo muy poco crítico. Y Roldán habló de modo deshilvanado, torpe y tosco, con argumentos inconsistentes: si hubiese sido sometido a un auténtico debate —como los que hacen las TV francesa, inglesa, norteamericana, etc.— este rector habría quedado destrozado pocos minutos después de haber empezado la emisión y a continuación, en lógica consecuencia, habría tenido que dimitir. Dando una prueba más de la frivolidad con que rige la UIMP, Roldán justificó estos cursos de verano como fuente de noticias para los periódicos. Absurdo: los buenos periódicos buscan-encuentran las noticias en cualquier parte, no necesitan en absoluto a la UIMP para llenar sus páginas. Haro Tecglen también critica esta versión roldanesca de la UIMP como origen de informaciones: este rector «cree que es lógico que los ministros acudan a esta Universidad como autoridades finales a cuya explicación se debe mucho. No está tan claro. La información debe fluir día a día y no en ocasiones reservadas. Una manía de grandeza que no aleja mucho a las universidades de verano del espíritu franquista con que crecieron».

5. «Pasadismo» y amiguismo, obstáculos para los nuevos planes de estudio

Nadie discute la necesidad de renovar los planes de estudio. Pero son numerosos los que critican la manera maravalliana de darles otros enfoques. Como en otras cuestiones, en ésta Maravall consigue que la mayoría esté en desacuerdo o exprese numerosas reservas respecto a la viabilidad o la calidad o el modo de llevar los planes a su aplicación. Los profesores e investigadores en ramas científico-técnicas dudan de que vayan a facilitárseles los medios e instrumentos imprescindibles para sus trabajos. Los profesores e investigadores en ciencias humanas y en filosofía protestan porque observan inquietantes tentativas de arrinconarles. Los estudiantes de unas y otras especialidades reclaman participar en la organización de los nuevos planes de estudio.

Los planes de estudio vigentes en la Universidad española hasta hoy están más que anticuados: no tienen un retraso de cinco o diez años, sino, en algunos casos, de treinta y sesenta y más años. En parte, algunos conocimientos (por ejemplo: los de Derecho) que se imparten en las Facultades coterráneas dimanan de la Ley Moyano de 1857. La situación atrasada también afecta a diversas carreras técnicas.

La Universidad española es un ejemplo escandaloso de cómo los saberes se estancaron en España, mientras se desarrollaron y se expanden en países como Estados Unidos, Francia, Alemania, etc. Hasta 1988, los centros universitarios españoles sólo dan unos 56 títulos, en tanto que en las naciones desarrolladas ofrecen la posibilidad de cursar entre 250 y 300 carreras.

Otro gravísimo problema de la enseñanza superior en España es que, a poco que se la analice, muestra grandes desconexiones con la realidad que le rodea: con los fenómenos concretos españoles y con la actualidad en marcha del mundo de hoy.

¿Cómo conseguir que se superen satisfactoriamente todos esos retrasos? En primer lugar es preciso señalar cómo Maravall ha creado obstáculos suplementarios para resolver esos problemas, obstáculos que Solana, el nuevo ministro, no se propone superar. Se sabía que era una irresponsabilidad continuar con los viejos planes de estudio. Lo lógico habría sido empezar por esta reforma y después, consiguientemente, buscar los profesores adecuados para llevar a buen puerto los nuevos planes de estudio. Maravall lo ha hecho exactamente al revés: primero, con los «idóneos» y los «subidóneos» o «profesores asociados» estabiliza vitaliciamente una plantilla de enseñantes de cuya mayoría no se sabe si puede resultar eficiente para los nuevos planes, y luego empieza la elaboración de éstos. Es como si, nombrado presidente de una compañía de aviación, Maravall hubiera contratado a una plantilla de pilotos de aviones a hélice, y a continuación hubiese encargado la compra de aeronaves supersónicas tipo «Concorde». *¿Cómo podrán llevarse a la práctica los nuevos planes de estudio, con unos profesores formados rígidamente con los viejos planes de estudio y sin que en la mayoría de ellos se observen esfuerzos personales para ponerse al día?* Observados los hechos concretos, las dudas son legítimas y las perspectivas problemáticas en situación reproductiva hacia el futuro.

Las dudas se prolongan al tomar en consideración cómo en el Ministerio elaboran los nuevos planes de estudio: sin contar con el conjunto de la Universidad: nombran «expertos» en unas y otras materias a unos cuantos amigos suyos y éstos hacen las propuestas correspondientes. La representatividad científica de estos especialistas así como los resultados de sus trabajos son criticados en todos los tonos: respecto a la globalidad de los grupos de trabajo de esos «expertos», nombrados por Maravall y Lamo, se sostiene que «el proceso se está llevando a cabo de una forma poco democrática. (...) La población estudiantil se siente despreciada por las autoridades académicas. (...) La acusación de secretismo es compartida por el estamento docente que se muestra muy contrariado por lo que considera "dirigismo" en el nombramiento de los integrantes de los grupos de trabajo» (Arturo Enciso). «Todos los sectores académicos reclaman más protagonismo en los planes de estudio. (...) El sentir general de los estamentos universitarios es que se eligieron personas cuando menos cómodas a la ideología imperante en el Ministerio de Educación» (Milagros Asenjo). «Con la reforma se pretende cambiar por cambiar a toda prisa y *hacia ninguna parte*» (Elena García-Alcañiz, catedrático de Psicología evolutiva y de la educación, quien con José Beltrán, catedrático de la misma especialidad, consideran que los miembros del grupo para la reforma en ciencias de la educación «fueron improvisados y la selección no muy correcta» a la vez que «muestran su extrañeza por la exclusión de representantes de la Universidad Complutense»). «La función de los grupos debería ser hacer propuestas mirando al futuro, y no mirando al pasado, pero esto no lo tienen claro algunos participantes. Así sucede que a la hora de establecer las materias y sus pesos no se tiene tanto en cuenta la importancia de las disciplinas en la ciencia actual, o su valor formativo para los alumnos, sino las presiones de los compañeros. Si un área ha tenido mucho peso porque se hicieron muchos catedráticos de ella, por razones políticas y personales que en la época franquista, y aún después, han sido decisivas, existe el peligro de que la situación se proyecte hacia el futuro, pues son muchos para presionar y exigen un peso importante para sus materias, aunque objetivamente no lo tengan. Y ya se sabe que la tendencia al corporativismo en la Universidad es muy fuerte. A esto se une el peligro de que algunos de los participantes de los grupos de trabajo tengan concepciones de la disciplina muy alejadas de lo que hoy se hace en universidades prestigiosas de otros países. Y suele ser gente difícil de convencer, sobre todo porque lo que hay detrás no son razones científicas. Por esto existe el peligro de que los resultados del trabajo de los grupos tengan una fuerte dependencia del pasado y se pierda una muy buena posibilidad de corregir problemas de muchos años» (Juan Delval, catedrático de Psicología evolutiva, que ha formado parte de uno de esos grupos de trabajo). Significativamente, este profesor repite el concepto de peligro tres veces en pocas líneas: es evidente que trabajar en la universidad maravalliana-solanesca es muy arriesgado, con el agravante de que los peligros redundan contra la sociedad, al menos en los estudiantes que han de formarse en ella. La conclusión a la que llega el propio Delval no deja lugar a dudas: los quehaceres ambiguos e indecisos, los chanchullos en las comisiones de selección de profesores («la valoración de los méritos suele estar bastante al margen»), «complican enormemente la vida universitaria, sin hacerla más racional, impregna toda la LRU (y me parece que otras muchas cosas), y está teniendo unos efectos desastrosos, que no sólo hacen difícil que la Universidad salga de la situación de miseria en que la dejó el sistema anterior, sino que la conducen más y más cada día a un pozo sin fondo».

Amando de Miguel, uno de los más antiguos catedráticos de sociología, también critica las «misteriosas comisiones *digitales* de planes de estudio, por grupos de carreras». La que a él le afecta, «la preside Salvador Giner, el último catedrático en llegar al escalafón y el que menos experiencia tiene de enseñar en universidades españolas. Mas no importa, es un "antiguocuate" del ministro». Cierto, el amiguismo es una de las claves de la actual «reforma». Así, como también señala De Miguel, personas que apenas han estudiado sociología, que sobre todo se han «dedicado a la política, digamos a la política militar», son nombrados catedráticos. Es una clara alusión a Julio Busquets, excomandante del Ejército y actual diputado del PSOE. En fin, concluye Amando de Miguel, «la actual reforma universitaria es sólo un instrumento retórico para mantenerse en el poder un grupito de "cuates". El poder es un bálsamo maravilloso: permite satisfacer a los fieles, colocar a los aduladores, cooptar a los críticos, reforzar la tribu, anestesiar al público contribuyente».

Un nuevo amigo del PSOE, Solé Tura, excomunista, presidente del grupo de «expertos» para la reforma de los estudios de Derecho, también resulta muy criticado por los planes que propone. Según el periodista Daniel Capella, el catedrático de Derecho Financiero Juan Ferreiro «afirma que la propuesta del grupo de expertos de crear una diplomatura de Derecho de tres cursos es un intento de bajar la calidad de la enseñanza y un ataque al Estado de Derecho». También critican esta tendencia otros catedráticos y los colegios de abogados porque esa diplomatura puede crear «una competencia desleal a los actuales licenciados».

Vicente Moya Pueyo, decano de la Facultad de Medicina de la Complutense, señala las grandes dificultades con las que chocan quienes desean especializarse: «Hay más de 20.000 jóvenes médicos que pretenden especializarse sin que se les permita y mientras tanto no se utilizan los puestos existentes en donde pueden realizar una correcta formación.» En tales circunstancias no es extraño que el 21 de mayo de 1987, cuando el ministro de Sanidad, Julián García Vargas, llega a la facultad para participar en un homenaje al gran escritor y médico que fue Gregorio Marañón, los estudiantes lo reciben «con una lluvia de huevos e insultos», según la crónica de *El País* del día siguiente.

También protestan los ingenieros agrónomos, concretamente contra Emilio Lamo, secretario general del Consejo de Universidades: «No nos ha consultado y, en vez de eso, ha hecho unos grupos totalmente sesgados», afirma (según Paloma Larena en *Ya*) José Andrés Sancho Llerandi, secretario general del Consejo General de Ingenieros Agrónomos y de la mesa colegial que agrupa a todas las ingenierías superiores. «Nos acusan a los colegios de corporativismo —añade Sancho Llerandi—, pero ellos lo han sustituido por amiguismo.»

Los profesores de ciencias experimentales denuncian la inviabilidad de la reforma si no se destinan medios para experimentar. El secretario del grupo II, Domingo González, dice que «el alumno formado en España tiene una formación teórica equivalente a la de cualquier país, pero cuando llega a un laboratorio está perdido. Se necesitan más horas de laboratorio, pero en serio, con medios modernos». César Díaz también recoge para *El País* el criterio de Carlos Sánchez del Río, decano de la Facultad de Ciencias Físicas de la Complutense, para quien el aumento de la experimentalidad «es un sueño»... «Con los medios que se tienen es imposible hacerlo.» Mientras tanto, en Europa se sabe, por lo menos desde hace cuatrocientos años, que sin experimentación no puede haber ciencia.

5.1. *Malestar entre los profesores de humanidades*

A partir de febrero de 1987, entre los profesores de las ramas humanísticas cunde la inquietud ante los enfoques tecnocráticos que se dan a los primeros esquemas que se difunden de los «nuevos» planes de estudios. Las materias concernientes a la lingüística, a la historia, a la filosofía y a la literatura son las más negativamente afectadas. La mayoría de decanos de las correspondientes Facultades protesta contra la orientación del Ministerio y reivindica la necesidad de la enseñanza de las humanidades.

Severo Ochoa afirma que la política que disminuye el papel de las humanidades «me parece una política muy, muy equivocada» (en *ABC* del 3-III-1987). José Luis Pinillos, catedrático de Psicología, comenta: «El mundo de la tecnología plantea problemas humanos que la propia tecnología es incapaz de resolver. Una tecnología poderosa es capaz de cometer grandes desatinos. Carece de modulación humanística en lo que se refiere a su uso. Cuanto más poderosa es la tecnología, más necesaria es la humanización de la gente que la emplea. Por tanto, una sociedad abocada a las nuevas tecnologías requiere cada vez con mayor urgencia una formación humanística profunda. Y no sólo en las Facultades de Humanidades.»

Josep Alsina, el más antiguo catedrático de griego de la Universidad de Barcelona, declara a *El Periódico* que «una ciudadanía con su formación humanística recortada tendrá una cultura de agua con sifón». José Luis Vidal, director del departamento de clásicas, señala al periodista Joaquín Roglán, que «una sociedad occidental que renuncia a la reinterpretación y asunción crítica del mundo clásico es una sociedad desvertebrada. (...) Durante 2.400 años, todas las culturas occidentales han necesitado a sus clásicos. Es peligroso y curioso que ahora, en pocos meses, se descubra que son innecesarios.»

Los representantes de la filología inglesa no protestan menos: de diecinueve universidades le llegan a Maravall protestas porque, como dice uno de ellos, Enrique Bernárdez (director del correspondiente departamento de la Complutense), «la carrera de filología inglesa puede quedar relegada a una situación de segundo plano con insuficientes contenidos auténticamente científicos y especializados» (declaraciones recogidas por Cristina de la Hoz para *Ya*).

Las tendencias reformadoras de los maravallianos, asumidas hoy por Solana, son propias de personas provincianas de un país con escasa producción científico-técnica autogenerada que de pronto se deslumbran ante el panorama actual de la tecnología en el resto del mundo; pero en los países altamente desarrollados que la crean en teoría y la producen en la práctica siguen fomentando, a la vez, los estudios humanísticos. Más: al contrario de lo que ocurre en las simplistas formaciones especializadas coterráneas, en Estados Unidos, Gran Bretaña, Francia, etc., vuelven a buscar cada vez más a los universitarios con una amplia formación humanística, incluso para dirigir grandes multinacionales. El catedrático y académico Víctor García Hoz explica esta tendencia de hoy y de siempre: «... los "cazacerebros" no miran a los técnicos para dirigir a las empresas, sino a quienes por tener una formación general predominantemente filosófica, muestran más capacidad y mejor disposición para conocer no una técnica determinada, sino la relación de las diferentes técnicas entre sí y la que tienen con las personas —especialistas— que las han utilizado en la empresa. (...) La Universidad de Harvard ha organizado un departamento de ética y ha establecido cursos de esta materia en los planes de su "Business School".»

Por lo visto, los maravallianos ignoran que incluso en el país más tecnificado del mundo siguen fomentando a la vez el conocimiento del humanismo.

5.2. *Los estudiantes y los planes de estudios*

Los jóvenes universitarios vienen reclamando reiteradamente un derecho que les es connatural: participar en la elaboración de los nuevos planes de estudio: derecho consustancial porque son ellos los que tendrán que llevar a la práctica los nuevos conocimientos, son ellos los que han de ser los nuevos cuadros dirigentes y profesionales de la sociedad hasta el término de su vida activa, allá por el año 2030 o 2040, cuando de la inmensa mayoría de autoridades académicas de hoy no quedará ni siquiera el recuerdo.

Para evitar la participación de los estudiantes en los debates en torno a los supuestos «nuevos» planes de estudio, algunos suelen argüir que los estudiantes carecen de la preparación cultural necesaria para discutir esos temas seriamente: respecto a la inmensa mayoría de ellos, es cierto: no menos cierto que en lo que concierne a muchos profesores improvisados en los últimos años. Además, ¿cuántos pueden planificar con precisión los principales contenidos de los nuevos planes de estudio para las generaciones que llegan a la Universidad cuando ya se ha calculado que el 80 % de los oficios y profesiones de la estructura del empleo de los años 2000 habrá de concretarse a partir de conocimientos que en 1988 todavía están en germen o en hipótesis? Muy pocos, incluso entre profesores solventes. Por tanto, ¿por qué no incorporar al debate a los jóvenes, a los principales interesados en que esos planes de estudio sean funcionales respecto a los nuevos modos de producción social que tienen que vivir? Un inconveniente, en parte, es su cultura primeriza y endeble; pero este mismo hecho tiene otra parte positiva: su mente está virgen de cultura anacrónica, de erudiciones polvorientas, de liturgias académicas, de resabios ultralibrescos, lo que a la vez quiere decir que, a poco que se la estimule, su mente puede desarrollar un gran potencial hacia la cultura del futuro.

Otra ventaja de los jóvenes, de los estudiantes, es que no están maleados por los chanchullos, por los pactos amiguistas y corporativistas, y por ende tienen una gran capacidad de crítica. Posiblemente este talante crítico es el que más temen las autoridades académicas. En efecto, desde los primeros meses de 1987, numerosos estudiantes, en manifestaciones y también mediante textos publicados en los periódicos, ya hacen una muy razonada, profunda y dura crítica de cómo se preparan los «nuevos» planes de estudio. Así, por ejemplo, en un artículo firmado por Carlos Morales del Coso, Rafael Méndez Sastre, Esther Cebrián Redondo, Jesús Castro Cuenca, Juan Ignacio Pulido Serrado y Esther Tristán Martín, estudiantes de Filosofía de la Universidad Autónoma de Madrid: denuncian a las comisiones de expertos «cuyos miembros han sido nombrados a dedo por el Ministerio», que organizan una reforma «que no hace sino acentuar los problemas que ha tenido de siempre la enseñanza en España. La reforma que nos amenaza fomenta aún más los valores competitivos, en detrimento del espíritu de colaboración y cooperación, porque institucionaliza la selectividad como único método de acoplamiento de una demanda social de cultura a unos recursos escasos, porque para el Gobierno la educación y la Universidad no son una prioridad ni presupuestaria ni política...» En cambio, proponen una serie de reivindicaciones: que los planes «sean elaborados en el seno de las universidades, con la participación igual de profesores y estudiantes». Pero, «esta participación no se puede dar dentro del marco legal establecido por la LRU». Por lo cual, «pedimos la derogación de la LRU y la elaboración democrática de una auténtica ley de autonomía universitaria».

Las mismas reivindicaciones se reiteran por los estudiantes durante todo el año 1987, hasta la RGU (Reunión General de Universitarios) que se celebra en Sevilla los días 14 y 15 de noviembre, asamblea a la vez preparatoria de la jornada de protesta del 16 de diciembre. Petición unánime: paralización de los proyectos oficiales de los «nuevos» planes de estudio y apertura de un auténtico proceso renovador, al tiempo que critican los gastos que se efectúan en el Ministerio de Defensa y en propaganda gubernamental, y exigen un aumento de los gastos en enseñanza e investigación.

5.3. *Fase de aplicación de los planes de estudio y «salidas» profesionales*

Los planes de estudio que se elaboran en 1987-1988, el Ministerio calcula llevarlos a la práctica a partir de 1989 o 1990. Esta especie de planificación «quinquenal» al estilo soviético-tecnocrático es algo asimismo criticable, en principio porque demuestra una escasa sensibilidad y una considerable ignorancia de lo que son las ciencias en nuestro tiempo: en cuatro o cinco años pueden cambiar, seguramente van a cambiar, aspectos esenciales de los conocimientos científicos. Algunas de las cosas que hayan decidido en 1987 o se decidan en 1988, probablemente resultarán anacrónicas en 1990 o en 1991 y, por supuesto, en la etapa 1995-2000.

En cualquier caso, pretender modificar los planes de estudio a golpe de decreto es algo contrario a la naturaleza de los conocimientos universitarios. Éstos han de evolucionar y transmutarse constantemente, por el propio impulso personal de cada profesor, que no podrá dar mucho más de sí o de lo que le permitan los conocimientos adquiridos hasta el momento, aunque quieran imponerle por vía reglamentista otro ritmo de transmisión del saber. Los decretazos o introducción impositiva de novedades legales, sólo consiguen montar algunas apariencias, tanto más aparentes o irreales cuanto menos medios económicos destinen a su verdadera realización. Sobre el papel del «Boletín Oficial del Estado» es fácil crear unos «nuevos» planes de estudio, pero en la realidad es muy difícil o de resultados archiproblemáticos, en especial cuando no se cuenta, como éste es el caso, con la dinámica creativa de la mayoría del profesorado y de los estudiantes.

En el supuesto aleatorio de que esos «nuevos» planes de estudio se lleven a cabo a trancas y barrancas, ¿qué pueden ofrecer como «salidas» profesionales? La impresión que de momento dan es que fragmentan mucho los conocimientos, que los orientan hacia la formación archiespecializada, hasta extremos grotescos u ofreciendo como «nuevas» profesiones actividades que hace lustros están configuradas en otros países, en cuyas universidades ya hace décadas que constituyen tópicos académicos. Juan Cueto comenta esa corriente «innovadora»: «Muchas de esas carreras inéditas no son del futuro: son de la época de Unamuno. Y no cito en vano el símbolo de la intelectualidad española. A la vez que tenía noticias de estas reformas, descubrían los eruditos unas cartas del genial rector en las que, no satisfecho con el «que inventen ellos», matiza: «Me cago en la electricidad y en la máquina de vapor.» Para que luego digan que los intelectuales del pasado no influyen en el futuro. Para añadir surrealismo al fenómeno, el Consejo de Ministros a primeros de noviembre de 1987 aprueba un decreto que regula la obtención de títulos universitarios a la par que advierte «del carácter no plenamente académico de los nuevos títulos», lo que comenta el director general de Universidades Francisco de Asís de Blas: «Esto lo que quiere decir es que los nuevos títulos deberán atenerse a una posterior regulación y que no pueden esgrimirse para ejercer una profesión de las reconocidas.» Entonces, ¿para qué estudiar si luego no sirve en la práctica social?

Si respecto a tales salidas profesionales hay dudas razonadas, las dudas se justifican también con relación a otras misiones con las que ha de cumplir la enseñanza universitaria y que tampoco parecen asegurar esos «nuevos» planes de estudio: formar ciudadanos en su plenitud intelectual, por encima de su necesaria especialización para-profesional. Porque el ser humano es mucho más que un «productor» y un «consumidor»: es un ser cuya mayor especificidad es su dimensión y proyección espiritual, que puede enriquecerse y acentuar su coherencia con la adquisición de una cultura interdisciplinaria que satisfaga sus principales necesidades y deseos. Páginas adelante cito a numerosos científicos y humanistas de relieve mundial que vienen abogando por la interdisciplinariedad, desde Piaget, psicólogo y Braudel, historiador, hasta Prigogine, Premio Nobel de Química y François Jacob, Premio Nobel de Medicina. También el general de la Compañía de Jesús, Hans Peter Kolvenbach, expresa la misma inquietud y la pone de manifiesto precisamente en España, en la clausura del centenario de la Universidad de Deusto. Kolvenbach preconiza «atemperar» la actual diversificación de las ciencias, «frecuentemente correlativa de una creación de compartimientos cerrados, mediante un esfuerzo ideal de interdisciplinariedad. (...) La Universidad vive de la producción de unidad, relativizando cada uno de los saberes. Pero no puede sostener este movimiento hacia lo universal más que en la medida en que los responsables —todos los universitarios— consideran su saber, su especialización y su particularidad con un estilo y con una actitud de fondo que se orienta hacia la universalidad del hombre mismo, de su sociedad y de sus valores. En este sentido, la Universidad es una realidad académica de mediación, que hace existir los diversos saberes y las diferentes ciencias, de ningún modo en un aislamiento mortal, sino como diferentes significantes de la coherencia fundamental del hombre.» Los métodos y trabajos interdisciplinarios concentran en nuestros días la atención de los científicos y humanistas más lúcidos y más proyectados hacia el porvenir. Antes de entrar sistemáticamente, en el capítulo correspondiente (véase V. «La savia de lo nuevo»), en los enfoques de la interdisciplinariedad, es instructivo introducir otro criterio altamente autorizado en este sentido: el de René Rémond, presidente de la «Fondation Nationale des Sciences Politiques» de París: «El progreso del conocimiento pasa hoy por el encuentro y la convergencia de las disciplinas: ¿no es destacable que algunos de los progresos más asombrosos de los últimos decenios se hayan efectuado precisamente en la intersección de varias disciplinas, astrofísica o biogenética? Para las ciencias sociales, el impulso de la ciencia política es el de una ciencia-encrucijada. La renovación de la historia de lo político se debe en gran parte a las aportaciones de disciplinas próximas, como la sociología, el derecho público, incluso la lingüística, así como la historia de lo religioso ha sido estimulada por el contacto con la sociología de la religión. Las disciplinas se fecundan mutuamente, como si la investigación progresase por hibridación.»

Las tareas interdisciplinarias en la Universidad española están lejos de llevarse a cabo: ni siquiera se plantean teóricamente. Y sin avanzar por este rumbo, incluso la simple preparación profesional de las nuevas generaciones resultará poco eficiente de cara a las necesidades del futuro que van a vivir.

5.4. *La selectividad, los profesores y los estudiantes*

En otros países hay diversas normas oficiales a la hora de seleccionar (o no) a los estudiantes que han de entrar en la universidad: desde los filtros más rigurosos hasta la admisión automática de cuantos han pasado satisfactoriamente los cursos de la enseñanza media. En España, esta cuestión suscita asimismo actitudes contrapuestas o al menos diferentes: desde las de los profesores que exigen la selectividad, hasta las de los enseñantes que consideran que no es necesaria, pasando por posiciones intermedias muy tolerantes y realistas como la de Gustavo Villapalos, rector de la Complutense: «Las mejores pruebas de selectividad serían aquellas que aseguraran que los alumnos saben leer, escribir y hablar en el momento de entrar en la Universidad; yo me conformaría con eso. Simplemente con saber estas tres cosas sería suficiente para que pudieran aprender el método, es decir: para que aprendieran a estudiar, que es lo que debe enseñar la Universidad.»

Otros, como Sisinio de Castro del Pozo, catedrático de patología general y propedéutica de la Universidad de Salamanca, creen que la selectividad «es imprescindible» porque, en su ámbito académico, la formación ha sido «manifiestamente defectuosa, y el resultado son los más de 20.000 licenciados en Medicina y Cirugía en paro, la mayor parte de los cuales, sin exagerar, pueden ser calificados de seudomédicos». Rafael Rubio de Urquía, catedrático de teoría económica, observa el problema con mayor amplitud: «... los procedimientos de selectividad actuales son inadecuados, arbitrarios y absurdos en ciertos aspectos y, además, bastante poco selectivos. Pero, por otra parte, y con independencia de la existencia de límites objetivos a la capacidad de las universidades, es una realidad que el actual título de bachiller no constituye garantía bastante de aptitud y conocimientos para el acceso a los estudios universitarios». Debido a ello, continúa Rubio, «muchos, muchísimos licenciados no son ni juristas, ni economistas, ni historiadores. Son personas que nunca debieron haber sido bachilleres, y que, una vez en la Universidad, han aprendido algo, no mucho, si han tenido suerte, y nada, si no la han tenido». Por lo tanto, «sería gravísimamente irresponsable acceder a la petición estudiantil de eliminación de pruebas de selectividad».

Sin embargo, otros catedráticos introducen matices distintos en la consideración de la selectividad, tomando en cuenta de modo realista el propio estado de la Universidad que no selecciona seriamente a la mayoría de sus profesores. Así, para Andrés Ollero Tassara, la selectividad está «injustificada» por las siguientes razones: «Pienso que hay tres posibles justificaciones de la selectividad. No gastar dinero en formar profesionales que no encontrarán luego puesto de trabajo. No estafar a los ciudadanos vendiendo más entradas de las que el aforo de los centros permite. Exigir que para entrar en la Universidad no baste con tener capacidad económica, sino una determinada capacidad intelectual, con o sin dinero. El Gobierno mantiene hoy una selectividad que contradice todas y cada una de estas justificaciones. (...) Por supuesto que no comparto los alegatos en favor de la supresión de la selectividad. Rechazo el *numerus clausus* de las planificaciones socialistas. Considero imprescindible una selectividad que ponga a prueba la capacidad intelectual de los alumnos..., y de los profesores. Hay que superar la idea de que un título universitario es tan imprescindible como el carnet de identidad. Tampoco vendría mal recordar que ser profesor es aspirar, por elevación, a formar profesionales, y no el recurso de emergencia de los que no encuentran otra profesión» (...) En fin, Ollero Tassara termina su artículo diciendo que «sólo hay algo más absurdo que pedir que todo el que quiera entre en la Universidad, y es impedir a uno solo que entre sin ofrecerle a cambio justificación alguna. El señor Maravall debería dedicar algún rato a buscarla».

La mayoría de los españoles se han mostrado partidarios de la supresión de la selectividad. Un sondeo realizado por Gallup durante el mes de marzo de 1987 (publicado en Barcelona por *El Periódico* y en Madrid por *Ya*) puso de relieve ese criterio. Gallup formuló a un millar de personas la siguiente pregunta: «¿Está usted de acuerdo con la petición de los estudiantes de suprimir la selectividad?» El 38 % respondió afirmativamente y el 29 % negativamente. Las personas representativas de la izquierda fueron las que más decididas se mostraron en la supresión de la selectividad.

Ciertamente, son millares y decenas de miles los estudiantes que piden que se supriman esas pruebas selectivas. Entre otras razones porque, si no, ¿para qué ha servido, hasta hoy, el COU (Curso de Orientación Universitaria)? Entre los más jóvenes universitarios, posiblemente se encuentran algunos que quieren evitar esos trámites en atención a su «comodidad» e incluso guiándose por su pereza, lo que es criticable. También es innegable que la formación que reciben en la enseñanza media es insuficiente, hasta el extremo de que no aprenden —salvo excepciones, que las hay— los elementos básicos señalados por Villapalos para poder estudiar con un método consistente. Pero no hay que cargar la responsabilidad de ello a los estudiantes. Por otra parte, hay que tener en cuenta que a los 17 o 18 años de edad, que es cuando ingresan o pueden entrar en los centros universitarios, la inmensa mayoría de los jóvenes sólo tiene una vaga idea de aquella disciplina-carrera por la que han optado, incluso en los casos que hacen su opción con entusiasmo o con cierta ilusión, apoyada por algún familiar o amigo que ya es profesional de tal materia. Yo no digo que no pueda ser —e incluso que deba ser— de otra manera, pero una gran parte de los estudiantes que se matriculan en primer año de, por ejemplo, Sociología, de

Medicina, de Derecho, de Ingeniería, de Bioquímica, de Arquitectura, etc., etc., sólo tienen una remota y confusa noción de lo que son los temas respectivos y de su futura aplicación en la práctica social, clínica, ante los tribunales, en los laboratorios, etc., etc. Dada esta realidad en la formación intelectual de casi todos ellos, querer establecer una selectividad rígida en cada Facultad resulta un absurdo porque añade una irracionalidad más, inquietante, a los irracionalismos o simples formalismos académicos, que se hacen pasar por cultura viva, y que los adolescentes ya han padecido anteriormente. Por lo que sea, un estudiante puede sentir atracción por estudiar, por ejemplo, aeronáutica, o edafología, o telecomunicaciones, etc., pero es posible que al querer entrar en el centro universitario correspondiente no sepa nada de nada de esas materias, por lo que resulta un formalismo excesivo ponerle a la entrada el control riguroso de sus hipotéticos conocimientos al respecto. No es imposible, sin embargo, que incluso en esas pésimas condiciones pueda desarrollar, aunque lentamente, unos buenos estudios, y llegar a ser un profesional responsable en cualquiera de esas actividades. También es cierto que a los profesores les costará un mayor esfuerzo impartirles estos temas y que, por tanto, se quejarán de, o protestarán contra la formación que antes les han dado en la enseñanza secundaria. Es asimismo consistente la hipótesis de que esta desconexión entre los distintos grados de la enseñanza, así como el capricho de optar a una u otra licenciatura, sin que el estudiante y sus padres analicen a fondo las posibles aptitudes (o no) del joven respecto al conjunto de disciplinas que le tocará aprenderse, constituyan probablemente una de las causas complejas que pueden explicar el posterior y alto fracaso en los estudios, que en todos los países y en todas las ramas del saber, alcanza porcentajes elevados (en torno al 40 o el 50 %), dramáticos por el despilfarro de energías y de medios individuales y colectivos que ello supone. Dado, pues, este conjunto de problemas, ¿no sería preferible organizar una serie de cursillos informativos-preparativos, aproximadamente de un trimestre de duración, para que los estudiantes adquirieran tanto algunos elementos básicos de las materias como las características generales de su futura aplicación práctica-profesional? De este modo podría evitarse que, al final de uno o dos años académicos, el estudiante descubra que no le interesa la carrera que está cursando, o bien que los profesores le digan, por la vía de los sucesivos suspensos, que él no muestra la suficiente capacitación para tal profesión y que determinen su abandono. De este modo, el rendimiento de las instituciones universitarias, por lo general y hasta hoy ruinoso desde un punto de vista no sólo estrictamente empresarial sino también globalmente social, podría en el futuro ser más elevado.

6. Las manifestaciones estudiantiles y el caso del rector de la Universidad Autónoma de Barcelona: peor que en tiempos del general Franco

Durante el año 1987 abundan las manifestaciones estudiantiles que reivindican su participación en los proyectos de los nuevos planes de estudio, así como rechazan todo tipo de selectividad. También reclaman la organización de una vida democrática en el campus, en cuanto no concierna a la transmisión, a la asimilación y al control de los conocimientos científicos, que lógicamente están subordinados a los criterios de los profesores solventes. Pese a que transcurre en un país que ha restablecido la democracia, su movimiento choca con obstáculos autoritarios y dogmáticos, típicos de los individuos negados para el diálogo. Además de verse obligados a sufrir las cargas policiales, incluso con agentes a caballo, en torno al Ministerio de Educación, los jóvenes universitarios también tienen que padecer las rigideces y las violencias con las que les contestan en las autonomías. Uno de los casos más escandalosos de contraposición a los estudiantes es el que se personifica en el actual rector de la Universidad Autónoma de Barcelona, Ramón Pascual (discípulo del antiguo rector Laporte), que lanzó a la policía contra los escolares el 16 de febrero de 1987, al tiempo que suspendió las actividades en todos los centros. Tales medidas suscitaron numerosos comentarios negativos en la prensa barcelonesa así como estimularon las manifestaciones estudiantiles en las que los gritos más repetidos fueron «Rector fascista» y «Hagamos cultura, no tortura». Ese día se clausura por primera vez en su historia la Autónoma de Barcelona, en tanto que los «mossos d'esquadra» (policía de la Generalidad) controla los accesos al campus. El primer diario en criticar las «reacciones autoritarias» del rector Pascual es *El País* (18-II-1987). Mientras tanto, prosiguen las protestas de los estudiantes: «Se va a acabar, se va a acabar, la dictadura de Pascual» y piden la dimisión de este rector. Algunos estudiantes comentan, según las amplias informaciones recopiladas por Miguel Ángel Maestro para *El Periódico*: «...No podemos dejar que juegue ahora a demócrata gente que hace poco nos ha metido a la policía en las aulas.» En este mismo rotativo, Eduardo Álvarez Puga publica un breve y punzante comentario titulado «Con Franco, mejor» en el que dice, en lo más sustancial: «De pena. Las facultades de la Universidad Autónoma de Barcelona cerraron sus puertas por primera vez en su historia por orden del equipo de gobierno. Ni con Franco se habían atrevido a adoptar tan drástica decisión. El propio rector pronunció una frase digna del mismísimo dictador: "La mejor manera de salir de la situación es utilizar a las fuerzas de orden público." No soy tan insensato —continúa Álvarez Puga— como para pensar que con Franco vivíamos mejor, pero ciertos dirigentes se empeñan en dar argumentos a los nostálgicos. (...) La cultura necesita de la libertad como el hombre del oxígeno. Donde hay imposición, hay dictadura; donde no hay libertad, no hay cultura. Ningún problema universitario, cultural e incluso político se resuelve utilizando las fuerzas de orden público» (*El Periódico*, 20-II-1987).

Ramón Pascual, que también por su aspecto taciturno se parece a Maravall, continuó siendo el blanco de las críticas en días sucesivos y en casi todos los diarios que volvieron a poner de relieve su «actuación autoritaria» y sus «despropósitos» (*El País*, 21-II-1987). Incluso algunos profesores de la Autónoma quisieron dejar constancia de su protesta, en cierto modo autocrítica, como la de Joan Manuel Tresserras, que señala «las insuficiencias de los órganos de representación democrática» y rechaza la descalificación del «interlocutor estudiantil»: «Nos encontramos con una concepción gremial y patrimonialista de la Universidad. (...) La condición de funcionario o, quizá más, el afán de acceder a tal condición, han provocado un franco desplazamiento hacia posiciones conservadoras. (...) Y así resulta que los que deberíamos tener la responsabilidad social de denunciar el estado de cosas en la enseñanza, anatematizamos la protesta. (...) Nosotros nos hemos convertido en engreídos ejecutores de la selectividad, defensores de los *numerus clausus*, apelando a razones de Estado y a la racionalidad del sistema. Oficiantes del humanismo, hemos olvidado la injusticia y hemos sacralizado el orden. Parece el estilo del nuevo régimen» (en *Avui*, el 27-II-1987). Otro profesor de la Autónoma, Enric Martín Otto, expresa sus simpatías por los estudiantes y sostiene que «la actitud mantenida por nosotros, los profesores en general, ha evidenciado una de las consecuencias más transcendentes de la funcionarización del profesorado, auspiciada por la LRU: nuestro progresivo desplazamiento hacia posiciones conservadoras y gremiales, la preocupante limitación de nuestro espíritu crítico ante el funcionamiento social insatisfactorio, la sustitución de una concepción crítica del mundo por otra burocrática» (en *El Periódico*, el 28-II-1987).

A finales de 1987, o sea: once meses después de que los primeros acontecimientos en la Autónoma conmovieran la opinión pública, el conflicto de los estudiantes con el rector todavía no estaba completamente cerrado. Con motivo de la celebración de elecciones de representantes estudiantiles, las diferentes asociaciones coinciden en señalar al periodista Daniel Capella que «nos sentimos engañados» por la gestión de Pascual y que su falta de colaboración en este proceso electoral es «escandalosa».

El 14 de diciembre de 1987, Pascual por poco no supera la moción de confianza en el claustro: de 187 votos sólo obtuvo 90 a favor, mientras el bloque de los negativos (76) con las abstenciones (16) y los nulos (5) claramente ofrecieron una perspectiva mayoritaria de rechazo (97). En todo caso, Pascual tuvo que soportar durante varias horas numerosas y duras críticas de estudiantes y profesores, que consideran negativa la gestión de este rector, el cual paradójicamente suele tener una alta, soberbia opinión de sus actuaciones rectorales.

En torno a tales hechos, también se produjeron actitudes anómalas en un sistema democrático. Una de esas actitudes fue la lentísima decisión tomada por el Parlamento de Cataluña para interesarse por unos eventos que conmocionaron a la mayoría de la población catalana. Los conflictos fueron estudiados por los diputados catalanes con unos cinco meses de retraso en una sesión que tuvo lugar el 23 de junio, con el agravante de que los diálogos se limitaron a cuestiones de tipo económico. Otra de las actitudes fue la extraña posición desinformadora que adoptó el diario *La Vanguardia* en sus textos editoriales. Cuando la policía acababa de poner un cerco a la Autónoma y se habían suspendido las actividades académicas, *La Vanguardia* publicó (el 18-II-1987) un insólito editorial: «Normalidad en el campus.» Peor fue el editorial titulado «Detrás de una huelga» (publicado el 24-II-1987) que, con un típico estilo franquista, lanzó intoxicaciones y malévolas insinuaciones contra los estudiantes. Esto no extrañó nada a quienes conocen al que era director de *La Vanguardia* de ese momento, Francisco Noy, castellanista acérrimo bajo la dictadura y reconvertido al catalanismo al producirse los cambios en 1976-1977. Profesor nombrado a dedo y sin haber realizado ninguna tarea investigadora, el después llamado «Francesc», que tampoco tuvo nunca una actividad notable como periodista (sólo era empleado técnico de una revista del *Grupo Godó*), se suele caracterizar como un intrigante al servicio de los poderosos, que luego descubren su escasa competencia (mientras dura la dirección de Noy, *La Vanguardia* atraviesa uno de sus períodos de más baja calidad; por fortuna, hace meses que Noy ha sido destituido y en 1988 este diario se encuentra en una nueva etapa). «Detrás de una huelga», publicado en 1987, es el típico editorial que, en tiempos de la dictadura franquista, publicaban los periódicos más «adictos al régimen del Generalísimo»: argumento único, archisimplista y ultramalicioso: *La Vanguardia* resucita el mito del agitador infiltrado entre los estudiantes: no son los estudiantes los que, con su natural espontaneidad, protestan y reivindican, sino «organizadores» que «manejan a los adolescentes», «agentes» y «provocadores» que «disponen de poderosos recursos y que dominan el arte de la agitación». En tiempos de Franco, estas «versiones» de las manifestaciones estudiantiles ya resultaban disparatadas; en 1987, estas intoxicaciones informativas provocan la carcajada y las lógicas preguntas: ¿a quién quería servir el señor Francisco o Francesc Noy con ese editorial: al poder de la Generalitat o al poder madrileño de Maravall-Felipe González? En su época de director de *La Vanguardia,* Noy también cuenta con un colaborador, el exjesuita cacereño Antonio Marzal, que asimismo idolatra todo lo que sea poder, y combina, por tanto, un seudocatalanismo que confunde a Cataluña con la adulación al pujolismo (somos muchos los catalanes que no consideramos legítima la reducción de la catalanidad a una sola personalidad partidaria), con los halagos al poder central e incluso a Alfonso Guerra cuando, por ejemplo, organiza reuniones intelectuales-propagandísticas en Jávea (Alicante), reuniones que son criticadas por casi todo el mundo, incluso por textos editoriales de *El País* y por algunos de los profesores participantes. Antonio Marzal es un caso notorio —sus textos y sus meteduras de pata impresas están para probarlo— de reiterada exhibición de su escasa e inconsistente claridad mental enturbiada por un farragoso y torpe estilo egotista, como por ejemplo este párrafo de su artículo «El socialismo, a prueba»: «A *mí*, personalmente, *me* ha interesado especialmente lo que ha dicho Guerra»... En un cortísimo espacio afirma tres veces la «preeminencia» de su ego irrelevante: «mí», «personalmente» y «me». Se ve que en sus estudios jesuíticos no consiguió aprender a escribir ni a controlar su egotismo, desbordado por su incontinencia verbal. Marzal idolatra a los que están en el poder y lanza insidias contra quienes, basándose en hechos, critican las irregularidades e irracionalidades de los poderosos, en este caso en la universidad. Marzal pone obstáculos a la difusión de la verdad. Por ello los que están en el poder tienen en él un excelente colaborador, no sólo servicial sino servil.

6.1. *La autonomía permite la mediocridad y no garantiza la excelencia de la enseñanza*

Aunque con mucho retraso respecto a lo que nosotros —Jordi Nadal, Alejandro Nieto, Javier Sádaba, Ollero Tassara, Ricardo de la Cierva, Vian Ortuño, etc., etc.— veníamos diciendo por lo menos desde cinco años antes, Maravall por fin se dio cuenta de las consecuencias perniciosas que las leyes que él había promulgado en 1983 provocaban en las universidades autonomizadas para lo peor y no para lo mejor: así, el 15 de diciembre de 1987, el entonces ministro descubre su «Mediterráneo» y declara: «la autonomía universitaria no garantiza la excelencia, permite la mediocridad y hace posible decisiones inadecuadas para la calidad de la enseñanza». Lo menos que se pudo replicar a Maravall en ese momento en que, ante la Comisión de Educación del Congreso de los Diputados, iniciaba una suave autocrítica de sus normas, es que, siguiendo viejos hábitos españoles de «sostenella y no enmendalla», en nuestro país no se empieza a pensar en la hipótesis de llevar a cabo rectificaciones hasta cuando las directrices impuestas por los gobernantes han provocado numerosos desastres o, como mínimo, efectos nocivos, perjudiciales para millones de ciudadanos, en este caso profesores y estudiantes. Pero la desgracia es mayor aún: entre el momento en que el ministro empieza a reconocer que se ha equivocado y la fase en la que se concretan las rectificaciones media un amplio espacio de tiempo. En 1988, casi un año después, no hay ni siquiera esperanzas teóricas de que se proponga ningún conjunto de soluciones ya que el nuevo ministro, Javier Solana, parece ignorar esta declaración de Maravall y, por tanto, parte de más atrás que de la posición a la que había llegado el ministro cesado.

Tampoco desde el poder gubernamental catalán, la Generalidad, se ha tomado ni se proyecta tomar ninguna decisión para contribuir a rectificar ese fenómeno criticado por todos. Aludo, en especial, a los principales responsables de la Administración pública en Cataluña, puesto que esta autonomía es la que goza de más prestigio en toda España. Si criticamos, como hemos criticado y vamos a criticar a estos gobernantes autónomos, el lector puede deducir qué críticas podemos hacer a los gobernantes autónomos de Valencia, Galicia, Castilla, etc. Critico la gestión de la enseñanza que se hace desde la Generalidad, como la critican miles y millares de catalanes que no confunden su vinculación afectiva a estas tierras con la subordinación conformista a lo que hacen tales gestores. (En Cataluña no hay un solo catalanismo, hay varios e incluso diversas maneras de relacionarse con la entidad catalana. El autor de este libro, nacido en Valencia, ha residido la mayor parte de su vida en Barcelona [salvo dos años en Madrid, tres años en Palma de Mallorca y doce en París], y ha defendido siempre los intereses morales y materiales de Cataluña en el contexto unitario de España [sobre todo cuando estábamos aplastados por una dictadura], habla y escribe catalán cuando lo considera imprescindible, pero jamás ha caído en la frivolidad poco o nada auténtica en la que, desde 1976, incurren algunos y que consiste en demostrar su catalanismo con la simple catalanización de su nombre: donde antes escribían Francisco ahora escriben Francesc, en vez de llamarse Jorge, han pasado a llamarse Jordi y así sucesivamente, sin demostrar de ninguna otra manera su catalanidad.) La gestión de las instituciones educativas en estas latitudes la he criticado en numerosos artículos publicados en los principales diarios de Barcelona y en mi libro *La Universidad, entre el fraude y la irracionalidad.* Para que no alegaran, pese a todo ello, ignorancia de los problemas en las universidades barcelonesas, se los expuse verbalmente a Jordi Pujol y por carta a su «conseller d'Ensenyament», Joan Guitart, explicándole, además, algunas graves irregularidades e irracionalidades que se estaban cometiendo con la tolerancia del entonces rector Laporte (y en 1988 nombrado paradójicamente nuevo «conseller d'Ensenyament»). A mi escrito del 14-X-1981, Joan Guitart me respondió con su carta del 27-X-1981 diciendo que se esforzaban por mejorar la gestión de las universidades para terminar asegurándome que esos problemas no se producirán cuando los centros universitarios dependiesen de las autoridades catalanas. O sea: el eterno argumento nacionalista: los problemas vienen de fuera, los problemas los crean los otros, los forasteros, los «castellanos»... A esos propósitos guitartianos quise darles un amplísimo margen de confianza y por ello no los he criticado públicamente hasta hoy. Poco antes de ser cambiado de «consellería» (en el último cambio, Pujol le nombra responsable del Departamento de Cultura) he vuelto a dirigir otro escrito a Guitart, con fecha 27-VI-1988, en el que desarrollo mis críticas de 1981: «... Casi siete años después y tras haberse efectuado el pleno traspaso de las comptencias universitarias a la Generalidad, lo que desgraciadamente podemos comprobar en las universidades catalanas, en contra de sus previsiones, es que las irregularidades y las irracionalidades no sólo no han decrecido sino que han aumentado. (...) También siento el deber ciudadano de decirle que los principales causantes de tales fenómenos son personas que dicen que "defienden" los intereses de Cataluña. Pero a muchos nos parece escandaloso que se presenten como "catalanistas" algunos de quienes precisamente mantienen entre estancada y hundida a la que habría de ser una de las principales instituciones de la Cataluña autónoma. Esas pretensiones verbales contradichas, reiteradamente, por los mismos que las pronuncian, por sus conductas concretas, caracterizan asimismo a personas muy vinculadas a la Generalidad. El sarcasmo de todo ello es que la mala situación de la Universidad en Cataluña es ya, en gran parte, un producto autóctono, un resultado de la gestión de las autoridades catalanas. Entre éstas se encuentran con no pocas responsabilidades respecto a esa situación personas que, como el exrector Laporte, se sientan junto a usted en el "Consell Executiu"; también un antiguo director general de universidades (por tanto anterior colaborador suyo), Pascual, actual rector de la Autónoma. (...) Señor "conseller": usted tiene medios económicos y también, por lo menos, morales para exigir que esas irregularidades e irracionalidades no se cometan. Cabe deducir que usted dispone asimismo de medios técnicos y legales para actuar contra esos hechos, exigir que se superen y que en lo sucesivo no se incurra en ellos. Por ello me sorprende que usted ni siquiera haya publicado ninguna declaración de principios en ese sentido. Mire usted, para terminar (de momento), le voy a subrayar el último conjunto de irregularidades e irracionalidades que he conocido referente a la Autónoma. El domingo 26-VI-1988, en *El Periódico*, la Universidad Autónoma de Barcelona publicó un anuncio en el que Anna Balletbó, diputada del PSOE, figura como "professora en Serveis Especials"; también constan como "professor en Serveis Especials" el alcalde de Gerona, Joaquim Nadal (también del PSOE) y el ministro de Defensa, Narcís Serra. ¿Qué tipo de broma pesada es ésta? ¿A quiénes pretenden tomar el pelo? ¿Quién puede creerse que (todos esos políticos) son profesores? Estos "profesores" hace lustros que no se ocupan de las tareas universitarias. ¿Cuáles son esos rarísimos "Servicios Especiales"? Desde luego, esto no tiene nada de racional ni de legítimo. ¿De qué manera lo cubren legalmente? ¿Sabe usted que en la terminología internacional, los "Servicios Especiales" se refieren —valga la redundancia: especialmente— a los comandos de los servicios secretos estatales que actúan de forma armada y por la vía clandestina? ¿Puede usted explicarme a qué tareas universitarias se dedican esos políticos profesionales que, por otra parte, no se han distinguido nunca ni se distinguen por tener ninguna relevante actividad científica? (...) la Universidad catalana no corresponde a la seriedad que exige una Cataluña libre, democrática y progresista.»

En las citadas declaraciones Maravall también reconoce que en los procedimientos autónomos, de cada universidad, para seleccionar sus profesores se producen «decisiones indignas».

La toma de decisiones poco o nada dignas o la falta de ellas con dignidad, sigue siendo una característica de las universidades en toda España y también de las catalanas. La Universidad llamada «Central» de Barcelona se ve especialmente afectada por las irregularidades que en los últimos tiempos motivan numerosas demandas judiciales contra el rector Josep M.ª Bricall (tarradellista-socialista). Según fuentes docentes y judiciales, los recursos contencioso-administrativos se refieren, entre otros, a los departamentos de antropología, historia del arte, patología general e historia medieval: las reclamaciones conciernen a los procedimientos de selección de profesores. La Sala Tercera de lo contencioso-administrativo de la Audiencia Territorial de Barcelona ya ha dictado algunas sentencias a favor de los recursos y contra esas autoridades rectorales. A Bricall le protestan incluso algunos vicerrectores, como Miquel Caminal (de estudiantes) y Joaquín Vilaplana (de profesorado), que a finales de abril de 1988 presentan su dimisión, tras haber mostrado reiteradamente sus desacuerdos con ese rector, más político que científico. Otros vicerrectores, como Carlos Müller y Antoni Caparrón, también han expresado sus críticas a la gestión bricalliana. Caminal y Vilaplana, desde su situación de exvicerrectores, han publicado en *La Vanguardia* (del 30-VII-1988) un excelente artículo en el que, por fin, se atreven a ir al fondo de los problemas Con muchos años de retraso respecto a lo que otros venimos diciendo (y con retraso incluso respecto a Maravall), Caminal y Vilaplana quieren «poner de relieve, una vez más, una de las carencias más graves de que adolecen las universidades catalanas. Se trata de lo que se podría denominar una programación universitaria seria». O sea, que falta lo principal, pero la Universidad de Barcelona carece de esa programación desde hace muchos años, y carecía de ella también en la etapa del rector Badía, controlado por los profesores del PSUC, especialmente por Eulalia Vintró y Maite Galcerán, con los que Caminal está especialmente relacionado. El artículo es valioso porque vuelve a poner de relieve el problema y por parte de quienes no lo habían expuesto hasta hoy: «... es preciso que los gobiernos autónomos se planteen sus universidades como problemas. (...) Bajo el argumento de que las universidades son organismos autónomos por ley, usado perverso sensu, el Departament d'Ensenyament de la Generalidad se ha limitado prácticament a actuar de enlace entre el MEC (Ministerio de Educación y Ciencia) y las universidades catalanas y, a lo sumo, a coordinar algunas actividades que por su propia naturaleza exigían algún tipo de acuerdo interuniversitario. Y aun en este último aspecto, la actividad del Departament d'Ensenyament ha sido extraordinariamente parca: júzguese si no a la luz del escaso número de veces que ha sido convocado el Consell Interuniversitari durante la legislatura anterior, y de la prácticamente nula operatividad que este órgano estatutario de coordinación ha tenido». Así que en Cataluña también se han creado instituciones que, como en el, por los catalanistas, tan criticado «Gobierno de Madrid», no funcionan o no sirven para nada. Caminal y Vilaplana proponen para el futuro, que Dios sabe cuándo se concretará: «Una reforma seria requiere también un estudio de la actual estructura universitaria de Cataluña que, por su originalidad, y si no resultase tan deprimente, merecería ser objeto de estudios de candidatos al grado de doctor en Ciencias Sociales.» Entre otros fenómenos poco o nada racionales, los citados señalan el caso de «tres facultades de medicina dependientes de una misma universidad». En suma, estos exvicerrectores proponen «sacar la universidad de la monotonía y del desconcierto actuales». Y para ese fin el gobierno de Jordi Pujol «debe plantearse seriamente el futuro de sus universidades. Y esto supone abandonar definitivamente la política del "laisser-faire, laisser-passer" que, salpicada de decisiones puntuales de corte autoritario, ha seguido hasta recientemente en el tema de universidades». Pero si esos profesores lo esperan todo de Laporte, el nuevo «conseller» en la materia, corren el riesgo de que los fenómenos se compliquen aún más, ya que en anteriores ocasiones ese señor ha demostrado ser un experto en complicar las cosas. En cualquier caso, la auténtica renovación de la Universidad ha de ser una tarea y un fin que se propongan llevar a buen término los profesores de mayor solvencia científica y moral. Y todavía no existe, para escándalo de los ciudadanos, ningún movimiento, ningún grupo sistemáticamente comprometido en ese sentido. Ese mismo artículo es más «administrativista» u «organizacionista» que demostrativo de proyectos científicos y humanistas. Y dedicarse a encontrar soluciones a problemas de organización significa quedarse en la superficie del complejo caso universitario.

7. ¿Qué pasa en la enseñanza media?

Puesto que algunos de los problemas de la enseñanza superior se achacan a la formación que reciben los estudiantes en la enseñanza media, es lógico que nos preguntemos qué es lo que se hace para mejorar esta fase de adquisición de conocimientos. Los criterios de numerosos profesores de instituto también son negativos respecto a los efectos que en este ámbito provocará —está provocando ya— la reforma en marcha. A ello se añade el malestar generalizado de estos catedráticos, muchos de los cuales tienen el título de doctor, con una formación superior a la de numerosos profesores universitarios, y sin embargo perciben unos sueldos inferiores a los de éstos, pese a tener que dar más horas de clase.

Hace años que se era consciente de la poca consistencia de los estudios cursados a lo largo del bachillerato. A partir del curso 1983-1984, el equipo maravalliano también emprendió una serie de experimentos para reformar la enseñanza media, pero en este sector, como en el universitario, Maravall y sus colaboradores actuaron con improvisación, falta de realismo y unilateralidad tecnocrática. Los resultados a los que están llegando en 1987-1988 provoca exclamaciones análogas a las que se profieren respecto a las consecuencias de la aplicación de la «reforma» en la Universidad: en el pasado estaban en una situación mala, pero el equipo del PSOE en el Ministerio de Educación empeora muchos de sus contenidos y formas.

En el estado actual de la cuestión, lo que puede asegurarse es que el BUP (Bachillerato Unificado Polivalente) y el COU (Curso de Orientación Universitaria) se dan como definitivamente fracasados, y que se ha abierto un camino hacia el futuro cronológico, criticado porque la mayoría de los afectados por la reforma consideran que ese futuro no tiene porvenir racional. Siguiendo su táctica de trasladar los problemas de lugar y de tiempo, Maravall solía replicar, también en lo que se refiere a la enseñanza secundaria, que la reforma sólo será aplicable, en parte, desde el curso 1990-1991 en adelante, pues su proyecto es «para el año 2000» (*¡Sic!*).

La «reforma» que se proyecta es regresiva porque en vez de hacer de la enseñanza media un puente creativo hacia la enseñanza superior, la secundaria viene a ser una especie de prolongación de la Enseñanza General Básica, que, por cierto, vuelve a llamarse educación primaria.

Ya que en el Ministerio suelen definir la enseñanza universitaria como «enseñanza postsecundaria» tenemos que, en realidad, la pérdida de su condición «superior» es mayor de lo que ya indica esa definición porque, como estamos observando, la enseñanza secundaria es de hecho una enseñanza «postprimaria», y de este modo la primaria podría catalogarse como algo-más-que post-casi-nada. Pero eso no hay que descubrirlo, es preciso disimularlo al máximo posible, como hacen las autoridades, haciendo rimbombantes declaraciones autoapologéticas con la promesa de que dentro de dos o tres lustros «todo será estupendo». Esta actitud sabe interpretarla certeramente Fernando Arroyo Ilera: «Es una auténtica huida hacia delante.» Este catedrático de instituto en excedencia y profesor titular de geografía humana en la Universidad Autónoma de Madrid ha escrito uno de los más lúcidos textos acerca de los planes del Ministerio en este sector: después de criticar el «acusado memorismo y el exceso de contenidos» del sistema anterior, Arroyo se alarma de que ahora se pretenda oscilar hacia el polo opuesto: el *pedagogismo* ...«cuando se intenta corregir el evidente e inoperante exceso de memorismo —para lo cual no hacía falta cambiar todo el sistema— se genera la *dinámica reformista* que, tras los últimos acontecimientos, no sabemos a dónde puede llevarnos. Así, con la disculpa de los abusos del memorismo se intenta vaciar de contenido los programas de las diferentes asignaturas del bachillerato, a la vez que con el señuelo de la renovación pedagógica y de la enseñanza activa, siempre necesarias en todo sistema de aprendizaje, se instrumentaliza el proceso del mismo, en el que, al final, lo que termina importando únicamente es la *forma*, cómo se enseña, más que el *fondo* de lo que se enseña. Así, el *pedagogismo* sustituye al *memorismo*, los excesos de éste son suplidos por los abusos de aquél, en una manifestación más de esa *ley del péndulo* tan activa en nuestra sociedad».

Todo ello se articula a la reducción del ciclo temporal de estos estudios y asimismo a las menores exigencias en la formación del profesorado: «Los méritos académicos: doctorados, publicaciones, congresos, fueron perdiendo valor frente a cursillos, diplomas y reciclajes de no importa qué tema.» En 1987 no se rectifican tales tendencias, sino que «se insiste» en ellas: «El nuevo bachillerato progresa en el sentido de despojar a este nivel docente de su misma identidad que, con dificultades, aún conserva. Sus cuatro años de duración se dividen en dos ciclos de dos cursos cada uno. El primero, gratuito y obligatorio —lo que es un indudable logro— tiene mucho más parecido con la EGB (Enseñanza General Básica) que con lo que hasta ahora ha venido considerándose como bachillerato. Es como si el ministro tuviera una irrefrenable tendencia a identificar la obligatoriedad y la gratuidad con la disminución del nivel de conocimientos.» En resumen, Arroyo sostiene que «nos encontramos con una increíble paradoja. Por un lado se prolonga la Educación General Básica, pero por otro se adelanta la especialización y profesionalización que deberían corresponder a niveles superiores». De tal modo, queda claro que en el Ministerio dan preferencia a una cierta formación de técnicos, a la par que descuidan o desprecian la formación de *ciudadanos en su plenitud*, en su más plena concepción cultural, sensible, ética, espiritual.

La crítica al antihumanismo del equipo de Maravall —que en los puestos clave mantiene Solana— la hace la mayoría de los enseñantes. Con otros conceptos, Joan Pipó Comorera, profesor de filosofía en un instituto de bachillerato, también sostiene, partiendo de lo que Lyotard define como «performatividad» (en *La condición posmoderna*), «que en la actualidad la única regla existente a nivel de conocimientos es la de ganar tiempo, la de la eficiencia y los resultados positivos que todo nuevo saber puede aportar al sistema. El nuevo bachillerato que se está diseñando participa inequívocamente de este principio. Se olvida el objetivo de dar una extensa y sólida formación cultural, y se le otorga la función de insertar a los jóvenes en el sistema productivo». Lo que dice Pipó es cierto, no sólo en España sino también en otros países, pero con el siguiente e *importantísimo matiz*: en sociedades como la francesa, la inglesa, la norteamericana, etc., esa formación tecnocrática se generaliza sólo para los adolescentes-jóvenes que no pertenecen a las clases dirigentes: pero los hijos de éstas no sólo reciben una formación técnica o especializada en la materia que sea, sino que además adquieren y desarrollan una cultura humanística a partir de la cual se pueden tener criterios globalizantes sobre diversas cuestiones o puntos de vista racionales acerca de las relaciones de unos problemas con otros (lo que raramente pueden hacer las personas muy especializadas en algo, con exclusión de todo lo demás) al tiempo que desarrollan su personalidad en todas o en la mayoría de sus facetas.

En suma, los nuevos planes de estudio para la enseñanza secundaria que proponen los neomaravallianos tampoco son los necesarios para la buena formación de los adolescentes. Y como que no atienden sus necesidades fundamentales constituyen un obstáculo suplementario para la posterior realización de los estudios universitarios a la altura de nuestro tiempo.

El profundo malestar de los profesores de la enseñanza media y básica estalló en las calles de las principales ciudades españolas durante los meses de abril y mayo de 1988, dejando sin clases a unos seis millones de alumnos. El 14-IV-1988 el paro fue apoyado por el 92 % de los enseñantes (unos 250.000 de un censo de 272.000). La huelga tuvo mayor seguimiento en Madrid (97,14 %), País Valenciano (97 %), Asturias (96,5 %), Cataluña (94,57 %), Andalucía (96 %), etc. Al mismo tiempo se hicieron manifestaciones, sobre todo ante el Ministerio de Educación y ante las consejerías de los gobiernos autónomos. Estas protestas se acentuaron en días sucesivos, principalmente el 27 de abril: este día se hace una manifestación en la que participan 100.000 profesores que gritan frases críticas, irónicas o cuasi-insultantes que también figuran escritas en numerosas pancartas: «El vendaval es Maravall (aludiendo a la torpe frase del vicepresidente del gobierno con la que pretendió que le criticaban los antidemócratas), «Maravall, dimisión», «A los ministros incompetentes también les paga el contribuyente», «Maravall, manipulador, actúas como un dictador», y otras menos publicables. Las reivindicaciones no son sólo salariales, sino también en favor de la mejora de la calidad educativa. Los periódicos coinciden en las críticas a Maravall señalando que las palabras y los actos de este ministro contribuyen a envenenar la conflictividad: así sucede cuando Maravall ordena la prolongación del curso con el fin de compensar las jornadas de huelga. En las principales universidades también hay paros por estas fechas. Y vuelven a producirse nuevas manifestaciones. Periodistas, profesores, estudiantes y sindicalistas publican numerosos artículos criticando la política del gobierno felipista en la enseñanza. Dirigentes de CCOO como Javier Doz y Camacho escriben que algunas de las reivindicaciones tienen «ocho años de antigüedad» y que «la defensa legítima de los intereses de este sector se transforma en un voto de castigo al ministro» (*ABC* del 15-III-1988 y del 24-V-1988). Textos parecidos escriben otros sindicalistas. El 8 de mayo unas 80.000 personas se manifiestan en Barcelona por la dignidad de la enseñanza. Un texto editorial de *El Periódico* de Barcelona del 10-V-1988 indica que «la situación es incierta en el conjunto de España..., y resulta caótica en Cataluña», todo lo cual tiene «un elevado coste social». El 11 de mayo, en Madrid, los profesores de la enseñanza no-universitaria de nuevo hacen una gran manifestación contra Maravall. Un grupo de profesores del Instituto de Bachillerato de Tetuán-Valdeacederas de Madrid, encabezados por Ana M.ª García Otao— publica un artículo sobre «La degradación de la enseñanza media» en el que dicen, entre otras cosas, que «nos pronunciamos en contra de la tendencia a marginar algunas materias artísticas y humanísticas que se advierte en el proyecto» (en *El País* del 3-V-1988). Joaquim Coca en *El Periódico* del 13-V-1988 señala cómo el conflicto en la enseñanza «se ha ido envenenando» y lamenta que no se afronte «en serio una de las reformas más necesarias». En *ABC* del 1-VI-1988 Lorenzo Contreras indica que «el ministro Maravall saldrá quebrantado en su prestigio. Su eventual victoria sobre los profesores será recordada como una ignominia, un ejercicio de la autoridad sin *auctoritas*, una cobarde ofensiva contra un estamento profesional escaso de defensas». A Maravall ya le han costado muy caro su rigidez, sus irrealismos, sus incompetencias, su falta de relación comprensiva y creativa con los demás. Antes de que llegara el cese, Maravall todavía tuvo ocasión de escuchar y de leer varios otros comentarios contrarios a su política: de los expertos europeos que, en un seminario celebrado en Madrid, se muestran «críticos e incluso duros» (Sara Medialdea en *Ya* del 25-VI-1988); e incluso de los miembros de la Asociación Nacional de Inspectores de Bachillerato que señalan las «ambigüedades y carencias», «las dificultades y riesgos» del proyecto de reforma de la enseñanza media. *Nunca ningún otro ministro de Educación suscitó tanta unanimidad contra su gestión y planes.* Su continuador, Javier Solana, hereda una enorme problemática que tampoco es seguro que vaya a resolver conforme a los deseos de los enseñantes y los alumnos.

8. Otras chapuzas maravallianas

Después de que muchos profesores e investigadores españoles venimos reiterando nuestras críticas a la desastrosa situación de las universidades españolas, son los propios expertos de la «International Council for Educational Development» (ICED) los que en una evaluación reciente ratifican nuestros criterios. Este organismo enjuicia negativamente la gestión de las universidades, sus escasos medios y sobre todo las formas de selección endogámica de los profesores universitarios, que sólo se «casan» entre ellos, como en las tribus más primitivas y más cerradas o más contrarias a la relación con los demás. A pesar de este informe realizado por quienes no pueden ser acusados de ningún subjetivismo, Felipe González mantuvo todavía a Maravall en su Ministerio, o sea: al principal «responsable» de los problemas universitarios, con lo cual el presidente del Gobierno dio un ejemplo más de desprecio a la opinión pública.

Desde enero de 1987 eran numerosos los estudiantes y los profesores que pedían la dimisión de Maravall. Las primeras peticiones de que fuera cesado se debieron a los reiterados menosprecios con que contestó a las reivindicaciones estudiantiles. Maravall alcanzó un récord de torpezas al tratar los problemas que le exponían, llevado por su arrogancia, por su engreída creencia de que estaba haciendo una «revolución socialista», por su irrealismo y por lo que José Antonio Ortega Díaz-Ambrona define como «síndrome de autosuficiencia adquirida». Maravall es uno de esos curiosos tipos españoles, tan parecidos a don Quijote, que hablan consigo mismo o con los de su intimidad que le dicen a todo que sí, y a continuación se cree que sus palabras «son» la realidad material y que basta con que siga pronunciando conceptos para cambiar lo real. Evidentemente, los estudiantes tuvieron que enfrentarse duramente con él y le obligaron a descender a la realidad. Así, periódicos y periodistas de todas las tendencias ideológicas, haciéndose portavoces de la racionalidad pública, pidieron también la dimisión de Maravall: «La inflexibilidad y la torpeza de un hombre público, cuando arrojan este saldo, sólo tienen en Europa una salida: la dimisión» (*ABC*, 19-II-1987). Y si no se dimite se incurre en uno de los vicios franquistas. «Si José

María Maravall no ha dimitido todavía es porque carece de vergüenza», dice Lorenzo Contreras en *La Vanguardia* del 20-II-1987. En *El Periódico* del 22-II-1987 José Oneto afirma: «Esta actitud irresponsable del responsable del Ministerio de Educación, obsesionado simplemente en meter de nuevo a los estudiantes en sus aulas aun a costa de ceder en lo que fuese, ha supuesto un notable coste político para el Gobierno de González.» Con retraso, Felipe González y Maravall hicieron algunas concesiones a fin de frenar el movimiento contestatario y simular que los estudiantes no habían hecho más que acelerar la aplicación del programa de gobierno. Pero meses después de esa gran oleada reivindicativa, el malestar sigue atravesando a los componentes de la enseñanza media y de la universitaria, mientras en el Ministerio siguen incurriendo en irregularidades e irracionalidades, así como en faltas evidentes de espíritu democrático. Otra de ellas es la práctica de nombrar a dedo también al alto personal administrativo del Ministerio de Educación. *Son varios centenares los funcionarios de este departamento que con Maravall obtienen su plaza sin pasar por el preceptivo concurso para analizar, según norma constitucional, sus méritos y capacidad.*

En el colmo de su sectarismo, Maravall se opuso al nombramiento de Federico Mayor Zaragoza como director general de la UNESCO. Cuando preparaba su campaña para alcanzar este puesto, a Mayor le negó su apoyo el Gobierno de González en pleno, pero en especial tuvo que sufrir «la directa hostilidad del ministro de Educción español, José María Maravall» (editorial de *Diario-16*: 9-X-1987). Hasta tales extremos llegan los felipistas y los maravallianos: que, en principio, preferían que ese puesto de relevancia cultural-política mundial fuese ocupado por el representante de cualquier otro país, antes que por ese bioquímico y político español que no pertenece al PSOE.

La manera de proceder de Maravall ha creado escuela entre sus colaboradores. Entre los chapuceros y arbitristas maravallianos destaca Emilio Lamo de Espinosa y Michels de Champourcin, por cuyo apellido el lector ya puede deducir qué tipo de «obrero» es «representativo» de la sigla del PSOE, hijo de un jerarca franquista en quien seguramente también se inspiró para hacer sus irregularidades «socialistas». Una de las últimas es publicar en el *Boletín Oficial del Estado* del

20 de agosto de 1987, una «resolución de 30 de julio de 1987 de la Secretaría General del Consejo de Universidades (cuyo puesto él ocupa en ese momento), por la que se convoca el premio «Consejo de Universidades». El «premio de investigación» está dotado con 3.000.000 de pesetas y ha de darse a las obras que analicen los problemas de la Universidad española comparativamente con la enseñanza superior en el extranjero. La base 4.1 de esta resolución dice: «El plazo para la presentación de originales finalizará el 30 de noviembre de 1987.» Estamos ante otro fenómeno típico de los maravallianos: la mezcla de irregularidades administrativas con faltas graves de racionalidad científica. Por lo que el mismo lector puede observar, el principal responsable de esa resolución, o sea Lamo de Espinosa, al parecer cree que un trabajo de investigación científica, que habrá de tener la categoría de libro publicable, puede llevarse a buen término en ¡¡tres meses!! (del 20-VIII-1987 al 30-XI-1987), lo que demuestra que Emilio Lamo no ha hecho nunca ni sabe ni siquiera aproximadamente qué es una investigación científica (cualquier investigación que realmente merezca el nombre de científica se prolonga al menos durante un año o dos).

Pero volvamos a observar al propio Maravall y su gestión ministerial. También desde la enseñanza media se pide reiteradamente su cese: los penúltimos en reclamar su salida del Ministerio son 588 directores de centros escolares a los que separan de su cargo de manera «dictatorial e impropia de un Estado de derecho». Una de las últimas y criticadas hazañas de Maravall es que procura que el Parlamento apruebe los presupuestos de Educación para 1988 «de tapadillo» o, como informan las periodistas Sara Medialdea y M. Isabel Serrano, de *Ya*, con «nocturnidad y alevosía». La oposición considera que son presupuestos insuficientes, todavía por debajo del porcentaje del PIB que los demás países europeos dedican a enseñanza e investigación. Aprovechando las altas horas de la madrugada del 24 al 25 de noviembre de 1987, cuando se calcula que habrá pocos representantes de otros partidos y con escasas ganas de discutir, Maravall consigue pasar sus presupuestos, típicos de un país subdesarrollado: «El rodillo socialista de nuevo ha echado a la cuneta cualquier enmienda, cualquier iniciativa, de otros grupos parlamentarios.» Todo parece indicar que se quiso «hurtar el debate a la opinión pública» y añade Isabel Serrano: «Había mucha prisa por colar los presupuestos de Educación. Algo raro pasa. Para los entendidos, son insuficientes, injustos con los diferentes sectores educativos.»

8.1. *Por unanimidad piden el cese de Maravall y Felipe González no hace caso hasta que la catástrofe se agranda*

Desde el otoño de 1986 hasta julio de 1988 proliferan las peticiones para que el presidente del Gobierno cese a Maravall. Estudiantes y profesores de todos los niveles lo piden por todos los medios: en manifestaciones multitudinarias, en sus pancartas, en las pintadas en las paredes, en declaraciones a la radio, en artículos en los periódicos. También lo piden numerosos padres de alumnos. Las encuestan que unos y otros diarios encargan a empresas dedicadas a los sondeos de opinión asimismo revelan que la mayoría de la población cree que los estudiantes y profesores tienen razón. Pero Felipe González, que en los últimos años ha perdido su sensibilidad popular, como si hubiese olvidado que su poder no es más que una delegación-representación de los ciudadanos, no atiende a esas reivindicaciones masivas, pese a que en cada ocasión están razonadas tomando como base los hechos desastrosos que viven en unas y otras ramificaciones de la enseñanza. El jefe del PSOE no hace caso, a pesar de que esa serie continuada de conflictos llega a crear, de vez en cuando, auténticos problemas de orden público, debido, sobre todo, a la actuación de la policía armada con los mismos métodos que empleó bajo la dictadura franquista. Contra las peticiones, Maravall se encastilla en su ministerio rodeado por fuertes y agresivos grupos de policías, motorizados y a caballo y pertrechados con su equipo de combate. *En los años que llevamos de democracia nunca se había visto un fenómeno así hasta que los felipistas-maravallianos se encargaron del sistema educativo.* Hubo fuertes enfrentamientos en diciembre de 1986, en enero-febrero-marzo de 1987, en abril-mayo de 1988, etc., etc., con estudiantes heridos de bala o a golpes. Mientras tanto, Felipe González, en las alturas palaciegas de la Moncloa, sigue convencido de que Maravall lo hace muy bien. Tan es así, que durante esos meses el presidente del Gobierno se dedica a hacer frecuentes viajes por el extranjero, lo que motiva un texto editorial del semanario *El Independiente* (29-IV-1988) en el que ironizan: «con las aulas vacías en toda España, el presidente del Gobierno ha emprendido viaje a Estados Unidos para dar clase en Harvard».

Todo ello suscita críticas cada vez más enérgicas y unánimes. El 1º de marzo de 1988, *Ya*, el diario dirigido por Ramón Pi, dedica todo su suplemento «Papeles para la libertad» (cuyo coordinador es el catedrático Luis Núñez Ladeveze) al análisis de la problemática universitaria, contando con artículos de colaboración de otros catedráticos como Gustavo Villapalos, Andrés de la Oliva, Amando de Miguel, Julio Rodríguez Villanueva y del periodista Enrique de Diego. Todos son textos excelentes, pero quiero destacar algunos párrafos del artículo de Pedro Cerezo, catedrático de Filosofía en la Universidad de Granada, porque es eminentemente autocrítico respecto a la institución de la que nos ocupamos: «Una vieja beatería universitaria se complace en pintar la Universidad como sede de la cultura, de la cultura superior, la que no se despacha en botica. Es muy otra, sin embargo, la cruda realidad: la Universidad no es culta; ha dejado de ser culta, si es que alguna vez lo fue. Más aún, es el asiento de una nueva barbarie.» La barbarie a cuya crítica dedico buena parte de este libro: «la fragmentación del saber en especialidades estancas, la ceguera para los valores y los fines de interés comunitario, la ignorancia de la función social del propio trabajo, la escisión de la investigación científica de la praxis social; en una palabra, la perversión de la cultura». Por ello, Andrés de la Oliva, catedrático de Derecho Procesal en la Complutense, apunta una de las más plausibles soluciones: «o los universitarios de verdad se reagrupan extramuros de esas instituciones construyendo otras mediante el apoyo social y la neutralidad —como mínimo— oficial, o aquí no quedará nada universitario». Los diversos proyectos de universidades libres, financiadas por capitales privados, están avanzando. *Ya* es el diario que en su columna editorial más sistemáticamente critica los errores y los efectos perniciosos de la política maravalliana: «el panorama de la enseñanza pública tras cinco años de dirección por un ministro de Educación socialista no podía ser hoy más deprimente de lo que es» (17-V-1988); «la política educativa es actualmente el escombro más llamativo del Gobierno» (21-V-1988); «el ministro Maravall es responsable de haber alcanzado el difícil triunfo de pasar por el debelador socialista de la enseñanza pública» (25-VI-1988); y el 16-VII-1988 le despide con este texto: «no es ningún secreto que entre todos los ministros que han cesado, el de Educación destaca como aquel cuyo relevo se había considerado indispensable desde hace más tiempo (...) el mayor obstáculo para resolver los conflictos que se le han presentado a Maravall ha sido él mismo, su intransigencia, dogmatismo y soberbia; su megalomanía política e irresponsabilidad... Pocos ministros como el cesado han causado más estropicios que Maravall en su departamento...».

Con estos criterios coincide la línea editorial de casi todos los periódicos, en especial la de *Diario-16*, que es el otro órgano de prensa que ha criticado de manera asimismo sistemática el maravallismo, año tras año: «la Universidad española está hoy, sin paliativos, en quiebra» (12-III-1987); «el resultado objetivo de la política de Maravall ha sido una larga estela de cadáveres. El Saint-Just de la enseñanza pública se ha convertido en un sepulturero de profesión. Y lo más chusco del caso es que no reza los responsos por sus enemigos, sino por sus propios y cada vez más irrecuperables proyectos de reforma» (17-V-1988); «la LRU ha tenido dos efectos desafortunados: la conversión de las facultades en un coto cerrado para profesores funcionarios de no siempre adecuada cualificación —se santificó el proceso a través de las célebres idoneidades— y la institucionalización de la endogamia departamental por el nuevo sistema de oposiciones, que coloca virtualmente al tribunal en manos del departamento cuya plaza se encuentra en disputa. La idea de una Universidad más porosa y competitiva ha quedado relegada al desván de los recuerdos» (26-VI-1988); y el cese de Maravall lo interpreta «como consecuencia del pésimo estado del sistema educativo» (9-VII-1988).

El Periódico y *La Vanguardia* de Barcelona, así como *ABC* de Madrid, también insisten en el mismo sentido. E incluso el diario más próximo, por razones amistosas y políticas, a Maravall, o sea *El País*, tiene que criticarle en sus editoriales y, sobre todo, mediante los artículos de sus colaboradores: «con muchas de las enseñanzas que hoy expende la Universidad se puede llegar a poseer un título, pero por lo general se avanza muy poca cosa en los conocimientos necesarios y en la formación intelectual debida para integrarse satisfactoriamente en un medio moderno. La Universidad sobrevive en su anacronismo gracias al monopolio que su estamento corporativo mantiene sobre la ilustración y en defensa de sus intereses de grupo, a los que no son ajenos muchos diputados socialistas y miembros del Gobierno» (24-I-1987); «¿Pero es posible que Chirac sea menos burdo y represivo, más cuidadoso y dúctil que un Gobierno que se dice socialista?», escribe Rossana Rossanda, dirigente de izquierda italiana, en *El País* del 5-II-1987, aludiendo a los conflictos universitarios en Francia y en España, y sigue: «¿No da cierto miedo el que las izquierdas, en cuanto están instaladas en el poder, consideren sagradas, democráticas e intocables, sólo por el simple hecho de su presencia, instituciones y leyes a las que se opondrían sin más si se hallasen en la oposición?»; la gestión de Maravall «ha traído un estado de mediocridad y confusión incompatible con la ilusión de ver transformada la enseñanza... el universitario que aspire a una formación de competencia internacional debe pensar en salir de España» (Vicente Verdú, el 28-IV-1988); en críticas al subsecretario de Educación, Joaquín Arango, el profesor Francisco Fernández Buey, dice que le recuerda «las peores artes de los peores políticos que decían no hacer política en la larga noche del franquismo» y que lo que están haciendo los felipistas es el «resultado del maridaje entre un socialismo que no es socialismo y un liberalismo dogmático que tampoco es liberalismo» (1-V-1988). ¿Será populismo autoritario? Francisco Umbral también le dice a Maravall: «os falta sensibilidad histórica en general, pero esto es menos perdonable en ti, que vienes de grandes maestros de la Historia» (8-V-1988). En fin, un texto editoral de *El País* del 14-V-1988 concluye que los conflictos en que se ve envuelto Maravall «han agotado toda capacidad del actual equipo para realizar las reformas que la enseñanza requiere».

Durante meses y meses, estudiantes, profesores, padres de alumnos y sindicalistas piden en todos los tonos que Maravall dimita o que sea cesado: llegan hasta los calificativos más agresivos acusándole de «esquirol, incompetente y provocador» (*Ya*, 26-IV-1988), «torpe» (Javier Doz, secretario general de la Federación de Enseñanza de CCOO en *El Periódico* del 13-VI-1988); «mentiroso» (en *El Independientedel* 8-VII-1988). Por fin, el 17-V-1988 incluso los partidos políticos «piden la inmediata dimisión de Maravall como única salida a la crisis» (*Ya* del 18-V-1988); pero Maravall replica que «no va a dimitir» (*Diario-16* del 19-V-1988). No obstante, por desgracia para este soberbio y obtuso ministro, en esa misma fecha Felipe González (en una charla con periodistas de Radio Nacional de España), tiene un lapsus, y reconoce que Maravall «ha sufrido un desgaste importante», declaración que el presidente del Gobierno se contradice dos días después, ¡desde Manila!, dando su «total apoyo a la gestión del ministro de Educación», que, sin embargo, cesa al cabo de pocas semanas, cese que es acogido con el contento general de todos los afectados (millones de españoles, entre estudiantes y profesores) por el maravallismo. Ha costado mucho liberarse de Maravall, pero al final lo hemos conseguido. En una conversación que mantuve con Felipe González en su despacho del Palacio de la Moncloa, el día 23 de abril de 1983, entre las cuatro y las cinco de la tarde, ya tuve ocasión de criticar ante el presidente del Gobierno la política educativa que empezaba a perfilar Maravall.

9. Exclamaciones e interrogantes críticos en torno a Javier Solana

El nuevo ministro de Educación, poco después de tomar posesión de este cargo, declara ser heredero y continuador de la política maravalliana. Aun si se pretendiera que lo dicho por Solana fuese sólo una especie de fórmula de cortesía para despedir a su correligionario, tendríamos que considerar que el nuevo responsable de la enseñanza ha introducido demasiado énfasis en sus palabras: «Maravall no ha fracasado», ha dicho solitariamente y frente a la unanimidad crítica multidinaria que expongo en síntesis hasta aquí; y Solana ha añadido que la labor de Maravall «ha sido magnífica». Si el nuevo ministro piensa eso seriamente, los conflictos y las críticas se reproducirán ampliamente y el porvenir de Solana será igual o peor que el de su antecesor. De momento, esos comentarios solanescos son apostillados por los profesores con palabras y gestos exclamatorios dispuestos a pasar pronto a los rechazos más elocuentes.

En los ámbitos universitarios y de las otras ramas de la

enseñanza también continúan planteando interrogaciones críticas: ¿cómo es posible que Solana diga eso ante el conjunto de desastres que componen la política educativa desarrollada desde 1983 hasta 1988? ¿«Magníficas» las «idoneidades» o nombramientos a dedo de miles de supuestos profesores titulares de Universidad, que han sido denunciadas masivamente? ¿«Magnífica» la nueva forma de selección de profesores, que acentúa la endogamia y agrava el localismo —también suele decirse el aldeanismo, el catetismo— de la Universidad española, que con ello ha tomado una dirección opuesta, completamente contraria, a la que desde hace decenios vienen desarrollando las mejores universidades de Francia, Estados Unidos...? ¿Es este sistema de selección de profesores «magnífico» cuando es el propio Maravall quien, pocos meses antes de su cese, acaba reconociendo que los nuevos concursos permiten la expansión de la mediocridad e impiden la excelencia? ¿No está enterado de esto Javier Solana? ¿No sabe que en esa ocasión Maravall criticó a los rectores por tolerar los chanchullos que se cometen en el 96 % de los concursos? ¿Desconoce que este porcentaje es un dato oficial que repugna e irrita a la minoría de profesores españoles que sí vienen cultivando la excelencia en las aulas y en los centros de investigación? ¿De qué está informado el señor Solana acerca de su nuevo cometido? ¿O es que le han llevado engañado al Ministerio de Educación? ¿O a quién pretende engañar? ¿Se limita a seguir consignas del presidente del Gobierno? ¿Fue y sigue siendo acaso Felipe González el verdadero ministro de Educación?

Pero ¿cómo puede Solana atreverse a partir de esa declaración cuando el de la Educación es el problema más grave con el que se enfrenta su gobierno, problema que, tal como ha venido envenenándose por Maravall, provoca consecuencias gravísimas contra la sociedad española, secularmente atrasada en los ámbitos de la ciencia y de las humanidades, subdesarrollada todavía en comparación con la enseñanza superior y con la investigación científica que se expande en casi todos los países de Europa Occidental, en Estados Unidos, Japón...?

La reforma educativa e investigadora pretendía ser el eje vertebrador de toda la política del gobierno felipista. Hoy todavía algunos portavoces de la Moncloa definen el programa para la educación y la ciencia como el «buque insignia» de cuanto quieren hacer los hombres que representan al PSOE.

Pero ¿no se da cuenta Solana que ese «buque» está hundido y que le será muy difícil reflotarlo, incluso si empezara a trabajar con un nuevo talante, mucho más realista y hondamente autocrítico, en el polo opuesto del ministro al que sucede y del que dice ser el continuador?

Al ser nombrado para este puesto se han indicado los aspectos positivos de la personalidad de Solana en comparación con la de Maravall: que no es tan dogmático como éste, que es más flexible y dialogante, más «simpático» y astuto. Algunos le definen como «la sonrisa del régimen», pero esa sonrisa se le va a helar pronto (como Maravall se ha avejentado visiblemente y se ha vuelto aún más taciturno de lo que era) si no aporta en los próximos meses nuevos hechos demostrativos de una nueva política en la enseñanza y en la investigación. Digo meses, pero quizá sean sólo semanas. A los que padecen o sufren unos u otros problemas no se sentirán satisfechos con tener un ministro más dado al diálogo con rostro risueño. Profesores, estudiantes, investigadores, padres de alumnos, la sociedad en general y, como representantes de sus corrientes de opinión, los periodistas con capacidad analítica y talante crítico, pedirán a Solana —están pidiendo, no han dejado de pedir— hechos, no palabras ni promesas ni, mucho menos, «simpatía». Que sea menos arrogante que Maravall o mejor negociador que éste no le valdrá de nada a Solana si no aporta algo concreto y unas perspectivas claras e inmediatas. El horizonte no está nada claro porque contra la política del Ministerio de Educación se han levantado en pie de guerra todos los sectores que lo componen y Solana ni siquiera delinea nuevos proyectos: peor aún: circulan opiniones que sugieren que Solana ha ido a ese Ministerio porque se lo ha mandado González pero que se considera en tránsito hacia otro departamento menos problemático: es decir que, así como *su paso por el Ministerio de Cultura no tuvo ninguna repercusión fundamental en esta materia* (Solana actuó más como portavoz del Gobierno que como encargado de los asuntos culturales), podría dejar el maremágnum de Educación tal como lo ha encontrado. Ya es significativo de su carencia de planes en este sector el que haya nombrado para el puesto clave de secretario de Estado de su Ministerio a Pérez-Rubalcaba, anterior director general de Universidades y casi autonombrado (por la vía de la «idoneidad») profesor de Química, y uno de los hombres que más ha colaborado con Maravall en hacer lo que conocemos. Que todo vaya a seguir más o menos igual es algo muy verosímil ya que, por otra parte, tampoco se van a dedicar muchos más medios económicos a las necesidades que habría de representar y defender este Ministerio. Por tanto, también es verosímil que vayan a reproducirse las críticas, las protestas, las huelgas y las manifestaciones de profesores y estudiantes, con el apoyo de la mayoría de la sociedad. O Solana rectifica inmediatamente sus propósitos y diseña planes renovadores o habrá sido inútil su nombramiento. Ya es muy lamentable y criticable, y por esto lo critico, que tres meses después de la llegada al Departamento de Educación del nuevo ministro, todos los problemas bochornosos puestos de relieve hasta aquí parezcan condenados a seguir como están o, probablemente, a reproducirse de manera ampliada y exacerbada. ¿Seguirán también en el CSIC seleccionando a los investigadores de la misma forma absurda, irracional e irregular, con la que se han «escogido» y nombrado en la etapa de Trillas-Maravall? ¿Continuarán confundiendo los especialistas en agronomía (alfalfa, patatas, etc.) con los especialistas en ciencias humanas (psicólogos, juristas, sociólogos, etc.)? Si quizá Felipe González y su nuevo ministro de Educación puedan proseguir permitiéndose el salvaje lujo de arrostrar los gravísimos costes sociales que todo ello supone, la sociedad española no puede y por eso rechaza correr con esos gastos que significan quedarse estancados en unos sectores, los de la enseñanza y la investigación, que son más claves que nunca en la actual civilización y por ello son los más cuidados y desarrollados, tanto en los países de más prolongada y auténtica trayectoria democrática, como en algunas de las naciones que establecieron el sistema democrático tras la Segunda Guerra Mundial. González y Solana harán, como en otros sectores, lo que les dé la gana, tienen soportes legales para ello, aunque muy dudosamente legítimos e incluso en el fondo ilícitos, y por ello los ciudadanos les pedirán responsabilidades: hay «facturas» moral y materialmente tan cuantiosas que jamás podrán pagarse.

10. Posición de los profesores contra la formación de «personas-mecano» y a favor de estudios integrales. La esperanza de las universidades libres

En mi libro *La Universidad, entre el fraude y la irracionalidad* ya pongo de relieve, al analizar sobre todo los últimos diez años (1976-1986) de tentativas reformadoras de la Universidad, cómo las «reformas» se han reducido a cuestiones simplemente administrativas, laborales y de reparto de poderes entre unos clanes y otros, mientras asombrosamente ha faltado la reivindicación colectiva de lo que más esencialmente concierne a la enseñanza: la necesidad de y los medios para hacer ciencia, a fin de desarrollar los conocimientos en todas las direcciones, para innovar en todas las materias y en las formas pedagógicas. Al margen de unas pocas personalidades investigadoras y universitarias que sí han reclamado los cauces para la consecución de esos objetivos, nadie más se ha expresado en ese sentido. El movimiento universitario de estos últimos años queda *autodenunciado por sus propios silencios en torno a las cuestiones principales*: ha sido y es un movimiento circunscrito a limitados intereses corporativos, amiguistas, clánicos, tribales, burocráticos y salariales. Fuera de estas reivindicaciones de tono entre primitivo y elemental, no se ha creado ni siquiera un grupo que se pusiera a la altura de las apremiantes necesidades culturales de los españoles que quieren tener estudios superiores como los que existen en Estados Unidos, en Francia, en Inglaterra, etc.

No sólo no se crea ese movimiento, que sería el que podría salvar a la Universidad estatal o más-bien-gubernamental (una Universidad auténticamente estatal habría de estar al servicio de todos los españoles, y la Universidad española actual está subordinada en primer lugar a los intereses de los felipistas y a continuación se subordina a los grupos de presión regional o local), no sólo, digo, no se crea ese movimiento, sino que continúan produciéndose casos, incluso en las máximas alturas de autoridad académica, que demuestran la gran despreocupación y desorientación científicas que perduran en este país y las prácticas cínicas o despistadas en las que algunos incurren. Así, por ejemplo, un representante del Gobierno de Felipe González, Manuel Marín, como comisario europeo de Asuntos Sociales y Educación, en una reunión en Bolonia a la que acudieron delegados de cuarenta universidades europeas, difundió las bases de la «Carta de las Universidades Europeas» en la cual se pide, entre otras cosas, que los gobiernos europeos garanticen la libre circulación de los profesores de cualquier nacionalidad en cualquier país. Ésta ya es una práctica habitual en diversos países europeos. Pero en España se da el fenómeno contrario, que se imposibilita o se dificulta la actividad docente no sólo de los profesores extranjeros sino también de los enseñantes e investigadores españoles que, tras unos años de estancia en otras naciones, desean retornar a España: porque aquí, cabe recordarlo, es el imperio de la endogamia corporativa, aquí lo que prevalecen son los lazos amistosos o clánicos o políticos a la hora de seleccionar a un profesor, por encima de sus méritos demostrados, que sólo se consideran secundariamente.

La supeditación de la ciencia a otros fenómenos llega a ofrecer incluso hechos esperpénticos como el que protagonizó el rector de la Universidad de Mallorca en el acto de presentación en Palma de la «Fundación Olímpica Científica»: pese a que le hicieron diversas preguntas en castellano, ese rector (uno de los «inventores» recientísimos del nacionalismo en aquella isla y promotor de la irracionalidad del independentismo baleárico) se empeñó en replicar en mallorquín. Así se demuestra la grave carencia de espíritu universal, que debe caracterizar consustancialmente a todo auténtico universitario: para éste lo universal prevalece sobre lo particular —aunque sea lo subjetivamente más querido—, cosa que no demuestra saber dicho rector. Algo parecido se puede sostener respecto a la Universidad de Alicante que en el otoño de 1987 nombra una comisión para seleccionar a un catedrático de Química orgánica: la mayoría de los miembros de esa comisión pertenecen a esa universidad, con lo cual ya se sabe que el que obtendrá la plaza será un compañero suyo. Al comentar este hecho, Javier de Mendoza Sans, catedrático de esa especialidad de la Universidad Autónoma de Madrid, pregunta «si todas las plazas pueden convocarse como lo ha hecho el rector de Alicante. De esta forma algunos no tendríamos que participar, a modo de convidados de piedra, en concursos que ya están de antemano adjudicados, casi siempre en favor del candidato *de la casa*, y tampoco tendríamos que sufrir la presencia de algunos incompetentes que aparecen por sorteo en las comisiones organizadas en nuestra propia Universidad y que saben menos de su tema que los propios candidatos».

Un vicerrector de esa misma Universidad Autónoma, Moisés García, también declara a la periodista Ana Sánchez: «La Universidad española está abandonada.» Tan es así que un miembro del Consejo Social de este centro universitario madrileño, Emilio Criado, publica una carta de protesta contra el curso titulado *Socialismo hoy*, dirigido por el profesor Elías Díaz, militante del PSOE: «Al igual que yo, otros miembros del Consejo Social expresaron en la última reunión celebrada nuestro desacuerdo y malestar por la parcialidad absoluta del enfoque y profesorado de dicho curso, constituido exclusivamente por destacados militantes del PSOE e incluso por algún miembro del Gobierno. En momentos en que la Universidad española debería constituirse en un ámbito de debate abierto y plural sobre los problemas que afectan a la sociedad española, no parece que el camino más adecuado sea programar cursos que más bien parecen orientados a constituirse en la *universidad de otoño* del PSOE.»

Resulta lamentable que incluso personas como Elías Díaz, que bajo la dictadura fue un militante demócrata, incurran en los vicios típicos de algunos profesores franquistas que, en décadas pasadas, se dedicaban a enseñar los «principios fundamentales de la Falange» y después del «Movimiento Nacional». Las ideas socialistas son respetables y, en algún aspecto, plausibles (al menos en sus textos), pero una ideología partidaria no debe ser tema para un curso universitario —mucho menos cuando esa ideología ocupa el poder— salvo si se toma como fenómeno para la crítica científica. Mal puede hacerse esta crítica, cuando los que intervienen en el curso son militantes destacados, que disfrutan de enchufes y de prebendas gubernamentales, como el propio Elías Díaz. Como mínimo, puede sospecharse que sea una crítica limitada y suavizada, con sordina y sólo circunscrita a determinados aspectos con exclusión de los demás (por ejemplo, puede asegurarse que un ministro no va a criticar al presidente del gobierno), una crítica, en suma, a fin de cuentas «simpática» y adecuada para recuperar simpatías, para hacer simpatizantes y quizá militantes entre los estudiantes. Aunque sea una forma indirecta de hacer proselitismo, es una actividad académica inadmisible en una Universidad democrática, como era inadmisible que los profesores franquistas o los profesores nazis hicieran lo mismo en las universidades españolas o alemanas de hace décadas. Como es inadmisible, desde un punto de vista científico, el adoctrinamiento político que se hace en las universidades de la URSS.

Por desgracia, en las universidades españolas siguen produciéndose acontecimientos que recuerdan duramente los de los años 1940 en adelante y hasta 1975. Ya he puesto de relieve los conflictos que enfrentan a los estudiantes con el rector de la Autónoma de Barcelona. También los jóvenes universitarios de Santiago de Compostela se enfrentan en el otoño de 1987 con el rector de aquella universidad gallega, Carlos Pajares, que dio autorización para que la Policía entrase en la Facultad de Geografía e Historia y detuviese a un grupo de estudiantes, «actitud represora que no sucedía en esta Universidad desde el advenimiento de la democracia».

Con todo, el problema principal es que, salvo excepciones individuales, las universidades españolas están dominadas por profesores con insuficientes conocimientos en su propia materia, con formación unilateral en su especialidad, y con escasa renovación o actualización de sus saberes, adquiridos durante épocas anteriores, en lustros o decenios antes. Éste es el más grave obstáculo para que la enseñanza superior española sobrepase su práctica condición de inferior. Por fortuna, unos pocos sectores de la sociedad española empiezan a sensibilizarse sistemáticamente respecto a la existencia de este colosal y pernicioso estancamiento cultural. Entre las numerosas cartas y llamadas telefónicas que durante el último año he recibido en solidaridad con mi libro *La Universidad, entre el fraude y la irracionalidad*, están las de algunos empresarios privados. En el seminario organizado por la Fundación Universidad-Empresa (Segovia, primeros de diciembre de 1987), acerca de la formación de posgrado, otros empresarios también expresaron sus quejas por la deficiente formación que obtienen los licenciados en la Universidad. José Ángel Góngora, director del colegio mayor de la Fundación Empresa Pública, asegura que «sólo un 15 % de los licenciados con los que tratamos saben inglés y apenas llegan al 22 % los que tienen conocimientos de informática. Y no sólo eso: la formación cultural del universitario es en general baja, desconoce la geografía, la historia y el arte». José María Cuevas, presidente de la CEOE (Confederación Española de Organizaciones Empresariales), también critica «la baja calidad del sistema educativo y la escasa utilidad económica y social del mismo». Hasta tal extremo es así que, según una encuesta hecha por EDIS (Equipo de Investigación Sociológica), un 65 % de los licenciados confiesan que tienen que compensar mediante estudios posteriores las carencias de su formación. Este problema, observado desde la perspectiva de los empresarios, parece acentuar su gravedad, ya que el 80 % de los patronos consultados por EDIS dicen que, antes que un titulado empiece a trabajar, tienen que acabar de formarle ellos mismos, debido a las desconexiones que existen entre los conocimentos académicos y la realidad empresarial.

Debido a todo ello cunde cada vez más la idea de crear universidades libres, financiadas con capitales privados, liberadas de todos los pesos muertos que aplastan a los centros universitarios administrados irregular e irracionalmente por el Gobierno y por sus representantes gregarios. También el informe elaborado por *The International Council of Educational Development* recomienda la fundación y la puesta en marcha de estas nuevas universidades: «Por razones históricas profundamente arraigadas, en España el concepto de universidades privadas tiende a identificarse con instituciones católicas, de las cuales hay cuatro en el momento actual, con un buen historial reciente, tanto en lo que se refiere a nivel de calidad como a creatividad educativa. La Ley de Reforma Universitaria favorece la creación de nuevas universidades privadas, incluyendo universidades carentes de afiliación religiosa. Ésta sería una experiencia nueva y sumamente interesante para España y, en nuestra opinión, potencialmente muy útil.»

Y añade ese organismo internacional: «Las universidades privadas, tanto seculares como eclesiásticas, se dan en gran abundancia y variedad en otros países, sobre todo de América del Norte y América Latina, apareciendo recientemente algunas nuevas en los países de Europa occidental. Debido en parte a su elevado grado de independencia, algunas de esas instituciones privadas, si no todas, han realizado importantes aportaciones abriendo nuevos caminos y fijando nuevos niveles para el resto de la educación superior en sus respectivos países. Consideramos éstas como una posibilidad sumamente prometedora en el caso de España; pero, hasta la fecha, el problema ha consistido en las dificultades para encontrar patrocinadores adecuados y necesario apoyo financiero para su creación, especialmente las de carácter no lucrativo y no relacionadas con la Iglesia. Posiblemente las perspectivas mejorarían si se les asegurara libertad absoluta con respecto a los controles gubernamentales, que sería lo que permitiría a cualquier nueva universidad privada competir libremente en el mercado académico para fijar su propio nivel o su carencia del mismo.»

Son varias las instituciones católicas que tienen nuevos y muy avanzados planes de crear o de relanzar sus centros dedicados a la enseñanza superior. Una de ellas es la Fundación Universitaria San Pablo-CEU, que ya imparte enseñanzas en ciencias económicas y empresariales, derecho, psicología, geografía e historia, ciencias de la educación, filología, farmacia, ciencias de la información, medicina, ciencias biológicas y ciencias químicas. Sus centros principales se encuentran en Madrid y en Barcelona si bien el CEU (Centro de Estudios Universitarios) también forma a numerosos jóvenes en Valencia y Murcia. Actualmente, en toda España la Fundación Universitaria San Pablo tiene 20.950 estudiantes a los que enseñan 1.090 profesores. Hasta 1988, las carreras se cursan hasta el tercer año; y de cara al futuro, se trata de que, al adquirir esta institución plena condición de Universidad, los alumnos cursen la carrera completa en sus aulas. Los fines de esta Fundación son, entre otros, «facilitar el acceso a los estudios superiores de quienes estén capacitados para ellos, cualquiera que sean sus posibilidades económicas», «formar a la juventud en los estudios superiores», «procurar a quienes ya posean una formación científica o profesional superior, una preparación especializada, permanentemente renovada» y proporcionar una formación humana íntegra, «inspirada en la doctrina de la Iglesia católica, para fomentar (en los alumnos) la entrega a la construcción de una sociedad más justa y más fraterna, mediante el servicio al bien común». El CEU engrana sus enseñanzas con la investigación, o lo que viene a ser lo mismo: transmite los conocimientos teóricos articulándolos con sus prácticas. En cuanto a método pedagógico y sistema de evaluación es una de las instituciones más avanzadas de España, puesto que estimula la participación activa y creativa de los estudiantes, fomenta su espíritu libre, y hace un control continuo de la asimilación de los conocimientos por parte de los estudiantes, al sostener con ellos constantes y sistemáticos diálogos, centrados en aspectos históricos y, sobre todo, concernientes a la actualidad de unos y otros problemas. (Hasta hace poco, el motor de esta Fundación Universitaria ha sido Abelardo Algora Marco y actualmente el presidente es Alfonso Ibáñez Aldecoa, quien realiza todos los esfuerzos a fin de conseguir la transformación de sus centros en la Universidad Libre. En Barcelona, el director del Colegio Universitario Abad Oliba —adscrito a la Universidad de esta ciudad pero de hecho integrado en esa Fundación— es Vicente Torralba Soriano, catedrático de Derecho Civil.)

Es también un criterio bastante generalizado que las universidades de Deusto, Comillas y Navarra son otros de los centros católicos que gozan de prestigio y de solvencia científica. Además, según José María Javierre, el Episcopado respalda seriamente el despegue de la Universidad Pontificia de Salamanca. Acerca de este plan también ha opinado Carlos Valverde, catedrático de Filosofía de la Universidad de Comillas, y lo ha hecho en un sentido que es necesario subrayar: ante los enfoques tecnocráticos y antihumanistas propagados por los maravallianos, es imprescindible defender y expandir una formación cultural que llene y estimule las esferas intelectuales y sensibles del ser humano: es decir, en las universidades *no sólo hay que formar profesionales o técnicos, sino también y en definitiva sobre todo ciudadanos capaces de realizarse en todas las dimensiones* y de mejorar las formas y contenidos de la constante realización del futuro. Carlos Valverde rechaza la típica formación limitada a lo técnico, y reclama una formación integral: «Las actuales universidades de la sociedad tecnificada y tecnocrática preparan a los hombres que tal sociedad demanda, es decir, técnicos. (...) Pero, ¿qué universidad enseña hoy a los hombres a serlo? Las carreras se han convertido en medios de ganar dinero y a la Universidad van los jóvenes más dotados a ver si consiguen hacer "una gran carrera". (...) No pocos hijos de la burguesía española prefieren las universidades católicas porque saben que de allí saldrán "muy bien colocados". ¿Salen también de estas universidades sabiendo y queriendo ser *personas más humanas y con vocación decidida de cambiar esta sociedad en otra mucho más humana*? Una universidad nueva y católica deberá orientar toda su estructura y enseñanzas de otra manera, es decir: hacia la formación integral de las personas.» La formación que preconiza Valverde habrá de llevar al universitario «a preocuparse *más de ser persona que de tener dinero o poder*. Habrá estudiado para alcanzar no sólo la ciencia, sino la sabiduría, y para vivir como persona humana, no para triunfar en una sociedad competitiva. Será un hombre distinto, un cristiano. Este hombre nuevo ha de tomar conciencia, en la Universidad, de la situación de su época, sobre todo de la situación de injusticia social, en sus múltiples variantes, que es, sin duda, el mayor pecado de la humanidad de hoy».

Los criterios de Carlos Valverde son tanto más importantes por cuanto corresponden a una posición intelectual sostenida por algunas de las más altas jerarquías de la Iglesia: así, monseñor José Delicado Baeza, obispo de Valladolid y presidente de la Comisión Episcopal de Enseñanza, que preconiza «la formación del hombre íntegro» al tiempo que se muestra enormemente crítico de la formación universitaria ultraespecializada al servicio o en complemento de las máquinas y de limitados intereses económicos: en los centros universitarios, «no se trata de hacer, de formar, tecnócratas, máquinas. *El hombre-mecano es algo terrible*», dice monseñor Delicado. En los últimos tiempos, el mismo Juan Pablo II se ha pronunciado con toda claridad acerca de la orientación que las universidades han de tener. Lo ha hecho en el discurso pronunciado el 7 de junio de 1988 en el aula magna de la Universidad de Bolonia, una de las que primero se fundaron en Europa (en 1988 celebra su noveno centenario). En esta ocasión, el Papa pide que se aplique de modo general en el mundo de hoy y en especial en las tareas universitarias, «el método de una libre y respetuosa confrontación de las ideas» con el fin de afirmar universalmente «la cultura de la solidaridad para que el mundo se haga más justo y humano» y de este modo «desarrollar un nuevo humanismo, abierto a la trascendencia». Seguramente inspirado en estas tesis, Gerardo Pastor, rector de la Universidad Pontificia de Salamanca, en declaraciones a María Isabel Serrano, de *Ya* (23-VI-1988), asegura que en la próxima expansión de su centro «queremos ofrecer un ámbito universitario donde se pueda ser creyente y científico al mismo tiempo», lo que no quiere decir que «pretendamos unas universidades para curas y monjas, ni mucho menos. Tampoco quiere decir que los no creyentes o los agnósticos estén vetados en estas universidades, con tal de que ellos respeten el ideario o tengan respeto por las creencias de los demás». Su propósito es formar buenos profesionales y hombres completos, no autómatas.

Otros centros privados dedicados a la enseñanza superior que tienen proyectos universitarios expansivos son los que forman el grupo de colegios San Estanislao de Kostka, cuyo director, Jorge Segovia, piensa construir una impresionante ciudad universitaria, con facultades de Económicas, Empresariales, Derecho, Periodismo e Informática. La Fundación Cultura y Libertad, presidida por Ángel Vian Ortuño, exrector de la Complutense y cuyo vicepresidente es el actual rector Villapalos, asimismo tiene planes adelantados para dedicarse a la enseñanza superior. En fin, también la recién fundada Escuela Libre de Derecho y Economía, en la que figuran catedráticos como García de Enterría, Fuentes Quintana y Alonso Olea, programa quehaceres en el mismo sentido. Todos los centros citados darán un elevado número de becas, para facilitar los estudios de jóvenes capacitados y carentes de medios económicos.

Año tras año se confirma la imposibilidad de reflotar la universidad tradicional en manos del Gobierno central y de los gobiernos periféricos. Tampoco los equipos rectorales hacen nada que resulte decisivo para superar el ya prolongado hundimiento universitario y del Consejo Superior de Investigaciones Científicas.

A las cuestiones que planteaba al principio de este capítulo no se pueden dar respuestas más que escasamente positivas o, lo que viene a ser más claro: las respuestas son en gran parte negativas. Salvo los quehaceres de una minoría de profesores e investigadores, la enseñanza y la investigación en España no se encuentran a la altura que exige el tiempo y el espacio europeo: no contribuyen a liberar a los españoles de los viejos tópicos y deformaciones intelectuales, los reafirman en sus prejuicios; no contribuyen a satisfacer sus necesidades auténticas para alcanzar mayores cotas de evolución humana y de liberación cultural; en consonancia con el sistema de consumo de tecnologías extranjeras que determina la no creatividad-científico-técnica española, la enseñanza tiene una orientación domesticadora y enajenada o subordinada a los tecnocratismos foráneos y a los de los tecnócratas autóctonos.

Para agravar las cosas, ningún equipo gubernamental —ni el central ni los de las autonomías— tiene ningún proyecto, ni siquiera a largo plazo, de creación de instituciones docentes e investigadoras alternativas, creadas de nueva planta y dirigidas por un personal científico y humanista liberado de los vicios corporativos de las universidades anacrónicas.

Por tanto, las únicas esperanzas que hoy es posible anidar se refieren a los proyectos de universidades libres, financiadas por capitales privados, que puedan poner en práctica planes de estudios y programas investigadores autoelaborados con plena independencia y que asimismo dispongan de plena libertad en la administración de sus centros. Por estos cauces, y si no tardan demasiado en establecerse, todavía podría intentarse resituar a los españoles en algunas buenas posiciones en el movimiento internacional de los países desarrollados, que viven en una aceleración histórica cuyo principal motor es el constituido por los nuevos contenidos y formas de transmisión de los conocimientos científicos, sensibles y globalmente humanísticos. A partir de aquí dejo, pues, el tema de la Universidad española, para volver a adentrarme en los fenómenos y actividades de las sociedades altamente desarrolladas, en las que ya empieza a ser presente el futuro de la cultura.

IV. EL MUNDO ACTUAL Y LA TRANSMISIÓN DE CONOCIMIENTOS

Mientras el mundo se internacionaliza, España está dominada por los nacionalismos; mientras las universidades europeas y norteamericanas están abiertas a la relación con los núcleos cultos de cualquier país, las universidades españolas están cerradas en sus endogamias y caciquismos; mientras en las latitudes altamente desarrolladas se supera todo tipo de fronteras, en Madrid-Barcelona-Alicante, etc., se levantan múltiples muros, fosos, castillos y puentes levadizos separadores de unos y otros feudos; mientras en el mundo que avanza articulan su progreso con nuevos conocimientos y con formas nuevas de transmitirlo, en las tierras universitarias españolas continúa «labrándose» al viejo estilo: con aspectos neoescolásticos y patrísticos; mientras en el extranjero se desarrolla el pensamiento crítico, libre e innovador, aquí se difunde el memorismo a-crítico y el pedagogismo superficial con considerables dosis dogmáticas y autoritarias.

En la mayoría de las aulas de los centros de enseñanza superior española, falta una decidida posición intelectual hacia el futuro, como también falta en la mayoría de los departamentos de los centros de investigación. Las Facultades y los Institutos investigadores, que habrían de estar a la vanguardia del país, con frecuencia dan la impresión de ser organismos fuera de la órbita contemporánea, extraviados en un limbo estático.

La internacionalización de los problemas constituye un conjunto de hechos cada día más notable, así como la búsqueda transnacional de soluciones. España también se ve afectada por aquéllos, pero apenas participa de manera original en éstas, y cuando lo hace es de una manera subordinada.

1. Del equilibrio dinámico, ¿hacia el desequilibrio catastrófico?

Si dejamos al margen las dos guerras mundiales y las guerras limitadas a dos naciones o a problemas de colonialismo-descolonización en las que las sociedades más representativas del sistema capitalista se han visto envueltas en lo que va de siglo (India, Vietnam, Argelia, Tchad, Malvinas, Próximo Oriente, etc.), puede sostenerse la idea de que el modo de producción industrial, promovido originariamente por el impulso revolucionario y científico-técnico de las burguesías inglesa y francesa, al que se sumaron la norteamericana y la alemana, es una formación socioeconómica que ha crecido y se desarrolla al tiempo que mantiene un apreciable equilibrio dinámico: avanza y cuando parece que va a derrumbarse se recupera. El ejercicio de equilibrista conlleva varios riesgos, sobre todo si la cuerda está floja o si no se tensan suficientemente los empalmes que se la añaden para pasar un nuevo trecho. En nuestros días y de cara al porvenir son necesarios nuevos y diversos «cables» científico-técnicos, globalmente culturales, para prolongar y empezar a superar de un modo creador la existencia de la civilización que nos caracteriza. Si para que se desarrollara tal empresa civilizadora a partir del siglo XVIII fueron decisivas grandes innovaciones en la teoría y en la práctica de las ciencias, hoy, a finales del siglo XX, a todas luces las necesidades en dichos sentidos son mucho mayores: por diversas series de razones que nos remiten a sinrazones o problemas generados por el propio industrialismo:

a) Se ha descubierto que la Tierra es un planeta pequeño, perdido en un rincón del universo, y cuyas riquezas naturales no son inagotables. Pese a tal descubrimiento, la práctica cotidiana de los hombres demuestra que todavía no es lo bastante consciente de ello. Una prueba de esa inconsciencia es que la contaminación atmosférica, de las aguas y de los suelos continúa desequilibrando nuestro ecosistema. Otra prueba es que el sistema industrial, que funciona gracias a las materias primas de la naturaleza, sigue fabricando productos que también contribuyen a destruir-agotar unos y otros ricos yacimientos: minerales, energéticos, etc.

b) Esas tendencias, así como la carrera armamentista, se articulan con un peligroso movimiento irreversible, que hoy todavía se puede frenar, pero que ya amenaza claramente con liquidar la vida en este espacio intergaláctico.

c) Dichos fenómenos empobrecedores, tóxicos y a la larga mortíferos, que en un grado u otro afectan a todas las naciones, no están suficientemente compensados por nuevas ramificaciones científico-técnicas y productivas ni por nuevas relaciones sociales, culturales, éticas y políticas.

d) El punto límite de esas tendencias, el espacio-tiempo de choque en el que podría producirse el desequilibrio catastrófico, no está lejos de nosotros: si no se concretan fuertes correcciones, dentro de unos diez decenios. Por ello son tan necesarias las nuevas aportaciones científicas, técnicas y humanísticas, y su concreción a escala individual y colectiva de centenares de millones de personas a través de las naciones, con el fin de dar otra orientación a las sociedades humanas, para que superen sus primitivismos destructivos, egoístas, insolidarios, clánicos y tribales: para que los hombres y mujeres dejen, en fin, atrás su prehistoria y entren en el que puede ser el *reino de la libertad.*

e) Para el humano un siglo es mucho tiempo, inabarcable, pero en términos históricos, cien años transcurren pronto. Comparativamente con las sociedades de las centurias que hemos dejado atrás, las próximas décadas transcurrirán más rápidamente en cuanto se refiere a su organización social y científico-técnica: por ende, encontrar soluciones es una necesidad cada día más urgente.

f) La aceleración de la historia es elocuentísima cuando se compara la estructura del empleo humano en siglos anteriores e incluso en las primeras décadas del XX, con la estructura del empleo en la actualidad y la que sin duda será en los próximos años. Durante milenios apenas hubo cambios en la estructura del empleo; hasta los años 1950-1960 (en Europa occidental) y hasta 1988 (en el Tercer Mundo) han predominado (o predominan) las ocupaciones agrícolas y ganaderas y desde el siglo XIX y hasta hoy se llevan a cabo grandes transformaciones en el trabajo humano: se expanden los oficios o los quehaceres técnicos imbricados con el sistema industrial: esta corriente tecnológica se acentúa de cara al futuro e invade incluso los sectores agropecuarios, cada día más tecnificados.

g) Esa corriente impele una expansión de los conocimientos, aunque sean de modo fragmentado, inconexo y alienante, así como impulsa la proliferación de las comunicaciones que transmiten las noticias acerca de unos y otros aspectos de la vida individual y colectiva en cualquier punto del Globo.

h) Ello significa que se incrementa la información acerca de los grandes desequilibrios socioeconómicos y culturales en unos países y en otros. Por estos conductos, ha dejado de ser un secreto o un conocimiento limitado a minorías que, hoy más que nunca, *la distribución del saber se engrana con la división del trabajo*, con la distribución del poder y de la riqueza.

i) Cada persona tiene necesidades no sólo de mantenimiento biológico (nutrición, sanidad, etc.) sino también, sobre todo de cara al futuro, necesidades de tipo cultural (que no se acaban en la escuela primaria ni en la Universidad), necesidades *creativas y éticas*, así como necesidades de participación en las directrices de la vida colectiva.

j) Ahora bien, los enfoques que vienen dándose a la ciencia y a la técnica hasta hoy contradicen en gran parte e incluso ponen obstáculos para la satisfacción de lo expuesto en el párrafo anterior. Es decir, una de las mayores tareas que tienen ante sí los científicos que son a la vez auténticos humanistas es la tarea de rectificar a lo ancho y a lo hondo numerosas tendencias y prácticas de la ciencia y de la técnica que se hace y que se aplica hasta el presente.

Dado que, obligados por el actual movimiento de la historia, todo ello ha de hacerse aceleradamente para tener éxito, los diez decenios apuntados como límite para evitar la catástrofe todavía se convierten en un tiempo materialmente más «corto», puesto que en él habrá que integrar cambios más densos que a la vez introduzcan una nueva escala de valores morales, punto clave y decisivo en el que se suele pensar demasiado poco o nada, pese a que si no se asimilan nuevos comportamientos éticos, todo resultará inútil.

En cuanto concierne a los españoles, cabe subrayar que los gobiernos central y periféricos y las autoridades académicas no hacen lo necesario para que nuestros conciudadanos alcancen una buena posición en la distribución internacional de los saberes y en sus efectos.

2. Aceleración histórica y volumen creciente del saber especializado. Necesidad de síntesis globalizadoras

La aplicación de las innovaciones de la ciencia promueve la aceleración histórica al tiempo que su dinámica crea estratos completamente nuevos, que significan extraordinarios saltos cualitativos en cada rama. En cierto modo ha empezado a realizarse un viejo sueño de filósofos, utopistas y científicos de siglos pasados: desde Platón hasta Campanella, desde Bacon hasta Thomas More, etc.: que los sabios gobernasen el mundo. En nuestro tiempo trabajan más científicos que los que hubo en todo el mundo durante los siglos pasados. Y el número de los investigadores y de los técnicos aumenta cada día (aunque muchísimo menos o casi nada en países como España). Los laboratorios y otros centros y modos de experimentación producen cada año millones de informes referentes a los avances de sus respectivas investigaciones, una selección de los cuales se publican en unas 35.000 revistas científicas y técnicas que se editan en el mundo, informes que en una fase posterior son el origen de la redacción de centenares de libros que se imprimen en las principales lenguas.

Todo ello significa que numerosos profesionales ven que algunos de los conocimientos de que partieron al empezar su carrera se envejecen o se inutilizan por la irrupción de esos nuevos conocimientos. En los oficios engranados con las ciencias y técnicas de punta (microelectrónicas, biotecnologías, ingenierías genéticas, etc.) el proceso senescente es mucho mayor: en tres o cuatro años o como máximo en ocho o diez años van a producirse grandes cambios en muchas de las actividades laborales conocidas hasta hoy. Al tratar de estos fenómenos, en su último libro, Federico Mayor, el actual director general de la UNESCO, escribe: «... cuando el niño que nazca hoy llegue a los catorce años habrá en el mundo un caudal de conocimientos cuatro veces superior al actual. Cuando el niño tenga cincuenta años, el número de conocimientos será el actual multiplicado por treinta y dos y el noventa y siete por ciento de cuanto se sepa en el mundo habrá sido descubierto después de su nacimiento». Tan es así que la mayor parte de los empleos que habrá entre el año 2000 y el 2040 partirán de saberes que en 1988 todavía son hipótesis poco consistentes, o gérmenes indecisos o vagos sueños en torno a unas u otras ciencias, artes y filosofías.

Sin embargo, junto a los aspectos positivos de todo ello, yo veo aspectos negativos e incluso nuevos grandes problemas. En rápida síntesis puedo decir que, pese a todos esos enormes adelantos, *las ciencias están retrasadas respecto a sus propias potencialidades.* Los retrasos se deben a frenos o escollos externos al mundo de la ciencia, pero también se deben a incapacidades sectoriales y a orientaciones equivocadas de no pocos científicos.

Por una parte están los retrasos impuestos por quienes dominan el sistema productivo y la comercialización de sus productos; éstos a la vez suelen contar con la connivencia inconsciente o cínica de los que mandan desde las instituciones gubernamentales; unos y otros, en comandita, dedican más medios a la investigación paramilitar, que a la investigación y a la aplicación de la ciencia en el mejoramiento de la vida de los ciudadanos, que podría ser más cómoda, más barata, más culta y más saludable de lo que es. Pero, por otra parte, muchos científicos con frecuencia actúan como autómatas cuyas actividades parecen programadas por la *unilateralidad* de sus propios conocimientos especializados.

Dicho con otras palabras: el gran problema observable en la mayoría de los conocimientos científicos es que cada uno de ellos es el resultado sectorial de una sola actividad disciplinaria, *desconectada* de las demás disciplinas y de sus respectivos conocimientos, que a su vez muestran escasas y débiles conexiones con la vida individual y colectiva de las personas. El gran problema es la falta de diálogo entre científicos pertenecientes a distintas ramificaciones del saber (los diálogos ni siquiera se producen entre conocimientos próximos) y la falta de diálogo de los científicos con el conjunto de la población. Si se sigue por estos rumbos, si no se avanza hacia los quehaceres interdisciplinarios, se irá hacia un mundo altamente tecnificado, pero de gran incultura general, de grave malestar, con posibilidades de nuevos tipos de conflictos.

Para superar tales problemas, y para evitar el posible horizonte deshumanizado, es preciso organizar nuevos modos de enseñanza-aprendizaje, así como nuevas instituciones creadoras y difusoras de saber y de sensibilidad. En pos de esos fines, una de las claves consistirá en efectuar nuevas síntesis de las diversas corrientes culturales, *síntesis globalizadoras* a las que no se podrá llegar si no es mediante la elaboración y el constante enriquecimiento de un *método de la complejidad* al que ya dedico muchas páginas en los diversos apartados del capítulo V de este libro.

3. La tradición y la alternativa: de la enseñanza domesticadora a la liberadora, pasando por la adaptación y la innovación

La dinámica histórica acelerada, el volumen creciente de los saberes y de sus aplicaciones, así como las rápidas transformaciones de los empleos, van a requerir que cada persona asuma la necesidad de una formación cultural innovadora. Desde hace milenios, el ser humano es humano en tanto que asimila y crea cultura: de cara al futuro este fenómeno puede ser cada vez más verdad, es factible que la vida de la mujeres y de los hombres se convierta en una creciente expresión y materialización en libertad de los diversos y deseamos que confluyentes universos culturales. Para alcanzar tales fines, convendrá que la enseñanza y la investigación se hagan, en lo sucesivo, de manera distinta a como han venido haciéndose.

Hasta hace pocos lustros, la educación de los niños y de los jóvenes se hacía según normas impositivas, disciplinarias y domesticadoras. Después se pasó a una concepción de la enseñanza como manera de adaptación subordinada a la realidad existente en cada lugar y en cada etapa. Pero hoy, desde diversas instituciones, principalmente desde la UNESCO (en cuyo equipo de expertos también figuran o han estado presentes personalidades de talante moderado como Edgar Faure), se propone un modo de aprender que sea liberador para todos y cada uno de los seres humanos.

La educación entendida como domesticación fue, en principio, un rito de iniciación a saberes supuestamente secretos y ortodoxos, propiedad de unas u otras minorías que no los transmitían (y no los ensalzaban con sus liturgias y adornos distintivos) más que a quienes habían demostrado suficientemente su *sumisión* al maestro. Lo peculiar de la cultura domesticadora, de la que perduran fortísimos residuos en muchas universidades, es que considera el lugar en que se transmite como un centro sagrado: es decir, los jefes de la domesticación pretenden que sólo lo que hacen ellos con sus discípulos en sus recintos es conocimiento, y que no puede serlo —aunque esencialmente sea lo mismo— la cultura elaborada y asimilada en el exterior y con independencia de esos sitios. Los conocimientos típicos de la educación domesticadora son los correspondientes a una reproducción simple de la cultura heredada de tiempos pasados: sus contenidos y formas fueron funcionales, tanto material como simbólicamente, en sistemas productivos y sociales que no introducían cambios, que eran más o menos iguales a sí mismos a través de los siglos, durante las largas centurias agrícolas y ganaderas y hasta la lenta introducción de los gremios, otra típica organización de cultura cerrada, sistemas que tampoco innovaban en cuanto a su organización política: despótica, tiránica o, cuando menos, autoritariamente «paternalista».

La educación domesticadora se prolonga fuera del tiempo en que se instauró, en la medida en que los sistemas políticos (generales, para toda la sociedad; o sectoriales, en lo que concierne a determinadas instituciones o grupos sociales) no son democráticos o conceden poco margen a la práctica de las libertades individuales y colectivas. La enseñanza como domesticación o «amaestramiento» se prolonga también en la medida en que los puestos de trabajo son estables o apenas requieren nuevos conocimientos ni iniciativas originales para ejercerlos con cierta eficacia.

Los conocimientos típicos de esta educación se transmiten ya completamente elaborados a los alumnos, se obliga a tragarlos como si fuesen píldoras mágicas y de efecto perenne, sin que se permita al estudiante formular la más mínima pregunta al respecto o interrogar acerca de su utilidad. Así se forma una cultura tradicional, impositiva, rígidamente articulada con la noción de jerarquía artificial. *Domesticar educativamente significa despreciar la peculiaridad intelectual que potencialmente anida en cada estudiante, en cada individuo, y anular o disminuir su posible energía-creadora de un futuro más civilizado, más culto, al tiempo que más respetuoso de la naturaleza.*

Domesticar también puede ser, hasta cierto punto, impartir un sistema cultural cerrado, que absurdamente se pretende que vaya a ser válido durante los siguientes cuarenta o cincuenta años de vida activa que le quedan por delante a todo estudiante.

En la posición contraria a esas tendencias tradicionales he de decir que si bien es cierto que resulta muy difícil enseñar-aprender sin un sistema, probablemente lo que requiere la actual hiperexpansión de conocimientos sea una enseñanza-investigación no-sistemática, o menos analítica y *más sintética* de lo que es.

La educación orientada para la adaptación de los estudiantes continúa aplicando varios contenidos y formas de la enseñanza domesticadora. Nadie discute que todos necesitemos un cierto grado de adaptación a la sociedad en la que vivimos, pero también es indiscutible que nuestro sistema se encuentra en permanente y acelerada evolución hacia el futuro, y que, por tanto, las personas demasiado rígidamente adaptadas en un determinado presente (por ejemplo: el presente de sus veintipocos años) pueden vivir problemáticamente y crear problemas a los demás cuando al cabo de diez o veinte años aquel presente haya desaparecido por completo, en sus estructuras y en sus funciones, y por tanto, individual y colectivamente sean necesarias otras maneras de proceder, de convivir y de trabajar.

El modo de enseñar para la adaptación suaviza los métodos domesticadores, pero parte asimismo de reglas fijas, de una concepción del mundo explícita o implícitamente estática: apenas fomenta la iniciativa y la innovación: sus profesores no están suficientemente conectados con la dinámica empresarial ni, mucho menos, con la movilidad social: son más eruditos que dedicados a la prospección de la cultura que está naciendo: se decantan en favor de las teorías sin ponerlas a prueba en las prácticas: fragmentan e hiperfraccionan los conocimientos y no atienden las necesidades de coherencia global de cada estudiante.

La gran paradoja de la enseñanza para la adaptación consiste en que los profesores que se aferran a ella acaban siendo unos inadaptados, por la sencilla razón de que los cambios históricos —técnicos, económicos, etc.— llegan a desbordarles, con la demostración de que sus conocimientos se han vuelto anacrónicos e inútiles. En lo que llevamos de siglo XX y en todos los países industrializados, se han dado numerosos casos de ese tipo —y lamentablemente siguen dándose—, pues no en vano la mayor parte de la estructura del empleo en 1988 no tiene nada que ver con los trabajos en los que estaban empleadas las personas de hace décadas, más o menos hasta los años 1960 (pero también hay variaciones notables respecto a los quehaceres típicos en diversos ramos durante el último decenio). Por ello, también se dan los casos de profesores-adaptadores que tienen que *readaptarse* a marchas forzadas e introducir en las aulas las culturas, las ciencias, las técnicas, los «know-how», los saberes que han brotado en la propia sociedad o en países próximos. En un excelente estudio sobre estas cuestiones patrocinado por el Club de Roma, la educación adaptativa se considera un *círculo vicioso* del que puede salirse pero de mala manera: «El aprendizaje como adaptación implica que los seres humanos sólo pueden reaccionar ante nuevos cambios producidos en un entorno dado, apresurándose a hacer frente a mutaciones incontrolables y sin poder alguno para prevenirlas ni siquiera influir sobre ellas. Ser adaptable, esto es, ser capaz de cambiar en respuesta a la modificación de las circunstancias, implica someterse a dichas circunstancias y hasta sucumbir a ellas si llega el caso.»

En el polo opuesto a los contenidos y formas domesticadores y adaptativos, en diversas universidades extranjeras se desarrolla la enseñanza innovadora y por tanto el aprendizaje prospectivo y liberador, que consiste en fomentar el espíritu crítico, la imaginación creativa, el planteamiento de grandes conjuntos de problemas interrelacionados y la capacidad para establecer hipótesis respecto al futuro que a cada cual tocará vivir. Y todo ello no sólo bajo la dirección del profesor o del investigador, sino contando con la plena participación de los estudiantes y de los que se preparan para ser investigadores.

Por su propia naturaleza y por los objetivos que desea alcanzar, la enseñanza innovadora no se ajusta a un solo método sino que, con espíritu interdisciplinario, pone en práctica diversos elementos metodológicos, según sean los temas, el grado de formación de las personas que sean (estudiantes o adultos en fase de reciclaje), y los fines a los que se quiera llegar: aun teniendo una concepción unitaria, la enseñanza innovadora huye de la homogeneidad como de la muerte, su coherencia es diversa y engranada con cada especificidad.

La enseñanza innovadora consiste en preparar a las nuevas generaciones para que no se dejen sorprender ni arrollar por el futuro-que-está-llegando, y en darles los elementos culturales operativos para que los jóvenes mismos sean los principales creadores del porvenir que ellos van a vivir.

La enseñanza-aprendizaje de la innovación se articula asimismo fecundamente con nuevos valores morales, o como mínimo con algunos aspectos de la ética civilizada que en parte y en teoría ya se conocen: con la solidaridad proyectada a todos los espacios: con otros pueblos, con el conjunto de la humanidad: con la solidaridad a través del tiempo: con las personas que van a nacer, con los seres humanos de décadas y siglos venideros. Este modo de enseñar cultiva la individualidad de cada cual, puesto que por naturaleza y por cultura cada persona es diferente (biológica e intelectualmente diferente), pero estimula la armoniosa relación con todos los demás y con los otros seres vivientes del planeta.

Innovar mientras se enseña-aprende consiste en ser plenamente conscientes de las estructuras y relaciones que, elaboradas en el pasado, llegan hasta hoy, y a partir de ellas expresar conjeturas, exponer futuribles, hacer prospectivas científicas, simular situaciones que pueden darse al cabo de un año o de diez, observar la posibilidad de desarrollo de determinadas tendencias (desarrollo que no siempre e incluso raramente puede tener una trayectoria lineal, recta y sin altibajos) e incluso puede resultar estimulante introducir algún elemento eutópico y eucrónico en el plan de la estrategia racional que se decida. (A partir de lo que ya consta en las páginas de mi libro *El viaje y la eutopía,* concibo la libre ensoñación de realizaciones futuras como una manifestación de nuestros mejores deseos, esto es: como un modo de optar-influir en la materialización de las *alternativas óptimas* a lo ya conocido hasta el presente, por ejemplo: una sociedad más justa y más libre, la superación del trabajo enajenador, la ampliación del ocio-cultural-creador, nuevas vivencias del amor humano, eliminación de las enfermedades, prolongación de la vida humana, bienestar y bien-ser generalizados...)

Uno de los fundamentos de la innovación es la ampliación de opciones, la creación de nuevas realidades, el trazado de nuevos cauces para otros modos de vida en libertad. Y todo ello no puede llevarse a buen término por las trochas del conocimiento fragmentado, demasiado especializado, sino a través de amplísimas pistas de despegue que nos lleven a posiciones desde las que puedan observarse grandes panoramas. En los años que estamos viviendo, no hay ningún problema de importancia que no tenga intensas o densas implicaciones internacionales e incluso mundiales.

Un intelectual adaptado se subordina a la realidad, mientras que un intelectual innovador libre crea nuevas realidades: materias, energías, informaciones, modos de producción, instituciones, máquinas, valores morales, artes, derivaciones científicas...

Por cuanto vengo diciendo puede deducirse que la enseñanza innovadora, el aprendizaje que busca la innovación, *no sólo tiene una dimensión teórica, sino que también proyecta una eficiente acción práctica* en favor de múltiples transformaciones individuales y colectivas, psíquicas y físicas, materiales y simbólicas, socioeconómicas y estatal-gubernamentales, nacionales y mundiales.

También me parece que ya está quedando claro que en la enseñanza innovadora se rechaza, por absurda, la separación esquizofrénica entre las ciencias naturales, las ciencias exactas, las ciencias humanas y sociales, las artes y las letras. Estas dicotomías, que atraviesan la enseñanza tradicional, son contrarias al espíritu humanista que es necesario impulsar para alcanzar una mayor liberación de los hombres.

La enseñanza-y-el-aprendizaje que innovan requieren igualmente más profesores-investigadores, un nuevo tipo de enseñante-explorador-descubridor, que *problematice la exposición de los conocimientos hechos* (del pasado), a fin de dialogar con los estudiantes y con objeto de que éstos los asimilen críticamente y empiecen a ejercer la capacidad de añadir elementos culturales nuevos a los saberes conocidos.

4. La clave innovadora de la autodidaxia en diálogo con los ordenadores

La enseñanza innovadora y liberadora requiere otro estilo de aprendizaje, lo que asimismo significa otro tipo de estudiante. Contra los dogmas pedagógicos tradicionales y domesticadores, hoy se consideran los trabajos autodidácticos como una de las claves del porvenir cultural. Aunque no se excluye la figura del profesor, la atención se centra en el talante y en el talento del estudiante. Éste pasa de ser un discípulo-repetidor automático de lo que dice el enseñante o un objeto conformado culturalmente desde el exterior, a ser un sujeto que expresa sus propias opciones, sus criterios y enfoques característicos. Todo lo cual, expresado en términos ideales, determina que el estudiante ha de ser, de cara al futuro, una persona con mayores inquietudes, con más iniciativas y —condición *sine qua non*— con mayor capacidad de trabajo, esto es: tendrá que ser más capaz de entrar en librerías y en bibliotecas, para escoger por su propio impulso unos u otros libros, así como leer unos u otros periódicos y revistas, escuchar o ver unos u otros programas de radio o de televisión, a fin de adquirir el caudal de conocimientos (o por lo menos informaciones) que le sirvan de base para exponer sus intereses materiales y morales y *para dialogar críticamente con el profesor,* cuyas funciones pasarán a ser más orientativas, asesoras, consejeras, combinatorias, controladoras, estimuladoras con objeto de que el estudiante avance y supere las diversas fases de su formación. Por estos conductos se conseguirá una mayor individualización de la enseñanza y del aprendizaje, así como *un mayor desarrollo de la personalidad peculiar de cada cual,* lo cual nos llevará —ya a medio plazo— al principio de una humanidad más libre y a una civilización con muchísimos más matices culturales.

Que la autodidaxia es una de las claves de la enseñanza de hoy y para el porvenir no lo sostiene sólo el autor de este libro, sino que también se trata de un plan apoyado por los principales y más progresistas expertos en educación del mundo, entre los cuales se encuentran los de la UNESCO, quienes ya hace años han puesto de relieve, con toda claridad, su posición al respecto a partir del siguiente *principio*: «La nueva ética de la educación tiende a hacer del individuo el dueño y autor de su propio progreso cultural. La autodidaxia, en especial la autodidaxia asistida, tiene un valor insustituible en todo sistema educativo.» Y a continuación consideran que «la diversificación de las vías educativas, las mayores facilidades que se ofrecen a quien trata de educarse por sí mismo, *todo confluye en nuestro tiempo a difundir la práctica y a valorar el principio de la autodidaxia*». El enfoque teórico es plausible y ha empezado a ofrecer resultados positivos, pero el proyecto de que cada joven, en vez de soportar la educación predominantemente exógena, disfrute educándose a sí mismo y en relación crítica con los profesores choca también con no pocas dificultades que sólo podrán superarse con el tiempo, en una etapa del porvenir que los expertos de la UNESCO no fijan: «Este cambio fundamental en la relación entre seres, al programar un trabajo creador permanente del hombre sobre él mismo, es el problema más difícil que se plantea a la enseñanza para los futuros decenios de la revolución científica y técnica.»

En la medida y al ritmo que se superen las dificultades (que radican en el gregarismo y en el autoritarismo, en el profesor y en el estudiante al viejo estilo así como en el actual sistema educativo y socioeconómico) todos podremos ser más cultos (porque nuestro entorno humano habrá incrementado su cultura y nos influirá culturalmente), más diversos y a la vez más armónicos o por lo menos más respetuosos con la diferencia de los otros.

Ser autodidacta significa, para el que se forma, ser activo; y para el que asiste o ayuda a esa autoformación, la autodidaxia significa ser receptivo e integrador de lo que hace aquél en un sistema abierto hacia el futuro del que tanto el estudiante como el profesor lo ignoran todo, aunque éste tenga mayor capacidad prospectiva (con el inconveniente de que, al tener más años de edad, también puede estar más anclado en el pasado-presente).

En la enseñanza innovadora en la que el estudiante participa primordialmente como autodidacta, desaparecen las relaciones autoritarias e impositivas al tiempo que también se fomenta la autodirección, la autoplanificación y la multilateralidad de las relaciones (los estudiantes asimismo pueden ser, recíprocamente, enseñantes unos de otros) y no está excluido que los alumnos lleguen, en determinado momento, a enseñar algo al profesor gracias a que, por ejemplo, ellos hayan leído tal o cuál libro innovador, tal o cuál informe científico original, publicado en Nueva York, en París o en Tokio, que no conozca todavía el catedrático o el investigador principal.

La diversificación de fuentes que determina la autodidaxia de cada uno de los componentes de un grupo de estudio innovador, lleva a todos a una flexibilidad creativa, a una comprensión lúcida de la pluralidad de conocimientos concretos que se refieren a cualquier problema o a cualquier relación con la sociedad, con las instituciones, con la naturaleza y con el universo.

En dichos planteamientos autodidácticos la utilización de ordenadores puede contribuir a revolucionar asimismo los contenidos y las formas del saber, dando mayor relevancia a los estudiantes y a los investigadores principiantes que se muestren particularmente activos y lúcidos, al tiempo que los profesores e investigadores principales que no sepan renovarse constantemente acaso queden desplazados a un segundo término. La creciente introducción de los ordenadores en los centros de enseñanza ya permite observar algunos signos de esos fenómenos. Cada vez será más necesario para todos, enseñantes y alumnos, pasar por un nuevo tipo de alfabetización: saber utilizar los actuales, los nuevos y los próximos ordenadores con inferencias simbólicas e interfaz humana. Especialistas de diferentes «disciplinas» (vocablo arcaico en la enseñanza de hoy y para el futuro) pero decididos partidarios de la interdisciplinariedad consideran muy fecunda la utilización de estas máquinas. Uno de los primeros en poner de manifiesto las decisivas aportaciones de esta tecnología fue el filósofo y biólogo francés Raymond Ruyer, antiguo catedrático en Nancy y miembro del *Institut*: a mediados de los años 1950, al publicar su libro *La cybernétique et l'origine de l'information* (reeditado en 1968), ya anunció que el concepto de cibernética, puesto en circulación por Wiener, sería sustituido por el de informática y que ésta, en tanto que técnica de tratamiento automático de grandes masas de información y como movilizadora de ideas tendría un gran desarrollo en diversos sectores, entre los cuales el de la enseñanza. Ruyer escribió hace más de dos decenios lo que en 1988-1989 todavía constituye un programa para el futuro: «La pedagogía cibernética invierte el esquema de la pedagogía llamada tradicional, en la cual el maestro es el activo y el alumno el pasivo... En la pedagogía cibernética, al contrario, es el alumno quien tiene el papel activo.» En los últimos lustros es otro francés quien desarrolla actividades sobresalientes, a escala internacional, en favor de la expansiva utilización de los ordenadores: el piloto de avión, periodista y escritor, ex-diputado y ex-ministro del Gobierno de Francia Jean-Jacques Servan-Schreiber, que de 1981 a 1985 presidió el Centro para la Alfabetización Informática de París, para pasar a continuación a presidir el Comité Internacional de la Universidad Carnegie Mellon, uno de los centros de enseñanza superior en Estados Unidos que se encuentra (con la Universidad de Stanford y el Massachusetts Institute of Tecnology) a la vanguardia de la implantación de los ordenadores. Los dos primeros centros están a la cabeza en tanto que «criaderos» (dice Feigenbaum) de inteligencia artificial porque sus fundadores, los empresarios que dieron su apellido a esas instituciones, «despreciaban profundamente la educación formal» y rechazaban los caprichos tradicionales y formalistas de las universidades existentes. En la Carnegie, el actual presidente de la Universidad, Richard M. Cyert, siguiendo el espíritu del fundador, proyectó instalar ordenadores no sólo para los científicos que allí trabajan, sino para «todos los departamentos, oficinas, aulas y luego a todos los estudiantes», según cuenta Servan-Schreiber, y así la red de comunicaciones del campus se inauguró en 1986. De tal modo, ya en una perspectiva autodidáctica futurista, «los estudiantes serán capaces de estudiar y de aprender a su propio ritmo, de acuerdo con sus personalidades individuales, fuera del yugo rígido de los libros de texto y las clases... Todo estudiante, todo ingeniero, todo diseñador, todo inventor, debe ser capaz de usar los nuevos instrumentos de los ordenadores para aprender más de prisa y mejor, para revisar, diseñar, comparar, formular hipótesis y desarrollar sus ideas». Podría multiplicar las citas de los criterios de diversos autores que se pronuncian en el mismo sentido. La UNESCO unifica las tesis de algunos de ellos y asegura que el ordenador está llamado «a desempeñar un papel fundamental al servicio de la educación permanente»; la informática «engendra una verdadera revolución intelectual»...

Pero las máquinas inteligentes necesitan usuarios previamente inteligentes formados por profesores cultos y, sobre todo, exigen programadores inteligentes, con amplia cultura crítica y proyectados hacia el futuro. Un porvenir que, en principio, está abierto a todos, y sobre todo a aquellos que sepan avanzar, según apunta Popper, «hacia lo desconocido, lo incierto y lo inestable, sirviéndonos de la razón de que podamos disponer, para procurarnos la seguridad y la libertad a que aspiramos». Ahora bien, este filósofo y científico advierte, casi doscientas páginas después de haber escrito las anteriores líneas, que «no sólo debemos planificar para la seguridad, sino también para la libertad; si no por otra razón, porque la libertad es lo único que puede asegurar la seguridad».

5. Engranar la espontaneidad y lo aleatorio del artista con la precisión y el cálculo del científico

En atención a las necesidades concretas de los seres humanos, para superar los enormes problemas que existen en las sociedades actuales, la enseñanza-y-el-aprendizaje innovador se ocupan en dilucidar grandes conjuntos de cuestiones del presente y de cara al porvenir. Por todo ello, aunque cada cual siga requiriendo un determinado grado de formación especializada, cada vez necesitará más conocimientos de otras ramas del saber científico, técnico y humanístico, próximas o distantes del núcleo de su formación peculiar, porque esos otros conocimientos condicionarán los suyos y las correspondientes prácticas. Estas exigencias harán desaparecer gradualmente los especialistas tal como se conciben hasta hoy.

Son ya numerosos los profesores e investigadores que se han pronunciado rotundamente contra los excesos de la especialización tradicional. Para los expertos en educación del Club de Roma, la especialización «ha alcanzado ya proporciones alarmantes. (...) Las fronteras disciplinares están volviéndose cada vez más impenetrables, reforzadas por los valores y criterios del mundo académico. En ningún otro ámbito se siente tan intensamente el impacto de la superespecialización como en el de los problemas mundiales. Resulta sencillamente imposible analizar y formular programas para responder a ellos desde la perspectiva de una única disciplina. Los enfoques económico, legal, social o político son, cada uno por separado, insuficientes para abordar unos problemas que requieren una comprensión integrada y totalizadora. La especialización constituye en este campo una virtual garantía de inutilidad.» Federico Mayor considera que la incomunicación entre científicos y humanistas «es peligrosa» y que, por tanto, «para establecer las directrices del futuro, es absolutamente necesario que se trabaje conjuntamente». Y añade en otras páginas: «La especialización progresiva es un peligro. (...) La misión de la Universidad no es sólo "fabricar especialistas", sino, y sobre todo, contribuir muy en primer término a elevar el nivel cultural de la nación, formando personas dotadas de una amplia base de conocimientos, que les permita adquirir una especialización profesional rápidamente y "reciclarse" para estar al día y, si fuera preciso, cambiar de profesión en un corto período de tiempo, de acuerdo con la dinámica de los acontecimientos y las características de cada país.»

Acierta el lector que piensa que, con cuanto venimos exponiendo, nos adentramos en campos cada vez más complejos. Sin duda. Por ende, *lo que más urgentemente necesitamos* profesores-estudiantes, investigadores y ciudadanos en general (sobre todo aquellos que se responsabilicen de actividades profesionales que tengan una gran repercusión social, sea desde una empresa privada o desde una institución pública) es la elaboración de un *método de la complejidad*. A este fin voy a dedicar las próximas páginas. En síntesis puedo anticipar que la aplicación de este método requiere engranar la espontaneidad y lo aleatorio del artista con la precisión y el cálculo del científico, la flexibilidad de aquél con el rigor de éste, la imaginación del primero con la observación del segundo, el azar con la determinación, la fantasía con el realismo, la ensoñación futurista con la futurología científica.

Lo ideal es, desde el presente y para el porvenir, que cada profesor-estudiante, cada investigador y ciudadano, procure ser el artista del científico que ya es, o el hombre de ciencia que quizá lleve en sí el artista. No es imposible. Y es deseable. Lo desearon y en alguna medida lo practicaron científicos y artistas y humanistas de todas las épocas (o sea: que eran artistas y a la vez científicos, o científicos y humanistas, desde Leonardo da Vinci hasta Kepler, de Einstein a Prigogine, desde Schiller hasta Lwoff, de Goethe a Carl Sagan...).

En lo esencial, hay una profunda identidad entre el acto de creación científica y el acto de creación artística.

La ciencia no sólo parte de conocimientos positivos, verificaciones empíricas y experimentaciones, sino que en ella, en la actividad del científico, cumplen funciones decisivas la intuición, la imaginación, la inspiración, la combinación aleatoria...

Por otra parte, en el artista —pintor, novelista, poeta, etc.— no todo ni, a veces, principalmente se reduce a la espera-llegada de las musas, sino a esfuerzos racionales, a cálculos lógicos, a mediciones casi-matemáticas, a reiterados experimentos —mezclas de colores, asociaciones de palabras, fríos retoques o correcciones aquí y allá que objetivan unos u otros subjetivismos, que matizan unas u otras pasiones o brotes instintivos o irracionales—, «experimentos», digo, imprescindibles para la culminación de tal o cuál obra y para mejor comunicación del sentimiento estético que, como el lector puede comprobar, a fin de cuentas es menos espontáneo de lo que en principio parece, de modo análogo a como la obra del científico es menos precisa o exacta de lo que en principio puede parecer.

Las teorías de los grandes físicos de nuestro tiempo, Planck, Einstein, Heisenberg, Schrödinger (Premios Nobel de Física en 1918, en 1921, en 1932 y 1933, respectivamente) han arrinconado e incluso, en algunos aspectos, destruido las viejas nociones de «lógica» y «racionalidad». Los arrinconamientos y destrucciones de parte de lo que venía considerándose «empírico», «material», «exacto», «demostrable» o «comparable» (mediante nuestros sentidos y los instrumentos que los prolongaban) se han ampliado y profundizado con otras aportaciones teóricas de sus colaboradores y continuadores (De Broglie, Eddington, Pauli [Nobel en 1945], Rubbia [Nobel de Física en 1984], etc.). Hoy, leer los principales textos de éstos y de otros científicos de magnitud mundial constituye un ejercicio tan apasionante o más que la lectura de la más fantástica de las novelas, con el interés y la atracción suplementarios en los textos científicos por tratar de fenómenos reales. El Principio de Mach, el de Incertidumbre o Indeterminación, la relatividad, las mecánicas cuánticas y ondulatorias, el dualismo onda-corpúsculo, la circulación de electrones, protones, neutrinos, etc., etc., son teorías científicas que cuando fueron difundidas por primera vez recibieron críticas escandalizadas, acusando a sus autores de ser demasiado audaces, poco o nada «racionales», «poéticos» e incluso místicos, sin comprender que toda investigación científica principal, decisiva, fecundamente descubridora, tiene que traspasar las fronteras de lo conocido y adentrarse en lo desconocido, en los enigmas, en la oscuridad y en el misterio (concepto al que sin duda alguna se refieren numerosos científicos), y decir misterio es lo mismo que decir místico (del griego «mustikos», o sea: «relativo a los misterios»). Otro de los grandes físicos de nuestro tiempo, el matemático y astrónomo Sir James Jeans, puso ese concepto en el título de un libro que publicó en 1931: *The Mysterious Universe*, en el que puede leerse: «Dios es un matemático y el Universo comienza a tener más el aspecto de un gran pensamiento que el de una gran maquinaria.» Cierto, pero ese pensamiento no piensa exactamente como los humanos piensan, ni su sentido de la libertad se pronuncia como el hombre que se siente libre. Con ellos nos estamos alejando de la mecánica clásica newtoniana, así como de la mente y del tiempo clásicos. Arthur Eddington, otro importante físico y astrónomo, acuñó el ambivalente concepto de «materia mental» (*mind-stuff*). En diversos aspectos las leyes de la causalidad quedan sustituidas por las leyes de la probabilidad, que John von Neumann, uno de los más rigurosos matemáticos del siglo XX, definió, no sin ironía, como «magia negra» (Bertrand Russell también ironizó respecto al Principio de Mach diciendo que «huele a astrología», citado por D. W. Sciama en *The Unity of the Universe*, 1959). Por las múltiples vías del saber numerosos científicos ponen en ridículo el sentido común tradicional, así como, insistamos en ello, a la «lógica» y a la «racionalidad» que llegan hasta hoy; o, dicho de otro modo: sin miedo a las rudimentarias críticas «científicas» y «positivistas» tradicionales, preconizan las necesidades de profundizar en lo mítico e irracional para llegar a nuevas alturas de lo lógico y racional: proponen ahondar en lo ilógico para avanzar más en unas y en otras ciencias: experimentan con lo espiritual para penetrar más lúcidamente en el secreto de la materia. El ya citado Schrödinger, el principal responsable de la desmaterialización de la materia, ha dejado escrito que «en un buen número de casos, el pensamiento lógico puede conducirnos hasta un cierto punto, *dejándonos luego en la estacada*».

Heisenberg, que rechazaba tanto la pura y unilateral especulación de la teoría matemática como la exclusiva concentración de la atención en la investigación empírica, para preconizar el engranaje creativo («la tensión, el juego recíproco») de ambas, también sostuvo, con Pauli, que «toda comprensión sucede siempre con retraso y se inaugura en *procesos inconscientes* mucho antes de que su *contenido consciente* pueda ser formulado de modo racional» (es SV quien subraya). Pauli iba más allá, con poderoso espíritu transdisciplinario: «contrariamente a una estricta división de la actividad del espíritu humano en compartimientos separados —división que prevalece desde el siglo pasado—, considero que el anhelo de superación de los opuestos, extensivo al logro de una síntesis que abarque a un tiempo a la comprensión racional y a la experiencia mística de la unidad, constituye el mito, confesado o no, de nuestro tiempo y de la época actual». Max Planck también puso en duda la total operatividad de la lógica y de lo racional a la par que subrayó la necesidad de adentrarse en lo irracional: «La ciencia es incapaz de resolver el misterio último de la naturaleza... Una y otra vez nos vemos enfrentados a lo irracional» y definió la ciencia como «la búsqueda de lo incognoscible».

Es impresionante y muy instructivo observar cómo los principales físicos del siglo XX tratan con humildad su ciencia y buscan complementariedades en otros conocimientos y sensibilidades, hasta el punto de reconocer la importancia decisiva en diversos instantes de la inspiración poética, mística, instintiva, irracional, propia del juego y del azar.

Un movimiento análogo, equivalentemente humilde y buscador de otras complementariedades, lo encontramos en algunos de los principales poetas y novelistas, de siglos pasados y hasta hoy.

En la confluencia de ambos movimientos, que me parecen más próximos del erotismo lúdico que de la rigidez intelectual, quiero poner de relieve los criterios de un filósofo francés, Gaston Bachelard, y de dos sociólogos de la misma nacionalidad: Abraham Moles y Edgar Morin.

Gaston Bachelard acuñó uno de los más bellos conceptos para indicar el «puente», también podemos decir la ósmosis, entre ciencia y arte, entre el conocimiento preciso y los saberes-sabores-gustos de la poesía, de la música, de la novela, del amor: el concepto de «*rêverie*» (ensueño) con el que, quien también fue matemático, alude a la necesaria actividad imaginativa e incluso fantaseadora, del científico. La «*rêverie*», según Bachelard, «participa de un conocimiento que, si bien es diferente del conocimiento intelectual, no es menos elevadamente positivo que éste, puesto que sitúa las cosas en su verdadera práctica profunda». Bachelard no rechazaba la observación empírica sino que insistía en la necesidad de compensarla y trascenderla con la imaginación crítica. En la filosofía y en la ciencia confluyen simultaneamente «la experiencia refleja y el descubrimiento racional. (...) La historia del conocimiento científico es una alternativa entre empirismo y racionalismo, que se renueva continuamente». Otra característica principal de la teoría bachelardiana es que nunca considera el conocimiento científico como algo estático y «definitivo» sino, al contrario, como un elemento dinámico y en constante formación: por ello para Bachelard todo conocimiento es un «conocimiento aproximado»: tan es así que dedicó todo un libro a explicar esta parte de su teoría, el *Essai sur la connaissance approchée.* Al ser los conocimientos humanos sólo una progresiva aproximación es imprescindible descubrir periódicamente los errores o las insuficiencias que contienen o que los atraviesan. Así la rectificación de los errores pasados y presentes es una tarea-clave del conocimiento en todas sus ramificaciones, siendo a la vez conscientes de que la verdad se alcanza raramente o nunca: «Creemos que una de las objeciones más temibles para las tesis idealistas consiste en la existencia innegable de un error que, por su propia naturaleza, no puede eliminarse por completo, y que nos obliga a contentarnos con simples aproximaciones. (...) No se trata de una eliminación pura y simple: se tiene en cuenta aquello mismo que se elimina para juzgar el valor de aquello que se conserva. Éste es el motivo por el cual nos ha parecido que el problema del error supera en importancia al problema de la verdad o, mejor dicho, no hemos hallado ninguna posible solución al problema de la verdad, si no es desechando gradualmente errores cada vez menos apreciables.» El pensamiento de Bachelard se engrana, así, con el de Francis Bacon («la verdad surge del error más fácilmente que de la confusión») y con el de Descartes en lo que se refiere a la duda, a la necesidad de «desaprender» las certezas de los anteriores conocimientos para avanzar hacia las nuevas (y *relativas*) certidumbres. Einstein trabajó con el mismo método corrector de las anteriores teorías. Popper también considera el error y su rectificación como uno de los procesos determinantes de la elaboración de los conocimientos. Por tanto, la «coupure épistémologique», la ruptura crítica con las ciencias del pasado-que-llegan-hasta-ayer es un quehacer esencial, decisivo, para el científico innovador quien, después de haber admirado a los clásicos, y aun manteniendo algunos aspectos del pensamiento que se expresó hace años o hace siglos o milenios, se dedica a decirles sucesivamente *no*: geometría no-euclidiana, lógica no-aristotélica, mecánica no-newtoniana, etc. De modo análogo trabaja el artista, el poeta, el novelista. Uno de los casos más sobresalientes es Picasso: la pintura del malagueño universal va diciendo *no* a las principales variantes de la historia de la pintura al ritmo en el que él plasma su propia creatividad. En el arte de Picasso contemplamos la mayor destrucción de lo anterior y a la vez una de las mayores capacidades de creación, a veces sin prescindir de las raíces de las que mana su propio manantial, como por ejemplo su evidente entronque con Velázquez. Consideraciones parecidas podría hacer respecto a no pocos otros artistas y creadores literarios, pero el tema principal que me he propuesto desarrollar en este capítulo es el de la confluencia de los científicos y de los escritores, el espíritu y la voluntad transdisciplinaria que anida en sus principales representantes, así como su pulsación tanto de lo racional como de lo irracional, de la realidad y de la imaginación, de lo lógico y de lo instintivo.

Desde el ámbito de la sociología se hicieron, se han hecho y se hacen aportaciones decisivas para explicar y comprender todas esas fluctuaciones. Desde el fundador de la ciencia sociológica, Comte, hasta uno de los más clarividentes sociólogos norteamericanos, Wright Mills, se han escrito páginas considerables en ese sentido. Pero aquí no es cuestión de hacer una historia exhaustiva sobre este punto desde el enfoque sociológico. Por ello ya he sugerido que voy a concentrar la atención del lector en los sociólogos Moles y Morin, por ser quienes, hasta hoy, más lúcidamente han condensado los pensamientos anteriores y a la vez innovan con mayor impulso.

Abraham Moles, que también se formó como físico y que ha trabajado en los problemas de la sociología de la información, en su último libro publicado, *La création scientifique* (1984), evidentemente se inspira, en parte, en Bachelard al poner en circulación los conceptos de «ciencia consolidada» y «ciencia en desarrollo» y sostener, tras considerar que el mundo del pensamiento es «como un *laberinto*», que antes de llegar a la verdad, se atraviesan los errores en «un vagar constante» por «los caminos que no llevan a ninguna parte» y haciendo laboriosas transgresiones «de fronteras, muros o setos en corredor, a los que el espíritu creador individual ataca en una misma insurrección que constituye la naturaleza misma de la existencia. Es más seguro explorar que transgredir, pero es más bello transgredir que conocer». Y añade a continuación: «Lo que es importante en el conocimiento de la ciencia en proceso de ser hecha, son las transgresiones y el andar errante que el individuo practica en el laberinto por el que él persigue el tesoro de Graal, el tesoro de una verdad siempre sujeta a la evanescencia.» Para Moles la creatividad en cualquier sentido «es la aptitud inherente al espíritu para reorganizar los elementos del campo de conciencia de una manera *original* y susceptible de dar lugar a *operaciones* en un horizonte de fenómenos cualquiera», combinando lo teórico con lo empírico y, por ende, dice páginas adelante, «la *creación científica* no es fundamentalmente diferente de la *creación artística*: una y otra no son sino aspectos de la creación intelectual, la cual se efectúa sobre dos tipos de "materias" diferentes». Y aún matiza en las últimas páginas de su libro: «El acto de creación intelectual no puede, en efecto, estar aislado en un plano particular, lógico o lúdico, del espíritu, y comparte todos los «planos de libertad» del espíritu y en concreto el plano de las creencias colectivas y del sueño, que precisamente están en el origen de los mitos arquetípicos de Jung en el subconsciente colectivo.» Que ello es así lo reafirma Moles en varios capítulos, sobre todo en las páginas que dedica a explicar, junto a las lógicas formales (polivalentes, de probabilidades, tradicionales, etc.) lo que él conceptúa como «sistemas infralógicos», en especial la «*lógica mitopoyética*» que es un «modo primitivo de racionalización, autocontradictorio, lacunar, normativo, constriñente, que es la fuente arquetípica de todos los otros sistemas de pensamiento», a fin de sostener que «lo racional emerge progresivamente de lo irracional y de lo simbólico a través de "faltas" y de "incoherencias", hundiendo todavía sus raíces en el subconsciente».

Este libro de Moles, cuya riqueza y complejidad metodológica es imposible sintetizar aquí (y por ello recomiendo vivamente su lectura: hay traducción al castellano, en la colección «Noesis de comunicación», dirigida por Manuel Martín Serrano, en Ediciones Taurus, 1986), muestra un aletear constante, aunque no siempre explícito, de enfoques no especializados y sí interdisciplinarios.

Edgar Morin está llevando a cabo una de las más impresionantes interrelaciones críticas y sintéticas de las ciencias de la naturaleza, de la vida y del conjunto de los conocimientos, presididos por la simultánea elaboración de un nuevo método. En los tres tomos que ya ha publicado (*La nature de la nature*, *La vie de la vie* y *La connaissance de la connaissance*, este último editado en 1986 por Seuil; hay traducción al castellano en Ediciones Cátedra), y cuya lectura también recomiendo con calor, leemos páginas deslumbrantes, con frecuencia en armonía con los criterios de otros autores que ya he citado y con los que voy a seguir citando, que contribuyen a iluminar nuevos horizontes de la cultura de nuestro tiempo y para épocas próximas y lejanas. La humildad y la interrogación de los misterios (o del saber que todavía no sabemos y que estamos explorando-descubriendo) constituyen asimismo en este sociólogo una constante crítica y autocrítica a través de sus obras, críticas que ciertamente se dirigen, a la vez, a los demás hombres y mujeres de nuestro tiempo y a las sociedades que hemos formado. Desde la primera página del tomo sobre *La naturaleza de la naturaleza* hasta la última página de *El conocimiento del conocimiento*, Morin parte de lo ya sabido y de lo que entraña como error o como desconocido para profundizar en nuevos contenidos y formas del saber. Dice ya en el pórtico de su primer libro sobre *La méthode*, con una cita de Serge Moscovici: «Puede que actualmente haya otros conocimientos que adquirir, otras cuestiones que plantearse, partiendo, no de lo que los demás han conocido, sino de lo que han ignorado», para iniciar pocas líneas después su propio texto con este segundo párrafo: «Estoy cada vez más convencido de que nuestros principios de conocimiento ocultan lo que, en adelante, es vital conocer.» Más de mil doscientas páginas después, al final de su tercer tomo, *El conocimiento del conocimiento*, concluye (por ahora) de un modo que algunos simplistas pueden considerar pesimista pero que, para los lectores de buena formación científica y talante investigador seguramente resulta estimulante a fin de contribuir, cada cual por su parte y en lo posible en diálogo entre todos, a buscar-encontrar innovaciones en unas u otras ciencias, artes, literaturas: «...Incluso podemos pensar que todavía no hemos salido de la prehistoria del espíritu humano, y que al subdesarrollo del espíritu corresponde el subdesarrollo de los individuos, de las relaciones intersubjetivas, de las sociedades, de la humanidad... El siglo de Stalin, Hitler e Hiroshima ha creído que había llegado al estadio supremo del pensamiento y de la conciencia: es precisamente el signo del infantilismo de nuestro pensamiento y de nuestra conciencia el no poder reconocer su infantilismo. Hemos podido diagnosticar el atraso: todavía no hemos podido pasar de la complejidad inconsciente (del cerebro) a la complejidad consciente (del espíritu). A la vez, nuestra suerte de porvenir se basa en lo que constituye nuestro riesgo presente: el retraso de nuestro espíritu con relación a sus posibilidades.» Retrasos análogos a los actuales han existido en otras épocas; al mismo tiempo, unos pocos científicos y artistas han estado adelantados, sus obras incluso han ido muy por delante del nivel de desarrollo cultural y sensible de las personas de su época. Éste es también el caso de Morin y de varios de sus libros. En Morin encontramos a uno de los adversarios más enérgicos y superadores de las simplificaciones especializadas: «... Todo conocimiento simplificante y, por tanto, mutilado, es mutilante y se traduce en una manipulación, represión, devastación de lo real, desde el momento que se transforma en acción y singularmente en acción política. El pensamiento simplificante ha llegado a ser la barbarie de la ciencia. Es la barbarie específica de nuestra civilización. Es la barbarie que hoy se alía a todas las formas históricas y mitológicas de barbarie.» En los tres tomos publicados bajo el concepto de *La méthode*, Morin desborda creadoramente su propia especialidad, la sociología, a fin de interrelacionar las ciencias aludidas con el ser humano concreto, con su medio social, cultural y natural. Pero Morin no desarrolla su pensamiento sólo a través de las tesis de numerosos físicos, biólogos, filósofos, psicólogos y, por supuesto, también representantes de la sociología, sino que también le sirven como apoyos decisivos los criterios de diversos poetas, dramaturgos y comediógrafos, novelistas, etc. como Byron, Eliot, Lautréamont, Giraudoux... De Bachelard cita este pensamiento: «Hay que ir por el lado donde a la razón le gusta estar en peligro», que correlaciona con este otro de Hölderlin: «Allí donde está el peligro, crece también lo que salva.» Como «un vagabundo sin prejuicios» (según se autodefinía Mach, definición que Morin hace suya) este gran sociólogo hace un plausible trabajo interdisciplinario, poniendo de relieve múltiples fallos e insuficiencias científicas al tiempo que desarrolla su nuevo sistema de ideas en las que, ciertamente, valora altamente la inspiración en los manantiales subconscientes, en la intuición y en el arte: «La creación surge en los márgenes de interferencia entre lo consciente y lo inconsciente, quizá de un encuentro turbulento entre, por una parte, la investigación consciente, por otra parte la activación de las fuentes imaginarias/oníricas, y en fin el despertar de los recursos arcaicos del espíritu.» De vez en cuando, Morin sigue advirtiendo contra «todo lo que fragmenta y encierra los conocimientos» especializados en sí mismos, advertencias en las que me parece que resuenan los criterios de otros autores, como el biólogo Laborit. En sus conclusiones (que habrán de enriquecerse, probablemente, en los próximos tomos que Morin anuncia: «Sociologie de la connaissance», «L'organisation de la connaissance» y «Les possibilités d'une épistémologie de la connaissance») sostiene que «la fecundidad del conocimiento científico consiste en que siempre progresa dialógicamente, en las complementariedades antagonistas de la razón y de la experiencia, de la imaginación y de la verificación. Por tanto, es en la dialógica acción/praxis, comunicación/cambio, reflexión/crítica donde las estrategias del conocimiento encuentran su mejor energía hacia el porvenir». Un futuro que en cierto grado se inaugura en el presente, como en algunas páginas morinianas, que pueden resultar chocantes para los que están anclados en fenómenos culturales tradicionales, porque «la invención y la creación van más allá de las formas y de las reglas admitidas, sobrepasan, trascienden los cuadros ordinarios de la razón».

En estos libros de Morin me sorprende, sin embargo, ver poco citados a biólogos como Jacob, Monod, etc.; nada citados al fisiólogo Krebs, al bioquímico Chargaff, a los historiadores Braudel, Barraclough, Finley, Pierre Vilar, etc. Tampoco toma en consideración a los que están trabajando en las cuestiones de la inteligencia artificial y a varios novelistas, como Huxley y sobre todo Hesse, que hace décadas mostraron un excelente espíritu interdisciplinario. La asimilación de las metodologías y de los pensamientos de aquéllos y de estos autores seguramente enriquecería la construcción teórica de Morin.

Páginas atrás he sugerido que entre los mejores creadores literarios existe asimismo desde hace años un espíritu transdisciplinario: en diversos casos desde antes que los estrictamente considerados científicos se plantearan la necesidad de recurrir a los métodos y las materias de otras ciencias distantes de cada una de las suyas.

¿Qué es lo que podemos observar en las obras de teatro de los clásicos griegos, así como en Shakespeare, en Calderón, etc. si no son profundas elaboraciones-exposiciones de la psicología humana y de sus proyecciones filosóficas?

¿Qué contemplamos en esa fascinante invención de la novela que es *Don Quijote*? A mi juicio contemplamos no sólo la iniciación de la narrativa, en cuya fuente todavía beben numerosos novelistas sino también una alusiva crítica sociológica («avant la lettre») de la sociedad española del tiempo de Cervantes. En efecto, la historia del ingenioso Hidalgo es muchísimo más que el relato entorno a un personaje al que la lectura desmedida de libros de caballerías le ha sorbido el seso: al mismo ritmo es un conjunto de hábiles indirectas, ironías mordaces respecto a las actitudes poco o nada realistas que caracterizaban a los gobernantes y a los economistas —a las clases «dirigentes», en general— de la España del siglo XVI y primeros lustros del XVII. La lectura de *Don Quijote* alcanza todo su significado cuando la comparamos con otros textos de aquella época como, por ejemplo, el libro del licenciado Martín González de Cellorigo, «*Memorial de la política necesaria y útil restauración de la República en España* (Valladolid, 1600), que critica directamente el irrealismo de creer que los problemas españoles fuesen a resolverse mediante las riquezas procedentes de la colonización de América: «Y ansí el no haber dinero, oro ni plata en España, es por averlo, y el no ser rica es por serlo; haziendo dos contradictorias verdades en nuestra España y en un mismo subjecto.» En la España de ese tiempo hay demasiada deuda pública basada en los metales preciosos de «las Indias» a la vez que se incrementan los gastos en las fuerzas armadas que España ha de mantener fuera de su territorio. Por ello concluye Cellorigo: «No parece sino que se ha querido reducir estos reynos a una república de hombres encantados que vivan fuera del orden natural.» Para los españoles de aquel siglo, *Don Quijote* seguramente fue un texto más realista que lo que hoy parece. *Don Quijote* tuvo gran éxito de venta (para entonces fue un «best seller» y luego no ha dejado de serlo en todo el mundo) porque los lectores inteligentes de aquel tiempo pudieron interpretar fácilmente las alegorías cervantinas: había muchos más hombres «encantados» que los que salen en las páginas de esa novela. Américo Castro y Pierre Vilar han escrito análisis históricos en ese sentido.

¿Qué encontramos en otras grandes novelas, por ejemplo *Los hermanos Karamazov*, sobre todo en el diálogo con el Gran Inquisidor? Contraposiciones filosóficas de alto nivel. ¿Y en Kafka? Una de las series de críticas más duras a los absurdos del siglo XX, a sus burocracias y a sus tendencias totalitarias: aparentemente son textos de ficción, pero los kafkianos son a la vez muchísimo más que eso: son profundas consideraciones sociológicas y políticas, inigualadas por la inmensa mayoría de científicos sociales. De modo análogo podría comentar las novelas de otros autores, desde Broch y Mann hasta Dos Passos y Faulkner, desde Graham Greene hasta Elías Canetti...

Es decir, los novelistas, de Cervantes hasta Hesse, encuentran asimismo que su especialidad (su *género*) resulta insuficiente para explicar y ayudar a comprender todo cuanto narran: por tanto recurren a diversas formas de ensayo: histórico, psicológico, antropológico, etc. Explícita y, sobre todo, implícitamente, de hecho, rechazan las limitaciones puristas de la «disciplina» (por hoy nunca subrayaré bastante el raquitismo y la esclerosis de este concepto que habría que arrinconar por completo) que, en principio, han decidido cultivar. Por fortuna, en los últimos decenios he podido escuchar a varios novelistas o leer sus textos que rechazan una concepción reduccionista, estrictamente «especializada», del «género» novelístico. En los tres años que conviví-cotrabajé con Camilo José Cela (1961-1964, en tanto que subdirector de su revista cultural *Papeles de Son Armadans*) en diversas ocasiones le escuché que «novela es todo aquel texto que bajo su título tiene la definición de "novela"». En su numerosa producción, Cela tiene ya una considerable diversidad demostrativa del «género» novelístico: por ejemplo, el texto de *La colmena* es muy diferente al de *Mrs. Caldwell habla con su hijo*, y éstos muy diferentes de lo que son las novelas que publica en los años 1970-1980.

Por otra parte, hay novelistas que hacen poco más que una reelaboración de su biografía, hasta el punto de referirse literalmente a varios de sus decursos, como es el caso de Jorge Semprún, sobre todo en su *Autobiografía de Federico Sánchez* que, pese a ser sólo una admirable autocrítica de su condición como antiguo jefe stalinista, con escasa creatividad imaginaria, ganó uno de los más célebres premios de novela en España.

La práctica transgresora de la «especialidad» de la novela la han explicitado otros varios escritores, hasta el extremo de rechazar su en todo caso evidente condición de novelistas. Hace más de un cuarto de siglo que Ernesto Sábato escribió el siguiente párrafo: «...si siempre constituyó una tarea más bien destinada al fracaso la clasificación de la obra literaria en géneros estrictos, en lo que a la novela se refiere ese intento es radicalmente inútil, pues es un género cuya única característica es la de haber tenido todas las características, y en haber sufrido todas las violaciones». Sábato, cuyas novelas también están atravesadas de hondas reflexiones filosóficas, personifica el caso de un científico que tenía brillante porvenir como tal (en 1937 se doctoró en Ciencias Físicas, amplió sus conocimientos en París, con Irène Joliot-Curie, luego en el Massachusetts Institute of Technology y fue profesor en la Universidad de La Plata) y que prefiere dedicarse a la literatura.

En los últimos años, dos de los más destacados novelistas españoles, Juan Goytisolo y Rafael Sánchez Ferlosio, muestran de diversas maneras su incomodidad dentro del género novelesco y sus deseos de liberase de él o, por lo menos, sus tentativas de no quedar supeditados a la definición clásica de la novela. Goytisolo: «Yo no encuentro que existan fronteras entre prosa y poesía, así como entre los géneros. Casi todas las obras que me interesan comparten esta indiferenciación entre prosa y poesía, entre poema y narración, teatro o ensayo... Creo que hay que escapar a los géneros, que son una invención de la crítica.» Sánchez Ferlosio, generalmente celebrado por su novela *El Jarama*, después de varios años de no expresarse como novelista, en 1986 decide publicar otra novela, *El testimonio de Yarfoz*, pero en 1987-1988 hace varias declaraciones contra sus novelas y contra su condición de novelista: «*El Jarama* es un libro que tengo aborrecido y que nunca debí escribir. (...) *El testimonio de Yarfoz* no se debía haber publicado» y apostilla a J. M. Plaza, de la sección de cultura de *Diario-16*: «Ya no soy novelista. Ahora soy un escritor de reflexiones... y de ignorancias atrevidas.» Hace lustros que Sánchez Ferlosio tiene una pasión: sus estudios sobre la gramática. También interviene de vez en cuando publicando excelentes artículos en diversos periódicos, sobre problemas culturales y políticos de la España de hoy. Es una de las pocas voces críticas que, entre los escritores, se expresan sin tapujos e incluso con agresiva dureza contra la política socioeconómica, policial y cultural de Felipe González.

En el extranjero, el novelista que actualmente muestra más inquietud por superar las estrecheces del género que cultiva es Milan Kundera, para quien es necesario: «1) un nuevo arte de *despojamiento radical* (que permita abarcar la complejidad de la existencia en el mundo moderno sin perder la claridad arquitectónica); 2) un nuevo arte del *contrapunto novelesco* (capaz de soldar en una única música la filosofía, la narrativa y el ensueño); 3) un arte del *ensayo específicamente novelesco* (es decir, que no pretenda aportar un mensaje apodíctico, sino que siga siendo hipotético, lúcido o irónico». Y añade páginas adelante de su *El arte de la novela* que su imperativo es «liberar la novela del automatismo de la técnica novelesca, del verbalismo novelesco, darle densidad». Aunque no lo dice explícitamente, Kundera quiere enriquecer la novela con algunos de los conocimientos dimanantes de las ciencias, si bien en esa obra suya empieza por denunciar «el carácter unilateral de las ciencias» cuyo desarrollo por sectores «llevó al hombre hacia los túneles de las disciplinas especializadas». Estamos completamente de acuerdo.

Con todo, ninguno de los autores mencionados hasta aquí cita a los dos principalísimos y primordiales críticos de la concepción limitada de la novela, que en este siglo fueron los primeros en proponer explícitamente una relación creativa del género novelesco con las ciencias y con las demás artes: estoy aludiendo a Aldous Huxley y a Hermann Hesse, que en la teoría y en la práctica están entre los iniciadores del método interdisciplinario.

No es extraño que Huxley muestre la doble inclinación literaria y científica: es nieto del célebre biólogo Thomas Henry Huxley y hermano del también conocido biólogo Julian Huxley. Aldous suele ser conocido sobre todo como novelista. Pero no sólo sus novelas son, en buena parte, ensayos dialogados o confrontación de ideas filosóficas mediante la puesta en escena de diversos personajes (en *Contrapunto*, *Un mundo feliz*, *Viejo muere el cisne*, etc.), sino que su obra directamente ensayística es tan o más importante que la novelesca: sus estudios filosóficos y sobre el misticismo (*Eminencia gris*, *La filosofía perenne*, etc.) son asimismo obras clave del pensamiento contemporáneo. Diversas páginas huxleyianas son una iniciación práctica, no teorizada, a la interdisciplinariedad. Además, Huxley ha teorizado, en el volumen *Literatura y ciencia*, la necesidad de encontrar confluencias a la ciencia y al arte: «Las ciencias de la vida necesitan las intuiciones del artista e, inversamente, el artista necesita todas las ciencias que puedan ofrecerle nuevos materiales sobre los cuales ejercer sus capacidades creadoras.» Ahora bien, apostilla veinte páginas después, «pensar a la vez científica y artísticamente acerca de los problemas de la multiplicidad anfíbica del hombre y su abundante causación es difícil y trabajoso». Huxley aprovecha la ocasión para lanzar críticas a la inmensa mayoría de autores que simplifican desde la literatura y desde las ciencias: «Es mucho más fácil, mucho más gratificante pensar los problemas humanos en términos de causas únicas y panaceas de mágica eficacia»... En cambio «para todos los artistas (SV: y científicos) serios y dotados, una dificultad no es nunca un obstáculo insuperable: es un desafío al combate intelectual, un estímulo para futuras conquistas». Y concluye: «todavía no se inventaron las armas conceptuales y lingüísticas con que debe emprenderse este particular combate». Todavía estamos, con Braudel, Jacob, Piaget, Heisenberg, Feigenbaum, Morin, Moles, Bachelard, San Juan de la Cruz, Novalis, Hölderlin, Schiller, Pauli, Servan-Schreiber, Rosnay, Einstein..., todavía estamos forjando los instrumentos de la interdisciplinariedad, problemática que Charles Percy Snow, otro espíritu interdisciplinario, definió como la de la confrontación entre «dos culturas»: de hecho, como Snow demostró en sus relatos (incluso pertenecientes al género policíaco), ensayos científicos (era doctor en Físicas) y políticos, así como en sus obras teatrales, el problema es mayor porque se trata de hacer confluir más de «dos» culturas y sensibilidades.

Desde el campo novelístico, las obras de Hermann Hesse se encuentran entre las que más bellamente seducen para avanzar por los rumbos interdisciplinarios. Sobre todo *El juego de los abalorios* es un cautivador canto polifónico integrador de esenciales y diversos elementos culturales en relación con la compleja condición humana, tanto más compleja por cuanto no puede reducirse, como muchos todavía hacen por estar presos de concepciones demasiado eurocéntricas, a la complejidad de las personas pertenecientes a la llamada civilización occidental, fenómeno que Hesse ya planteó en 1917 en su relato *El europeo.* Las principales narraciones de Hesse son planteamientos artísticos de fundamentales vivencias filosóficas, científicas, religiosas, culturales en general. En *Siddhartha* encontramos sus vinculaciones con el budismo y a la vez una constante en el pensamiento hessiano: *la búsqueda de la autenticidad*, la afirmación de la radical independencia, la gradual realización del ser que llevaba dentro y la marcha hacia la trascendencia de lo real. En *El lobo estepario* se pone de relieve el problema de la soledad, la fragmentación esquizofrénica de la personalidad humana, su congénita bisexualidad, así como la relación que Hesse tuvo con el psicoanálisis. Pero, como empezaba a sugerir, es en *El juego de los abalorios* donde Hesse muestra la extraordinaria complejidad de su arte y de su pensamiento, al tiempo que preconiza explícitamente la necesaria relación enriquecedora de los conocimientos científicos y artísticos, así como rechaza la fragmentación de los saberes en minidisciplinas demasiado especializadas: ya en las primeras páginas de esta narración en torno a la «Orden de Castalia» y el «magister ludi» Joseph Knecht, el autor satiriza la predominante cultura universitaria contemporánea: «Los jóvenes que en aquellos momentos querían dedicarse a las asignaturas del espíritu ya no entendían por estudio un oliscar en las universidades para que profesores famosos y locuaces, sin autoridad alguna les impartieran los residuos de la antigua cultura superior...» Poco a poco aparecen los iniciadores de la cultura alternativa: «...acá y allá algún sabio rompía los compartimientos de la ciencia especializada y trataba de avanzar en el orden de lo general; se soñaba con un nuevo alfabeto, con un nuevo lenguaje de signos que hiciese posible fijar e intercambiar las nuevas vivencias espirituales ... un lenguaje universal alimentado por todas las ciencias y artes». Y Hesse insiste en sus críticas a la cultura tradicional de los últimos dos siglos: «Ya durante los estudios universitarios el futuro médico, jurisconsulto o técnico es obligado a acomodarse en unos cursos rígidos, muy rígidos, que concluyen con una serie de exámenes. Si superan estas pruebas, reciben su título o diploma y pueden entonces ejercer su profesión dentro de una libertad también aparente. Pero con ello se convierten en esclavos de poderes inferiores, se someten a la servidumbre del éxito, del dinero, de su ambición, de su afán de renombre, del agrado que consigan despertar o no en los hombres. Deben subordinarse a concursos y elecciones, tomar parte en desconsideradas contiendas de casta, de partido. Tienen la libertad de convertirse en triunfadores o en ricos; de ser odiados por los que fracasan, o viceversa. Con los alumnos de las escuelas selectivas y futuros miembros de la Orden sucede todo lo contrario...» En la especie de monasterio que Hesse imagina, en los lugares donde se reúnen los sabios-religiosos de esta novela, los estudiantes y profesores se oponen a la «autosuficiencia, propia de las disciplinas especializadas» porque se dedican al finísimo cultivo del juego de los abalorios que consiste en la «suma y encarnación de lo espiritual y sinfónico, culto sublime, *unio mystica* de todos los miembros dispersos de la *Universitas Litterarum*» cuya norma (en lo siguiente Hesse seguramente se inspiró en Heráclito) pide «reconocer rigurosamente a los contrarios, en primer lugar como tales contrarios, pero en seguida como polos de una unidad». No es nada fácil este «juego» y menos aún los objetivos que quiere alcanzar: «El hombre que imaginamos y queremos, que es nuestra meta llegar a ser, debería ser capaz de mudar cada día su ciencia o su arte por otro cualquiera, dejaría esplender en el juego de los abalorios la lógica más cristalina, y en la gramática la fantasía más ricamente creadora. Así tendríamos que ser, de tal suerte que se nos pudiera colocar a cada hora en distinto puesto, sin que nos opusiéramos o nos confundiéramos.» Las polivalencias profesionales que Hesse apunta posiblemente sean realizables, en buena parte, en los próximos cuatro o cinco decenios cuando ordenadores mucho más potentes que los actuales, redes telemáticas tupidísimas, robots, y otras aplicaciones tecnológicas dotadas de inteligencia artificial, hayan reducido las horas de trabajo obligadas de cada cual a muy pocas cada día durante pocos días, y por tanto todo el mundo pueda dedicar su tiempo libre al estudio, a adquirir nuevos conocimientos y sensibilidades, a reciclar los antiguos saberes, a inventar otros nuevos: entonces se realizará también la que, en primer lugar, fue utopía fantaseada por Charles Fourier, a caballo entre el siglo XVIII y XIX: ser pescador por la mañana, técnico o administrador de lo que sea una horita a media mañana, estudiante o profesor después, pastelero a mediodía, músico por la tarde, quizá poeta o astrónomo por la noche, salvo si se prefiere la danza o las exploraciones oceanográficas... Pero sigamos con Hesse: la Orden de Castalia quiere formar individuos polifacéticos, dándoles «una libertad que linda con lo paradisíaco, con tal que no incurran en holgazanería: el estudioso puede ensayarse a su gusto en todas las ciencias que le atraigan, simultanear los campos de aplicación más diversos, enamorarse a la vez de seis u ocho materias».

Tal es el programa interdisciplinario de Hermann Hesse a quien en noviembre de 1946 se le concedió el Premio Nobel (y dos meses antes el Premio Goethe).

Son varios otros los novelistas y poetas de nuestro tiempo que, cada cual a su modo, sienten profundas necesidades de trascender su «género» para encaminarse hacia la confluencia con otras formas y contenidos culturales: desde Valéry (el más científico y filósofo de los poetas, durante una época consagrado al estudio de las matemáticas, cuya precisión tiene una influencia notable en su creatividad estética y metafísica) hasta Octavio Paz (uno de los ensayistas latinoamericanos más lúcidos, con *El mono gramático*, *El ogro filantrópico*...). Desde otro poeta mexicano, Jaime García Terrés, uno de los más decididos adversarios de la especialización, hasta Jorge Guillén, cuya poesía está atravesada por las críticas sociales, políticas, antropológicas, por las consideraciones históricas y cosmológicas. Desde Vasgas Llosa, que desde la novela pasa con frecuencia al ensayo, hasta Umberto Eco, cuyos proteicos ensayos culturales, estéticos, filosóficos, semióticos (*Obra abierta*, *La estructura ausente*) y su pasión por lo misterioso y lo complejo (conocí a Eco en junio de 1967, durante el «First James Joyce Symposium» en Dublín) anunciaban implícitamente su *El hombre de la rosa*, la novela que le ha dado celebridad mundial.

Todos y cada uno de ellos son miembros de pleno derecho de la Orden de Castalia: los físicos, los sociólogos, los biólogos, los químicos, los historiadores, los especialistas en inteligencia artificial, los novelistas, los poetas citados, y otros pocos que podría mencionar. Todos y cada uno de ellos practican a su particular manera otra libérrima norma de *El juego de los abalorios,* la que sugiere que «sólo quien está pronto a partir y peregrinar podrá eludir la parálisis que causa la costumbre», norma en la que posiblemente también se inspiró Bertolt Brecht al proponer: «Hemos de instituir inmediatamente una nueva "Gran Costumbre": la costumbre de reflexionar con métodos nuevos en cada situación nueva.»

V. LA SAVIA DE LO NUEVO: POR UN MÉTODO DE LA COMPLEJIDAD Y PARA UNA CULTURA TRANSDISCIPLINARIA

1. La cosmonave llamada planeta Tierra, su tripulación o humanidad, las «disciplinas», la muerte fragmentada a través del tiempo, la entropía, la neguentropía y las nuevas necesidades culturales

Las estructuras y relaciones socioeconómicas, políticas y tecnológicas en las que vivimos, son frutos compleja y muy lentamente madurados a través de una creciente y expansiva evolución cultural: pero en su seno (no sólo frente a ella) hay todavía abismos galácticos de ignorancias, simplismos mortíferos, reproducciones del pasado más bárbaro.

Cabe preguntarse si son diversos contenidos y formas de la cultura contemporánea los que precisamente están provocando graves crisis de la civilización actual. (Prácticamente todo está en crisis, salvo la producción de máquinas para la destrucción y la muerte generalizadas.) La propia composición de cada una de las diversas «disciplinas» (vocablo horrible), ¿es la necesaria para que la cultura fructifique aún más y en un sentido pacífico entre mayor número de mujeres y de hombres? La organización de la cultura, sus métodos de observación, de explicación y comprensión, ¿son los convenientes para que el progreso intelectual y material continúe? ¿En qué condiciones? (porque muchas de las antiguas condiciones que imperan hasta hoy resultan cada vez más insoportables para millones de personas). El predominio de los conocimientos técnicos, ¿llevan a la incultura humanística?

La lentitud con la que los seres humanos evolucionan culturalmente ya se demuestra por las palabras de siglos pasados que con sus viscosidades impregnan todavía el lenguaje de hoy. Hace pocas líneas acabo de volver a escribir, no sin algún horror o al menos repugnancia, el concepto «disciplinas», tan rígidamente encadenado a la vida académica. ¡Qué tremenda paradoja que a la creatividad de las ciencias y a la espontaneidad de las artes y de las letras se articule la noción de castigo, la perspectiva de la represión o como mínimo de la reprimenda! ¡Qué dura contradicción que la libertad del espíritu humano pretenda encerrarse en reglas fijas que, si bien en determinados momentos son metodológicamente útiles para el desarrollo del conocimiento y de la sensibilidad, después (a veces inmediatamente después) suelen ser causas de anquilosis y de esclerosis culturales que escriben sus actas de defunción! *El imperio mortuorio de las «disciplinas» es la Universidad.* Así está la vida académica, en la que proliferan numerosos «frankesteins» y fantasmas junto a unos pocos profesores aislados que intentan encontrar una salida a la mediocridad ambiental, a la rutina y a las diversas patogenias universitarias localistas y endogámicas.

«Disciplina» es una palabra de hace cientos de años que en nuestros días mancha y obstruye, con sus connotaciones y prácticas «clericales» y militaristas, el auténtico desarrollo de los saberes y de las prácticas de un nuevo humanismo. Pero, de momento no tenemos otra —o no nos hemos puesto de acuerdo en otra noción— para entendernos y para trabajar en otros sentidos. Yo mismo la hago entrar en la composición del título de este capítulo, con el propósito de someterla en seguida a crítica, como estoy haciendo.

La cultura moderna y contemporánea fue-ha sido-está orientada preponderantemente por la vía de las «disciplinas» que doman, domestican, amaestran y conducen a las especializaciones e incluso a las hiperespecializaciones profesionales, al tiempo que pierden lo esencial del espíritu renacentista que sabía *engranar creadoramente lo racional con lo sensible*, lo científico con lo artístico, lo sectorial con lo global. Aunque no dejo de reconocer una serie de necesidades objetivas difícilmente evitables debido a las exigencias del modo de producción industrial-capitalista, también es innegable que durante las dos últimas centurias apenas se ha hecho nada para superar esas necesidades que tantas deformaciones han determinado en la cultura.

Esas deformaciones implican estancamientos, incluso regresiones y degeneraciones, «jibarismos» o reduccionismos de la mente humana, que se ponen de relieve cuando encontramos, por ejemplo, a un muy competente ingeniero aeronáutico que no sabe nada de Epicuro o de Blake; o a un arquitecto que no ha leído ni una página de Comte o de Durkheim, que ignora todo lo que no sea su especialidad técnica; o, por poner más ejemplos: cuando encontramos a un sociólogo que no tiene ni la más primaria idea de la biología y de la psicología; cuando encontramos a un politólogo que sólo posee nociones vagas acerca de la historia del mundo y de su propio país; cuando encontramos a un historiador que no se plantea el problema central de todo período histórico: la formación y el funcionamiento del Estado, etc., etc. En suma: cuando encontramos a ese personaje, que abunda en exceso en nuestro país, que los estudiantes de la Universidad Libre de Berlín calificaron, en sus manifestaciones de los años 1966-1967, como «*fachidioten*» («idiota especializado»), concepto que amplió su difusión a partir del movimiento de mayo de 1968 en París.

El hiperespecialista deja de ser en parte un ser humano porque la mujer y el hombre, por su naturaleza, son *generalistas*. Los primordiales especialistas son los animales (burro, besugo, oveja, almeja, etc.) que sólo saben hacer bien una cosa.

Las ramificaciones culturales superespecializadas propias de cada «disciplina» impiden o esterilizan o crean grandes obstáculos a la investigación global, precisamente en una época en la que las sociedades humanas expanden (al menos desde finales de la Segunda Guerra Mundial) múltiples y recíprocas *tendencias a la internacionalización*, a la confluencia planetaria, de sus modos de existencia. La cultura de hoy, en gran parte producto de los planteamientos disciplinarios, arrastra muchos prejuicios y rémoras del pasado, residuos reaccionarios, tabúes y actitudes acríticas. La cultura que dimana de las «disciplinas» incomunicadas entre ellas, con frecuencia corre el riesgo de perderse en los detalles en perjuicio de la totalidad; crea numerosas series de *conocimientos fragmentados e inconexos* que obstruyen o amputan la emergencia de saberes globales; establece concentraciones de conocimientos en corporaciones cerradas (a veces sólo son *minifundios monocultivados* en un sistema de economía de trueque) que, en cierto grado, empantanan y pudren la necesaria fluctuación de los conocimientos entre las diferentes ramas de la cultura y a lo ancho de toda la sociedad; propende a montar poderes arbitrarios para cuantos no se subordinan a las jerarquías artificiosas, cuando vivimos en una época en la que, pese a las dictaduras de todo tipo, proliferan las actitudes individuales y colectivas que reclaman mayor participación en todos los centros de decisión y expresan la profunda necesidad de una cultura transdisciplinaria, superadora de las «disciplinas»; la cultura que se elabora únicamente a partir de una sola «disciplina» archiespecializada suele incurrir —aun cuando sea involuntariamente— en sectarismos e intolerancias respecto a los otros saberes (Machado lo intuyó perfectamente: «...desprecia cuanto ignora...»), ignorando, de rebote, sus propias insuficiencias y a veces indigencias teórico-concretas..

Las formaciones sociales dominantes en el mundo de nuestros días, tanto las del capitalismo salvaje como las del «comunismo» burocrático (en realidad un nuevo tipo de capitalismo de Estado anacrónico), con sus respectivas y paranoicas carreras armamentistas, son, en gran parte, consecuencias nocivas de esa cultura «disciplinaria» que se desarrolla con rigidez, unilateralmente, con múltiples exclusiones y escollos contra las polimorfas libertades creativas que anidan en la mente de millones de personas.

Sin embargo, en los mejores de los casos, la cultura «disciplinaria» se elabora a partir de algunos elementos metodológicos eficientes y racionales como los que componen el método analítico. Pero antes de referirme a los planteamientos positivos de este método, es imprescindible que empecemos a tener en cuenta sus determinantes negativos, que están en la base de las *separaciones* entre las «disciplinas». El *método analítico* aísla los componentes de los sistemas, de las estructuras, de las relaciones o, dicho con otras palabras: concentra su atención en *una parcela* (de la realidad, del problema que sea, de la materia a investigar, etc.) sin observar *el conjunto* al que pertenece o en el que se inserta o se vincula, o sin tomar en consideración los condicionamientos que ese conjunto efectúa sobre tal sector particular, parcial, específico. El método analítico condensa la explicación en fracciones sacadas de su contexto. El método analítico resulta insuficiente cuando se tiene en cuenta que los problemas, las necesidades y las proyecciones son *interdependientes*; y cuando todo ello no se tiene en cuenta, los que utilizan sólo el método analítico pueden cometer lamentables errores e inducir a equivocaciones desastrosas. El método analítico resulta contraproducente no sólo cuando trata de cuestiones a escala planetaria, sino también cuando se circunscribe a una pequeña escala humana y social sometiéndola a divisiones disciplinarias que crean compartimientos estancos entre fenómenos que, por su naturaleza, confluyen o interactúan entre sí. El método analítico separa excesivamente lo biológico de lo psicológico, lo individual de lo colectivo, lo económico de lo ecológico... En cualquier serie de ejemplos, los que sólo emplean el método analítico pueden provocar (muchos ya han provocado) raquitismos e hipertrofias o excrecencias teóricas y prácticas, que suelen estar afectadas por diversos tipos de cegueras, cojeras o impotencias significativas.

La cultura contemporánea debe mucho al método analítico, como también es verdad que los seres humanos viven, en parte con satisfacción, el logos industrialista: pero hemos de acentuar la crítica del uno y del otro para proponer su superación, porque: ni aquél puede ser el exclusivo fundamento de la ciencia, ni éste la única base productiva.

Más allá de la cultura «disciplinaria» es necesario y urgente crear nuevos enfoques culturales.

Un mundo que se ha hecho y que se hace cada vez más complejo e interconectado, no puede seguir siendo observado con métodos simples y que siembran la fragmentación. Algunos se obcecan en seguir trabajando de un modo parecido al de quien absurdamente pretendiera investigar con un microscopio el colosal cuerpo de un elefante. Ilya Prigogine, Premio Nobel de Química 1977, que no está encerrado en su especialidad sino que participa activamente en los quehaceres de otros campos de la cultura humanística, es uno de los principales críticos de las simplificaciones intelectuales contemporáneas: «... en mi opinión estamos en la prehistoria de la ciencia, al comienzo de una comprensión racional del universo. No sabemos aún la diferencia que hay entre la vida y la no existencia de ésta; no conocemos ni tan siquiera totalmente el papel de la gravitación y no lo hemos integrado aún en las demás teorías. Nos damos cuenta ahora de que los modelos simples con los que hemos trabajado sólo se aplican a muy pocos hechos y que algunos de estos modelos están fuertemente idealizados». Estos criterios están expresados en 1981; y Prigogine añade, recordando análogos criterios de su amigo el sociólogo Moscovici, «hemos trabajado con unas cuantas piezas de museo y las hemos confundido con la realidad.»

En 1987-1988, Prigogine sigue desarrollando sus planteamientos interdisciplinarios al tiempo que considera que avanzamos hacia nuevas complejidades: «debemos estar dispuestos a tratar con la complejidad que encontremos a cada paso», lo cual «nos llevará a nuevas disciplinas, que nos ayudarán a transferir nuestro conocimiento de un dominio a otro» (en una entrevista con Robert B. Tucker publicada en *OMNI* n.° 13, noviembre 1987).

Ahora bien, introducirse en el rumbo de la innovación implica diversos riesgos: porque cuanto más consigue un autor innovar en sus proposiciones, más malestares, ansiedades e incluso irritaciones puede tal vez levantar contra él.

Como podemos observar a través de la historia, desde la psicología, desde la ciencia política, desde la sociología, etc., no resulta fácil hacer circular rápidamente las ideas nuevas. Las innovaciones suelen resultar *ansiógenas* porque remueven y ponen entre interrogantes unos u otros elementos de la cultura establecida. La creatividad afirma una serie de estructuras nuevas que forzosamente han de desplazar —pronto o después— las estructuras antiguas y anticuadas. Innovar significa, aunque se tengan las más armónicas y pacíficas de las intenciones, trastocar el pasado (lejano o reciente), molestar a los apáticamente instalados en él, perjudicar simbólica y quizá realmente sus intereses creados. En lógica aunque injusta consecuencia, se levantan muros y casamatas contra quien introduce movimientos heterogéneos y heterodoxos en los «templos» y en los «regimientos» de la homogeneidad, de la ortodoxia y del gregarismo más primario presididos por jefes primitivos (aunque anden vestidos a la última moda). Cuando una teoría no favorece a ningún grupo de opinión (académico, científico-técnico, artístico, socioeconómico, político, etc.) y cuando, además, se atreve a criticarlos directa o indirectamente, esta teoría no es fácil que tenga inmediata aceptación e incluso acaso sea perseguida con insidias. Es cosa sabida desde Copérnico, Galileo, Comte, Darwin...

Las ideas nuevas generan angustia o por lo menos no suelen gratificar, halagan poco o nada a los que se han acomodado en un nivel cultural estancado que les asegura un cierto bienestar en un sistema jerárquico y en una cadena de explotación material y simbólica.

Las ideas nuevas pueden tener tantas más dificultades para circular ampliamente en una situación dominada por el conformismo, cuanto estas ideas son declaradamente antidisciplinarias y antijerárquicas y asumen sin tapujos su propia angustia existencial que desea encontrar —si bien ciertamente posee ya algunas— nuevas certidumbres pero *por las vías exploratorias de las incertidumbres.* Sin estar seguros de que estamos en la inseguridad no puede haber nuevas fluctuaciones de creatividad. Suprimir la ansiedad antes de recorrer los rumbos de la incertidumbre para encontrar nuevas certidumbres significa quedarse anquilosados en un sistema de vida, personal o social, que, a largo plazo, resultará más próximo de los antepasados que del hombre de finales del siglo XX, porque la principal característica de éste es la elaboración de informaciones y la imaginación creadora, estimulada por la angustia, que lleva a teorías y prácticas nuevas, que posibilitan placeres mayores y más refinados.

En determinadas fases, sin embargo, las ideas nuevas pueden ser asimiladas a un ritmo relativamente más presto: en las fases de gran «rutinización» y repetición viciosa de viejas teorías e ideologías reiteradamente inoperantes. Creo que estamos en una de esas fases históricas: *cada vez será más difícil sostener las viejas retóricas científicas e ideológicas.*

Esa búsqueda de lo nuevo que vaya alambicando una cultura transdisciplinaria, no puede hacerse más que con un método complejo que enfoque sus investigaciones del modo más global posible. Se trata de ir más allá de cualquier «disciplina» y a la par todo ello consiste en superar las falsas divisiones entre unas materias y otras, entre unos problemas y otros, para observar sus interdeterminaciones, sus influencias, sus *ósmosis* e *hibridaciones*, los nuevos impulsos evolutivos, con transformaciones endógenas y con mutaciones condicionadas exógenamente a través de unos u otros ritmos naturales y temporales.

El método de la complejidad que propongo es, en parte, el *método sistémico*, si bien en él engrano otros elementos metodológicos: desde lo más plausible del método analítico —la prueba empírica y la experimental—, hasta lo que considero una de las claves de la cultura transdisciplinaria: efectuar *desviaciones significativas* a través y a lo ancho de los numerosos márgenes intransitados, en las múltiples «fronteras» agrestes, en los extensos «*no man's land*», en los territorios inexplorados, en las separaciones, en suma, pequeñas o grandes, entre «disciplinas» y materias. Es necesario descubrir en cada momento esos continentes y contenidos y luego no hay que quedarse estupefactos ante ellos, sino recorrerlos en todas las direcciones, al término relativo de los cuales encontraremos otros márgenes, orillas, torrentes, ríos e incluso océanos potenciales de nuevos conocimientos, sensibilidades y prácticas humanas.

El método de la complejidad no quiere (contra lo que viene haciéndose por no pocos) separar lo objetivo de lo subjetivo, aunque reconozca con precisión la especificidad de lo uno y de lo otro; como tampoco trata aisladamente lo empírico de lo teórico, pero no confunde esto con aquello; en fin, por poner otro ejemplo, ni distancia lo femenino de lo masculino, si bien pulsa lo peculiar de éste y de aquél...

El método de la complejidad también articula los hechos con su significación y su finalidad a la par que contempla cómo emerge la savia de lo nuevo o las sustancias materiales y simbólicas que frenan el implacable movimiento irreversible de la flecha del tiempo humano hacia la muerte que se cruza contradictoriamente con la dirección del tiempo que la persona utiliza para crear.

Ruyer, Rosnay, Prigogine, Wiener, Shannon, Minsky, Lussato, etc. entre otros biólogos, bioquímicos, matemáticos, cibernéticos de la primera ola e informáticos de la inteligencia artificial se han ocupado de estas corrientes que se entrecruzan entre la marcha hacia la vida y la regresión hacia la muerte, entre la creación y la destrucción, entre la neguentropía y la entropía, entre el orden y el desorden, entre la organización y la dispersión.

Hacia ese fin entrópico cada cual puede marchar según su ritmo particular, diferente (salvo cuando la muerte impelida por la violencia de los otros asalta los cuerpos de los demás). *No existe un solo tiempo*, hay millones de posibilidades de vías rectas y curvas, de laberintos, de autopistas, de senderos, de cauces, de cataratas, de aceleraciones, de remansos, de contenciones, de lagos simbólicos temporales, antes de llegar al desorden y a la dispersión total de nuestros cuerpos. Hay que elegir la construcción del propio tiempo: cómo usarlo, instrumentarlo o derrocharlo. Es posible conseguir tanta más intensidad temporal cuanto más creaciones originales aportemos a la corriente cultural de la humanidad. Las innovaciones literarias, científicas, artísticas, productivas... operan como islotes de contención simbólica del tiempo: difunden efectos neguentrópicos que tejen redes complejas contra el fatal transcurso de la entropía. La expansión de las complejidades culturales y sus organizaciones polimorfas actúan simbólicamente como salvavidas sofisticados o como troncos de árboles o como tablones y mástiles, todavía flotantes, de la embarcación humana (de cada uno y de todos) que se desorganiza gradualmente y que acaba hundiéndose. Individual y colectivamente pueden acoplarse informaciones, calores, materias, energías... en un orden tal que signifiquen un «*surplus*» de tiempos desde el cual burlarse de la llegada de la Gran Destructora.

Este capítulo del libro es la explicación de por qué hemos de superar los métodos simples; a la vez se engrana con la argumentación de las necesidades que exigen el método de la complejidad; *simultáneamente* éste ofrece una muestra inicial de la aplicación de sus propósitos metodológicos en un conjunto de elaboraciones sugerentes de la cultura transdisciplinaria.

Intencionadamente mi texto deja flotantes algunas cuestiones que se bañan en fluctuaciones diversas y aleatorias. Con ello, este autor desea estimular en el lector muchos más interrogantes que los que expone: éste es otro efecto múltiple que asimismo difunde el método de la complejidad: por diversas razones: *a*) porque sería absurdamente pretencioso que, pocas decenas de páginas después de abrir un rumbo para la innovación teórico-práctica, intentara cerrarlo proclamando algo así como «ya está todo dicho»; *b*) porque el método de la complejidad para una cultura transdisciplinaria tiene como uno de los lemas la abertura constante a otras, a más, a nuevas heterogeneidades y heterodoxias que nutran la transdisciplinariedad. Tan es así que el lector puede tener por seguro que ni yo mismo termino en esta obra mis reflexiones (ni puedo ni quiero terminarlas) acerca de todo ello: este capítulo es un «*work in progress*» hacia otros textos metodológicos-transdisciplinarios; *c*) porque hemos de estar constantemente habituados a lo inhabitual, a lo raro o a lo imprevisto, como sugieren tres de los principales científicos de la vida: Gros, Jacob y Royer, en su informe sobre las *Sciences de la Vie et Société*: «... la primera característica de la investigación es la de ser imprevisible, en particular en las ciencias de la vida, a causa de su diversidad y complejidad. En cualquier investigación fundamental existen dos componentes básicos. Uno que se funda directamente sobre el conocimiento ya adquirido que permite prever cómo va a evolucionar, probablemente, en cinco o diez años. Y otro que resulta de una manera completamente nueva de considerar los problemas o de formular las preguntas, que está fuera de cualquier previsión. (...) No habría nada más estéril para la investigación que intentar modelar el futuro en función de los conocimientos presentes. Lo realmente importante en la investigación es lo imprevisible. Hay que saber en todo momento y poder adaptarse a ello»...; y *d*) porque las tareas transdisciplinarias requieren la proliferación de los diálogos con otros escritores, científicos, filósofos, artistas, hombres y mujeres...

Espero, pues, que entre todos organicemos coloquios, seminarios, debates, encuentros...

Si se quiere, este capítulo puede tomarse como uno de los puntos de partida de la interdisciplinariedad; pero de ningún modo pretende ser una estación-término.

2. Los centros de enseñanza y la necesidad de **desaprender.** Los dogmas científicos y las «herejías». Especialidad y globalización

En no pocas aulas de los centros de enseñanza ciertos profesores suelen atrofiar buena parte de la cultura natural y sensible, globalizante, que caracteriza al ser humano. Al mismo tiempo, desde la escuela primaria hasta la universidad pasando por todo tipo de institutos medios, muchos adultos ya «conformados» (y también en su inmensa mayoría conformistas), se dedican a imponer disciplinariamente los ritos y conocimientos especializados, con el fin de que los niños-adolescentes-jóvenes vayan adaptándose, sin demasiadas protestas, al sistema hiperjerárquico en el que quienes mandan procuran que toda expresión cultural prosiga fragmentada, porque esta *múltiple desarticulación intelectual* facilita la difusión-aceptación de sus explotaciones físicas y simbólicas, de sus arbitrariedades e injusticias materiales y morales.

En líneas generales, todo ello sucede de tal modo desde hace siglos, principalmente desde que se expande el modo de producción capitalista. Pero también centuria tras centuria, por fortuna para la humanidad, surgen de vez en cuando (probablemente sea más cierto escribir «de tarde en tarde») unos pocos inconformistas, aguafiestas de ese transcurso plácido para las minorías dominantes que a lo largo del tiempo se autoconsideran y se autositúan como «pastores» de un suave rebaño de «ovejas». Pero, ya digo, por fortuna aparecen las «ovejas negras», los rebeldes, los exploradores, los que miran y remiran, los que no se supeditan a ninguna fe con la típica actitud del carbonero, los que comprueban, los que imaginan, los que critican, los que descubren, los que inventan, los que denuncian las antiguas y estériles concepciones académicas, los que acusan sin tapujos a los viejos y a los nuevos «clérigos» charlatanes «especialistas», y, en fin, proponen culturas nuevas, que al menos alumbran una serie de fenómenos decisivos que hasta tal o cuál momento permanecían en la oscuridad.

En los recintos universitarios siempre ha habido confrontación entre la cultura erudita y la cultura renovadora, entre la cultura conservadora y tradicionalista y la cultura progresista, revolucionaria y que mira hacia el porvenir. En unas épocas —de tarde en tarde— es esta cultura la que prevalece, pero por lo general domina la cultura «normalizada», rígida en sus normas (aunque se le demuestre el anacronismo de sus normas), cerrada a la evolución de los conocimientos, que transmite como si fuesen dogmas. La Universidad tendría que ser un lugar multidescentralizado en el que constantemente se hiciera una reproducción *ampliada* de los conocimientos a la par que se promoviera su *complejificación.* Pero la Universidad no es (salvo casos aislados) más que un centro de reproducción *simple* de los saberes de generaciones anteriores.

Por todas partes falta desarrollar la crítica en profundidad de los sistemas de enseñanza: falta criticar la *fragmentación* y la *parcialización* de los conocimientos en múltiples «disciplinas» aisladas entre sí; y hay que acabar con la pertinaz y absurda idea de creer que la Universidad es el único, exclusivo lugar de producción-difusión de cultura. Esta última pretensión es tanto más irracional por cuanto no sólo la literatura y las artes se desarrollan e innovan al margen de sus facultades, sino que hoy también, cada vez más, las ciencias y las tecnologías suelen ser más fruto de la sociedad en su conjunto, y particularmente de otros centros y personalidades, que poco o nada (o lejanamente) tienen que ver con la Universidad.

El saber académico *bárbaramente troceado* violenta y viola el global equilibrio dinámico del ser humano y de su proyección entre los demás hombres y mujeres. La desmembración simbólica que las asignaturas académicas provocan en la persona que se supedita a ellas convierte no sólo en múltiples trozos su cerebro sino incluso en migajas. Este saber fragmentado, sin una racionalidad que lo coordine, se eleva a categoría a imitar por las masas en esos concursos radiofónicos y televisivos en los que se ofrecen cuantiosos regalos (en especias o en metálico) por responder acertadamente a cuestiones inútiles: la lista de los reyes godos, qué dijo Alfonso XIII cuando se marchó al exilio, etc., etc. Con estos procedimientos se retrotrae el saber al nivel de la curiosidad y a tiempos primitivos anteriores a los griegos, que vivieron una cultura unificada.

La cultura distribuida en «disciplinas» tuvo su razón de ser durante los siglos XVIII y XIX al ritmo en que se desarrollaba el modo de producción capitalista que requería múltiples especialistas. Esa cultura fragmentada tuvo asimismo su motivación práctica hasta épocas posteriores, incluso hasta los años 1960, en los países que iniciaron después sus procesos industrializadores. Pero por lo general y sobre todo a partir de los primeros años 1970, los conocimientos fraccionados son *rémoras* y *venenos* para la cultura nueva, transdisciplinaria, que, a pesar de todo, está naciendo.

Durante unas décadas, la diversificación relativamente autónoma de los conocimientos pudo contribuir a la evolución lógica de la cultura occidental y a su sentido del progreso. En cada rama del saber surgieron nuevas ramificaciones. Las ciencias físicas se subdividieron en geofísica, en física de los líquidos, en física de los sólidos, etc.; las ciencias biológicas se subordenaron en genética, psicobiología, fisiología, sociobiología, etcétera. Por supuesto, hicieron una separación radical entre ciencias, artes y letras, es decir: crearon las bases académicas para que las personas fuesen *unilateralmente cultas* (en este caso más bien diría *funcionales* para el sistema socioeconómico que a la vez se desarrollaba) y *globalmente incultas.* Pero hoy está resultando cada vez más disparatado ese conjunto multifraccionado, empezando por el gran despropósito de separar la enseñanza de la investigación: porque no se puede enseñar sin investigar, así como las investigaciones han de pasar no sólo por sus respectivas pruebas específicas, empíricas o experimentales, sino también por las pruebas de su comunicación a unos y a otros grupos sociales, a toda la sociedad. La actual ordenación académica por disciplinas y subdisciplinas y subgrupos de infradisciplinas no resulta un orden sino un desbarajuste, un auténtico caos mental. Todo ello ha organizado una inmensa red de dogmas, subdogmas, paradogmas, prodogmas acompañados de sus respectivas liturgias que transforman cada universidad en una particularidad que entraña numerosas individualidades haciendo sus particulares guisados y desaguisados. Porque muchos de los dogmas, subdogmas y paradogmas que circulan en cada «disciplina» se disuelven como azucarillos cuando fluctúan con otros conocimientos y, sobre todo, cuando se les somete a tareas transdisciplinarias y de análisis comparativos. Incluso algunos de esos dogmas que se disfrazan con cierto aparato matemático y tecnológico, resultan pobres digresiones para quienes se detienen un poco a investigar su verdadero contenido. Así, algunos «experimentos» y «tesis» en psicología social: llegan a conclusiones a las que cualquier portera, campesino o camarero con sentido común y experiencia crítica pueden llegar por simple deducción.

La Universidad está montada oficialmente a base de departamentos, pero realmente lo que en ella hay es una diversidad de compartimientos incomunicados entre sí, que se ignoran y a veces se desprecian recíprocamente, aunque guarden las apariencias mediante las típicas hipocresías clericales. No es imposible que en esos compartimientos estancos o invernaderos acristalados puedan crecer los conocimientos, pero es muy difícil que se desarrollen. A veces crecen como crece una excrecencia, un tumor, un grano purulento. Al olvidar o porque ignoran que todo saber ha de propender natural y armónicamente hacia la totalidad de la cultura, contribuyendo a su globalización, muchos universitarios adoptan una actitud totalitaria en la difusión de su minidisciplina: implícitamente creen que su conocimiento especializado constituye el ombligo del mundo. Esta hipertrofia de lo particular contra lo general crea seres agresivos, intolerantes, negativos para los demás.

Las estructuras y las funciones de los centros universitarios están determinadas por las condiciones de desarrollo del actual modo de producción industrial. Pero a la vez, las formas y los contenidos académicos tradicionales marcan los ritmos y los límites del industrialismo. Hasta hoy, ese engranaje teórico-práctico ha conducido a la formación de más y más especialistas de poco e ignorantes de mucho.

El especialista es a la cultura, lo que el minifundista monocultivador y de invernadero es a la generalidad de la agricultura que interactúa con los animales, los bosques y el clima. El especialista es aquel que corre constantemente el peligro de confundir la parte con el todo. El especialista es aquel que ve con anteojos obsesivos, concentrados en un solo punto, un sector único, y que no pasea su mirada por los contornos ni por las confluencias. El especialista es como el/la maniático/a sexual que sólo se siente estimulado/a por una parte del cuerpo de su compañera/o. Hay especialistas de los pies, de los senos, del ano, de la vagina, del pene, etc., que ignoran y desprecian todo lo demás, la multiplicidad erótica de todo el cuerpo. Hay especialistas también de la más rudimentaria gastrosofía (prefiero decir gastrosofía, con Fourier, a no gastronomía, como se dice habitualmente, porque a este autor le gusta saber, por supuesto más allá de cualquier norma) que casi siempre comen la misma cosa: callos, o «botifarra amb mongetes», o arroz con pollo, o conejo con all-i-oli, etc., porque ignoran y por tanto desprecian los finos sabores del aguacate, la tortilla con ajos tiernos, el filete de pargo (pez del Caribe cubano) con coco, las ostras de Bretaña, etc. El especialista es como el crítico de arte cuya sensibilidad se estancó en el rococó. El especialista es aquel que sabe mucho de la I o de la II República, o de la guerra de Cuba o de la Independencia o de la guerra civil, etc., y desconoce los antecedentes y los consiguientes de unos y otros períodos históricos, la inmensa red de causas y efectos que llegan hasta la actualidad. El especialista es aquel que confunde el derecho político con la ciencia política, siendo aquél nada más que una parte minúscula de saber decimonónico que sólo entra secundariamente en la composición de ésta. El especialista es aquel que cree que no hay más sociología que la que se ocupa de efectuar el *marketing* electoral.

El especialista es aquel que privilegia uno solo de sus sentidos o de sus órganos en perjuicio de los demás. Si el lector lo observa con precisión, podrá encontrar personas a las que les funciona bien el cuerpo, menos la cabeza; y también al revés: hombres y mujeres que muestran una privilegiada actividad cerebral, pero cuyo cuerpo «está» con ellos, pero como si no estuviera: olvidado, preterido, maltratado e inerte. Unas personas, por poner más ejemplos, tienen un tacto delicado, pero no saben mirar; o bien miran, pero no tienen olfato; o acaso huelen, pero carecen de gusto...

El especialista es aquel niño que tiene un sentido muy exclusivista de un juguete y que teme, con temor infundado, lanzarse a la aventura de jugar con otros juguetes.

El especialista es aquel que está cierto de una cosa, pero que no sabe que lo principal, lo decisivo, es la cultura que se atreve a buscar en la incertidumbre, a través de todos los horizontes, aun sabiendo que el horizonte no se alcanza nunca.

El especialista es un ser que está solo y que no se entera de que los conocimientos proliferan, se enriquecen, se complejifican y se profundizan mediante hibridaciones con otros saberes y a lo ancho de millones de fluctuaciones aleatorias con la naturaleza, con el universo, con la sociedad, con los demás seres humanos.

El especialista es el dictador (fascista, estalinista, militarista, populista, etc.), es la persona que absorbe todos los poderes, que controla las libertades públicas y las privadas, que dice cuándo hay que cantar y cuándo llorar, que señala quiénes son los «malos» y qué otros los «buenos», que reprime violentamente a cuantos se oponen con la palabra y con los hechos a sus arbitrariedades y a su *visión hiperreductora* de la sociedad (una familia, o una pareja también son una sociedad) y del mundo en el que vive.

El especialista es aquel que teoriza sin base empírica, y también el que hace una relación empírica sin el menor enfoque teórico.

Sigue habiendo especialistas porque quienes «forman» a los profesionales de las nuevas generaciones no poseen más que una cultura especializada. Pero cada vez más, la formación especializada resultará una *deformación peligrosa*, para el especialista y para los demás, una deformación análoga a la provocada por una célula de nuestro cuerpo cuando empieza a bailar sola e incluso a cantarse su propia canción hasta que degenera en una fatídica distorsión informativa, es decir: en un cáncer.

Los especialistas, sin embargo, se subdividen en dos grandes grupos en el seno de los centros universitarios: los que siguen reproduciendo conocimientos eruditos del pasado sin ponerlos en relación crítica o funcional con el presente, por un lado, y por el otro: los que se subordinan disciplinadamente a las necesidades técnicas sectoriales del sistema productivo. Por una parte están los inútiles, y por la otra los que sólo muestran una eficacia limitada a las exigencias empresariales y a las formas de jerarquización política. Por supuesto, entre unos y otros hay excepciones: todas las que se quiera, pero no son más que una minoría.

Ni la erudición aislada ni la técnica separada pueden hoy constituir una nueva cultura ni un nuevo humanismo. Mucho menos debido al estar uno y otro sector desmigajado disciplinariamente.

La formación especializada convierte la cultura en *una mercancía* y a la persona encerrada en su especialización en *un mecanismo* fácilmente manejable —y manipulable— por quienes detentan las cimas de las jerarquías. El especialista, aunque él no lo pretenda, obstruye la fluidez global de la cultura y dificulta el devenir de la humanidad hacia otros estratos más evolucionados material e intelectualmente.

Muchos de cuantos dominan con precisión una especialidad, que saben mucho de poco y que ignoran todo del resto, pueden llegar a ocupar (hasta hoy ocupan) puestos de media y alta responsabilidad en la organización de tal o cuál empresa, academia, institución, etc. Pueden tener (de hecho ya tienen) numerosos poderes parciales, pero difícilmente llegan a desempeñar un poder global; pero si llegan a esta estructura, la hacen funcionar, sin embargo, parcialmente. (Son los casos, como ejemplos, del economista-ministro que ignora las decisivas implicaciones sociopolíticas de la gestión de toda estructura económica; del general que pretende dominar toda una sociedad como si fuese un cuartel; del nacionalista que ignora que nuestro planeta se supranacionaliza, se mundializa, cada vez más; del abogado o del literato que desde la presidencia de una institución no se da cuenta que la administración de un país no puede llevarse a buen término sólo con discursos, con retórica, con normas, sino que son necesarios análisis concretos y decisiones prácticas, etc.)

Es innegable que ha sido necesario poseer un cierto grado de especialización (y probablemente esa necesidad es patente todavía hoy, aunque menos, por la emergencia y el desarrollo de saberes y técnicas globalizantes como los de la telemática, los de la cibernética e inteligencia artificial, en general). Pero la especialidad conlleva la constitución de otros fenómenos negativos en el plano social, como son los gremios, las corporaciones, los clanes y las camarillas, la cerrazón, los *corporativismos* de todo tipo.

En la sociedad y en el Estado, las actitudes corporativas llevan a cometer numerosas arbitrariedades contra la mayoría y en beneficio de tal o cuál minoría. En la enseñanza, el corporativismo lleva a la burocratización y a la rutina anacrónica de los conocimientos científicos y de los saberes artísticos y literarios.

El conjunto de unos u otros especialistas «responsables» académicos de «disciplinas» (el químico, el medievalista, el sociólogo electoral, etc.) al constituirse en nuevos gremios, construyen un muro defensivo-ofensivo contra los que están al margen de su organización. Pero no se dan cuenta que todo organismo cerrado en sí mismo, que no intercambia materias, energías e informaciones con su contorno, es un organismo condenado a morir por asfixia, más o menos rápidamente. De modo global es la situación de la Universidad española, aunque aquí, allá y acullá hay profesores que escapan al hundimiento de esta institución.

La formación especializada disciplinaria domina (esperemos que por poco tiempo más) la cultura de hoy. *La domina pero no la dirige.* La domina como el sádico domina al masoquista. Pero en la historia ha habido notables rebeliones de esclavos y ya se sabe desde Freud, Reich, Fromm, Deleuze, etc., que el masoquista puede ser un sádico en potencia que espera su turno, su circunstancia, su situación propicia.

Más allá de esas tensiones y enfrentamientos sádico-masoquistas simbólicos (y físicos), más allá de la explotación y de las venganzas entre dominantes y dominados en las estructuras y en las relaciones socioeconómicas, políticas y culturales, caben las posibilidades no lejanas (tampoco de hoy para mañana) de ir sustituyendo las formaciones especializadas para instituir formaciones generales transdisciplinarias o, como mínimo, capaces de sostener un diálogo interdisciplinario.

Para frenar al bárbaro de nuestro tiempo, el especialista *microcultísimo* y *macroignorante*, para ir preparando las tierras al cultivo de nuevos saberes que superen los dogmas unilaterales contemporáneos, no es recomendable proseguir los aprendizajes por tales vías fragmentadas. Y aún más: es necesario *desaprender*.

Como ya propuso Descartes en su tiempo, y respecto a (o contra) la formación académica que se impartía entonces, conviene «*deseducarse*» de la educación recibida, hay que «*desenseñar*» con relación a determinadas enseñanzas impuestas. Es preciso poner, por lo menos, entre interrogantes los conocimientos fraccionados que se difunden, al tiempo que será inevitable decir a diversos «sabios» oficiales que si tienen jóvenes que van a escucharles es porque sus asignaturas son obligatorias para obtener ese «pasaporte» paralaboral o pergamino condensado de retórica llamado título, diploma, licencia, etc. En nuestros días, otro pensador, Ruyer, viene a decir lo mismo: «Las intoxicaciones por la instrucción son mucho más graves que las intoxicaciones por los subproductos de la industria. Los atascos en la información son mucho más graves que los atascos de las máquinas y de los utensilios. Las indigestiones de signos, mucho más graves que las intoxicaciones alimentarias.»

Hay que desintoxicarse de las enseñanzas disciplinarias, es imprescindible evitar la hipercontaminación circunscrita a una especialidad o veneno mental, no debe asimilarse una sola y minúscula rama de la cultura, porque resulta tan perniciosa para nuestro equilibrio dinámico como el comer siempre la misma cosa o drogarse.

Pero, ¿cómo ir más allá de la especialización por disciplinas? Pero antes de responder a esta pregunta, resulta prioritario plantear esta otra: *¿Cuáles son los miedos que impiden avanzar hacia unos enfoques científicos y sensibles transdisciplinarios?*

Por desgracia existen muchos y profundos temores a introducirse en los rumbos heterodoxos y heterogéneos de los quehaceres transdisciplinarios. En primer lugar existe el miedo a efectuar transgresiones: en todas sus formas el poder impone, atemoriza, intimida, frena y dificulta la contestación, el rechazo, su superación: entre los poderes, el de la Universidad es todavía considerable, por su mezcla de poder retórico, científico, expendedor de «pasaportes» para el empleo y político: para la mayoría, un centro de enseñanza superior es algo así como un templo, lo consideran algo sacralizado, indiscutible. Para la mayoría la cultura oficial es la única cultura y basta: «No puede, no debe criticarse.» Denunciar el funesto estado disciplinario de la Universidad puede atraer las iras de tirios y troyanos. Proponer el arrinconamiento de las disciplinas, puede provocar el lanzamiento de múltiples condenas por herejía. Asimismo puede suscitar maniobras diversas de los intereses creados, estables, inmóviles, de quienes piensan con el estómago y el trasero acomodado en el sofá. (En España hay no pocos profesores que repiten durante años y años las mismas lecciones que ellos aprendieron de sus «maestros» hace décadas y décadas, ignorando o despreciando el hecho de que, con el tiempo, todo conocimiento evoluciona y ha de enriquecerse: en las ciencias de vanguardia los conocimientos varían rápidamente, en determinadas fases de un año para otro: en cinco años parte de los conocimientos anteriores pueden resultar anacrónicos.)

He aquí, pues, un primer bloque de problemas que dificultan que la transdisciplinariedad prospere.

Otro bloque de dificultades lo compone la *angustia* que surge ante lo desconocido, ante lo nuevo. Es inevitable hacer un esfuerzo mental extraordinario para pasar de lo seguro a lo inseguro. Cuando, como ocurre desde hace muchísimos lustros, se cultiva el espíritu dogmático en el minifundio de cada disciplina, son pocos los que quieren arriesgarse al pasar de lo cierto a la incertidumbre. Cuando resulta fácil combinar con un método simple unos cuantos simplismos y otras pocas simplezas, para qué —se dicen— vamos a complicarnos la vida con un método de la complejidad con el cual recorrer unos rumbos en los que no sabemos a ciencia cierta qué es lo que vamos a conocer y qué porvenir tendrán los nuevos conocimientos.

Preguntan también los incrédulos-acomodaticios (a los que si se hubiese hecho caso hace milenios, la humanidad todavía andaría en la Edad de Piedra dudando si hacer o no la revolución neolítica): «Pero, todo eso de la complejidad-transdisciplinariedad, ¿no será una utopía ucrónica?» Y responde el autor de este libro: No, no es una utopía, o un «no-lugar», es una eutopía, o sea: un «buen-lugar», que tampoco es ucrónico o «fuera del tiempo», sino que pertenece a la eucronía, o sea: el «buen tiempo» que está por hacer y que vendrá porque lo traeremos.

Más dificultades: pero —me parece oír a lo lejos— «¿cómo vamos a dejar nuestras disciplinas especializadas, si en ellas nos hemos formado durante décadas?». La angustia para algunos es tan grande que creen que se amenaza su identidad, cuando lo cierto es que se argumenta la constante evolución física e intelectual del ser humano a través de las incertidumbres que surgen en el transcurso de entropías y neguentropías a menudo imprevisibles.

Más dudas de los que siempre quieren estar seguros de todo: «¿Y si fracasamos al recorrer esos complejos laberintos?» No ha de confundirse la cultura, ni siquiera el quehacer académico, con la suscripción de una póliza vitalicia a todo riesgo, uno de los actos más gregarios y aburridos que puede cometer un ser humano. ¿Fracasó Colón cuando creyendo que iba a la India se encontró con el Nuevo Continente?

Pero, ¿por qué disciplina empezamos? Dejen ustedes de

considerarse propietarios de sus especialidades, actitud en la que incurren incluso algunos profesores que dicen ser partidarios de la socialización de los medios de producción y cambio.

En fin, quizá reprochen otros: no es posible ni recomendable pretender ser un «sabelotodo» o, lo que viene a ser lo mismo, especializarse en especialidades diversas. Cierto, no es sensato adoptar una actitud omnipotente que pretenda ser omnisapiente. No obstante, también es verdad que resulta relativamente fácil adquirir conocimientos sistemáticos y hasta profundos en ramas del saber que crecen a partir del mismo tronco. Ejemplos: el sociólogo puede y debe tener a la vez una sólida formación en historia contemporánea, en ciencia política y en psicología y viceversa para cada caso monoespecializado. Es un despropósito separar las ciencias humanas de las ciencias sociales, como también lo es que los representantes de éstas ignoren las ciencias naturales. A la vez resulta una grave amputación de la personalidad de cada uno de esos científicos que no hagan pequeñas o grandes excursiones por los campos de la ética, de la estética, de las artes y de las letras en general. Pero, como sugiero cada vez que aludo a la necesidad de nuevos enfoques, al proponer un método de la complejidad yo no propongo un desarrollo lineal de la actual situación: que cada cual se especialice en varias disciplinas. No. Además de una cierta capacidad para comprender los conocimientos de otros campos, lo que sobre todo apunto es la necesidad de la formación de una *actitud metodológica abierta* al diálogo con todos los saberes y sabores. No se trata de conocer con detalle todo lo que saben los otros, sino, principalmente, adquirir *la flexibilidad y el espíritu creativo* para convergir con los demás en tales y cuáles proyectos docentes e investigadores. Convergir y confluir, estimulando ósmosis recíprocas, para crear nuevas corrientes de pensamiento y de prácticas sociales, sin posiciones excluyentes, racistas ni imperialistas, cualesquiera que pretendan ser las exclusiones, los racismos o los imperialismos derivados de nacionalismos agresivos. Con el común acuerdo de todos, lo que habrá que excluir, cuando persistan o rebroten, según los casos, son los dogmatismos, las teorías inconsistentes o lo que Unamuno definía como las «oquedades sonoras», los aislacionismos, los sectarismos, las intolerancias. Al mismo tiempo, hemos de facilitar las rupturas críticas con la cultura anquilosada en el pasado, abonar la germinación de las «heterodoxias» o fomentar las que al principio puedan parecer —a los especialistas, a los disciplinarios, a los «sacerdotes» y demás guardianes de la «fe» en unos y en otros «cultos» científicos— proposiciones heréticas o desviaciones peligrosas de los cánones académicos.

3. Los nuevos problemas y las nuevas necesidades culturales. El retraso humano respecto a su consustancial potencialidad creadora

¿Puede usted ser sólo especialista en un mundo que se globaliza cada día más? ¿Puede usted, por ejemplo, ser experto en problemas sociopolíticos españoles, cuando el territorio llamado España depende en buena parte, en cuanto concierne a su devenir económico-social, científico-técnico, político-militar, etc., de decisiones que se toman en Bruselas, en Washington, en Bonn, Londres, etc.? ¿Puede usted concentrarse únicamente en tal o cuál especialidad médica, considerando el cuerpo humano como algo cerrado en sí mismo, cuando múltiples patogenias están sociogeneradas por contaminaciones medioambientales, por nutriciones inadecuadas o con excesivos aditivos químico-industriales, por somatizaciones cuyos orígenes son psíquicos? ¿Son conscientes los economistas, los empresarios, los ministros y los jefes de gobierno, la gente en general, de que los grandes problemas económicos contemporáneos no radican sólo en la estructura económica ni siquiera en los modos de explotación, sino también (a veces sobre todo) en la tradicional escala de valores por la que los humanos se rigen, por las *necesidades inauténticas* que se crean y por las excitaciones (vía publicitaria, por el conducto de costumbres de las clases dominantes, por presiones sociales carentes de racionalidad o que se confabulan en torno a mitos indigentes) por las excitaciones, digo, en pos de deseos artificiales creados artificiosamente, y en no pocas ocasiones desde lugares distantes a miles de kilómetros? Es respetable que los vascos, catalanes y gallegos promuevan su cultura en su respectiva lengua, pero en vez de criticar repetida y obcecadamente a los castellanos y a «Madrid», ¿no sería más eficiente para la protección de sus especificidades lingüístico-culturales que prestaran atención crítica sistemática a las impregnaciones que sufren sus lenguas y sus culturas de anglicismos, de modos de comportarse norteamericanos, de gastronomías anglosajonas, etc.?

España es uno de los países que, colectivamente, más necesita ser plenamente consciente de que nuestra sociedad no está aislada del resto del mundo ni pensar, muchísimo menos, que las demás naciones del planeta Tierra estén estructuradas y funcionen «a imagen y semejanza» de los españoles. Hay razones objetivas históricas que explican el «aislacionismo» que caracteriza a muchos españoles, entre ellos a no pocos «portadores oficiales de cultura» de estas latitudes. Durante unos siglos —del XII al XVI— España estuvo efectivamente a la vanguardia de los pueblos europeos, y nuestra presencia en el mundo marcó pautas, a menudo por la violencia de las armas. Pero desde la Contrarreforma el Estado español inicia un «aislacionismo» que se prolongó durante siglos y (con escasas excepciones individuales y de fases históricas, por ejemplo la de la II República) que siguió acentuándose bajo la dictadura franquista que, sin miedo al ridículo, pretendió resucitar las «glorias imperiales» del colonialismo de las cinco centurias anteriores. España, la inmensa mayoría de españoles, conviene insistir en ello, han estado encerrados en sí mismos hasta los años 1970, hasta hace unos diez o quince años. Tan ha sido así que incluso en el Ministerio del que cabría pensar que es el más culto de los departamentos gubernamentales, el Ministerio de Educación y «de Ciencia», durante estos últimos años ha pretendido controlar para conceder (o no) la convalidación o la equivalencia a títulos obtenidos con toda solvencia científica en universidades como Harvard, Oxford, la Sorbona, etc., o sea: en centros universitarios que, desde hace siglos, son algunos de los principales creadores de ciencia y de sensibilidad, que están muy por encima de los conocimientos que se imparten en las universidades españolas, y cuya difusión y consiguiente concesión de diplomas se hace con mayores exigencias, ya por la razón de quiénes son los que dan el visto bueno con ese fin: esto es, por ejemplo, es distinto tener un título que dimana de Michel Foucault, o de Gilles Deleuze, o de Levi-Strauss, etc., etc., que un título que procede de los —salvo pocas excepciones— irrelevantes profesores de filosofía, de antropología, etc., españoles. Pese a esas y a muchas otras evidencias sobresalientes extranjeras, el Ministerio de Educación y Ciencia español ha pretendido someter a control y a su aprobación (o no) diversas investigaciones científicas que en España ni siquiera se han iniciado en sus prolegómenos.

Pero a la perniciosa herencia de siglos y décadas anteriores de «aislacionismo» y, al mismo tiempo, de creerse que los españoles eran los más inteligentes, los más cultos, los más «envidiados» de la Tierra, y «los elegidos por Dios», desde 1976 crecen otras corrientes nocivas para llegar a percibir con toda claridad los procesos de internacionalización, de transnacionalización y de creación de fenómenos supranacionales que caracterizan al mundo de nuestros días. En efecto, como una consecuencia lógica del rígido centralismo impuesto por la dictadura franquista a las comunidades diferenciadas de la periferia, en los últimos años vienen desarrollándose tendencias contrapuestas que llevan a fomentar otros fenómenos «aislacionistas» en el País Vasco, en Cataluña, en Galicia, etc. Al duro centripetismo ha sucedido el fulminante centrifuguismo. Yo no digo que las características históricas, socioeconómicas y lingüístico-culturales españolas no requieran la organización de un Estado de las autonomías o un sistema federal, pero lo que sí sostengo es que los vascos, los gallegos, los catalanes, etcétera, necesitan cohesionarse más con los otros españoles y a la par sentirse más en Europa y en el mundo porque, lo quieran o no, los fenómenos europeos, mundiales y, por supuesto, los españoles de las demás regiones, se interpenetran cada día más con ellos. Quien dice cohesionarse, interpenetrarse, internacionalizarse, quiere decir asimismo comprenderse, explicarse racional y sensiblemente, sentirse en un equilibrio dinámico con los representantes de otras latitudes, aceptando armónicamente las peculiaridades de aquéllos y de éstos. Mientras avanzamos por la revolución científico-técnica, mientras brotan nuevas expresiones culturales, mientras las hipercomunicaciones (telegráficas, telefónicas, telemáticas, televisivas) convierten nuestro planeta en una «aldea» global (McLuhan) resulta absurda y contraproducente conservar la multiplicidad de espíritus tribales que hipertrofian los aspectos pequeños que se oponen a y menosprecian las grandes realidades que unen. Mientras avanzamos por la era de la simultaneidad comunicativa, no es cuestión de crear artificialmente barreras contra la intelección general, ya dificultada por varios otros escollos materiales y morales. Tales actitudes son también expresiones estériles del espíritu «disciplinario», fraccionista, especializado, confusionista de la parte con el todo.

Cuando cada día funcionamos más —económica, política y culturalmente— como europeos, resulta en cierta medida ilógica la existencia de individualidades y grupos que se aferran xenofóbicamente a su condición de españoles, alemanes, franceses, etcétera.

Cuando cada día se demuestra más —en casi todos los órdenes— la pujanza de diversas culturas asiáticas y americanas, los pertinaces y limitados enfoques eurocéntricos de los problemas de la humanidad se convierten en otra expresión especializada de la *in*cultura contemporánea.

Hoy en día puede hablarse cada vez menos de crisis a escala de una nación —ni siquiera a escala de bloques de naciones, capitalistas, «comunistas», etc.— porque hemos entrado en el período de la *crisis planetaria* en casi todos los aspectos.

Pero la multiplicidad de crisis planetarias —me referiré en concreto a algunas de ellas— se deben no sólo a problemas objetivos, sino principalmente a problemas subjetivos, es decir: los problemas materiales a escala mundial se agravan porque se abordan y se tratan desde una *conciencia anacrónica*, incoherente con el tiempo en el que vivimos, una coherencia fragmentada que funciona a menudo unilateralmente a través de un prisma u otro: regionalista, nacionalista, europeísta, ruso, norteamericano, de tal o cuál ideología aislada y agresiva, de ésta o de aquella especialidad científica o artística o literaria adoradora de uno y otro «árbol» peculiar que les impide ver el «bosque».

Esa conciencia especializada no puede-no quiere-no sabe abordar cada problema en su globalidad. Su especialización —cada cual con la suya— está en la raíz de la insolidaridad, de la falta de creatividad e incluso de las numerosas destructividades directas e indirectas, materiales y simbólicas.

En el plano económico ni siquiera los partidos y sindicatos de la izquierda europea tradicional plantean la cuestión tal como realmente está expuesta desde hace décadas: a escala planetaria. Esos partidos y sindicatos promueven sus reivindicaciones sin que jamás expresen una autocrítica clara por el hecho evidente que las comodidades que los asalariados han alcanzado en los países altamente industrializados del «Norte», se debe en buena parte a la explotación sistemática de los pueblos del «Sur». El bienestar de unos se basa en el malestar de otros. La riqueza europea-norteamericana-japonesa, etc., se ha extraído en parte de la pobreza sudamericana-africana, etc.

Es un absurdo y una monstruosidad que países como Argentina, Brasil, etc., que por su naturaleza son inmensamente ricos, se encuentran acogotados por el peso de una enorme deuda externa mientras que la inmensa mayoría de los argentinos, brasileños, etc., viven con dificultades —otros, en grandes bolsas de pobreza— a salto de mata de una inflación galopante.

Pero la crisis socioeconómica planetaria no está provocada solamente por la multicausalidad de las relaciones comerciales, financieras y tecnológicas entre el «Norte» y el «Sur».

Otra de las motivaciones de la exacerbación de tal problemática global se desencadena con la estimulación de necesidades artificiales o «necesidades no necesarias» (Epicuro), necesidades crecientes en las que se basa la industria o, mejor dicho, en las que se basa la búsqueda de rentabilidades de los capitales invertidos en ella. Hace ya lustros que en las sociedades industrializadas la mayoría ha alcanzado un nivel material de vida más que suficiente para realizarse plenamente en tanto que humano, o sea: en tanto que ser que se realiza aumentando su conciencia y su sensibilidad, su inteligencia natural y su cultura, su ética y su libertad, su, en suma, equilibrio dinámico biológico, psíquico, social en armonía con los demás. Pero lo que podemos comprobar por todas partes —y salvo excepciones minoritarias— es que el tipo de realización humana y humanística que acabo de describir en las últimas cuatro líneas del párrafo anterior, por lo general no se lleva a buen término ni mucho ni poco. A través de los avanzadísimos medios tecnológicos que los inventores han puesto a disposición de la humanidad —cine, radio, televisión, vídeos, etcétera— se sirven, sobre todo, bazofias culturales para unos públicos que intelectualmente no parecen haber evolucionado gran cosa desde los tiempos del «*panem et circensis*». Son numerosos los signos que aún indican que centenares de millones de personas no han sobrepasado su condición gregaria (o la superan escasamente).

Cuando existen los medios para pasar de una sociedad de consumo elemental hipertrofiado, a una *sociedad de creación* en todos los órdenes, resulta, paradójicamente, que la tendencia —con múltiples ramificaciones— que predomina es la que lleva a uno u otro tipo de destrucción. Mientras en las naciones del Tercer Mundo millones de personas mueren de hambre —los académicos tradicionales suelen decir «desnutrición», que resulta menos desagradable para las delicadas conciencias eurocéntricas—, en los países industrializados millones de personas mueren de hartura por la vía del colesterol, de la hipertensión y de otras patologías determinadas por el hiperconsumo. Hay evidencias más que preocupantes del equilibrio catastrófico con la naturaleza al que el hombre ha llegado provocativamente con sus actividades depredadoras, pero cada año todavía se queman criminalmente miles y millares de hectáreas de bosques, se contaminan venenosamente ríos y costas marítimas, se alteran paulatinamente los ritmos climáticos. Al equilibrio catastrófico con la naturaleza —del que somos, directa o indirectamente, responsables centenares de millones de personas— se añade el equilibrio del terror provocado por grupos minoritarios de políticos y de fabricantes de armamentos que llevan a la humanidad al borde del abismo: a la posibilidad del genocidio mediante una guerra atómica. La civilización más avanzada es a la vez capaz —tiene sobrados artefactos para ello— de cometer la mayor barbarie: llevar al suicidio incluso a aquellos que en primer lugar lanzarían la muerte sobre los demás.

Quizás inconscientemente en ese sentido millones de hombres y mujeres están acostumbrándose a contemplar con cierta indiferencia, acomodados en el sofá ante el televisor, cómo en países de África, Asia, América Latina, etc., siguen desarrollándose guerras limitadas entre dos naciones y guerras o guerrillas entre partes enfrentadas de un mismo pueblo.

A la vez, la humanidad también ha desarrollado los medios científico-técnicos para conseguir que el mundo funcione de una manera distinta, con posibilidades, a largo plazo, de que se creen otras formaciones sociales radicalmente diferentes e incluso en el polo opuesto a las sociedades actuales. Ya hoy la humanidad podría disponer —si a ello no se opusieran diversas escalas de valores: la conquista de posiciones jerárquicas, la dominación, la explotación material y simbólica, etc.—

de esos medios científico-técnicos con los cuales se podría reducir mucho la jornada laboral —no sería difícil pasar de las 40 horas semanalas a las 20 y pocos lustros después a menos—; a la vez sería factible instituir la que quizá también podría llamarse la *sociedad de la cultura*, en la que todos compartirían sus trabajos con los estudios y las investigaciones constantes; al mismo ritmo, se haría desaparecer la pobreza y la incultura en los países subdesarrollados y las bolsas de miseria física y mental —que también existen— en las naciones industrializadas; los seres humanos, colmados en sus necesidades básicas y orientados, por fin, en su totalidad, a la creciente satisfacción de necesidades y deseos de tipo intelectual (artístico, literario, etc.) harían fructificar una sociedad eminentemente creativa tan distinta a la nuestra que incluso es difícil imaginársela en sueños. Esos sueños —unos a corto plazo, otros a término medio y los más audaces a largo y a muy largo vencimiento— podrían empezar a realizarse con la expansión de la telemática, de la robótica y de la burótica, a la par que se harían proliferar las biotecnologías aplicadas a la agricultura, a la ganadería, a la acuicultura, etc. Los medios financieros para estos fines creativos y pacíficos también existen: los centenares de miles de millones (de dólares, de rublos, de pesetas, etc.) que anualmente se destinan a la fabricación de máquinas para matar y a los servidores de estas máquinas.

Ese nuevo orden creativo resultaría poderosamente neguentrópico, simbólicamente frenaría el irreversible desorden entrópico hacia la muerte, posibilitaría a los humanos el vivir un tiempo más rico en contenidos y a través de mayores intensidades. Para entender más claramente lo que sugiero en las líneas que acabo de escribir, compárense los órdenes creativos y las intensidades vitalcs de pintores, escritores, físicos, músicos, etc. como Picasso, Huxley, Mann, Einstein, Prigogine, Casals, etc., y acabará de comprenderse lo que apunto: la vida de cualquiera de estos —y de muchos otros— creadores equivale a múltiples vidas de la inmensa mayoría del común de los mortales cuya existencia transcurre superficial y linealmente embarcados en la nave entrópica, con escasas paradas neguentrópicas en el engendramiento de hijos y en algunos aspectos de su trabajo, por lo general más articulado en la reproducción simple de lo anterior, de lo mismo, que en la reproducción ampliada y en la innovación que funciona como contenedora del tiempo, como ordenadora de unos u otros magmas, fluidos, energías.

Todo ello sería posible si las minorías dominantes y también las mayorías dominadas fueran de otra manera, si se liberaran (y no hay liberación más auténtica que la autoliberación, que el impulso libre que surge con rebeldía de las propias entrañas y de la mente propia) de sus carencias ético-humanistas, si alcanzaran un tipo de conciencia y de sensibilidad que a todas luces brillan por su ausencia.

Por desgracia, la inmensa mayoría tiene que (se ve obligada a) pasar gran parte de su vida —ocho horas diarias desde la adolescencia hasta la vejez— dedicada exclusivamente a un trabajo rutinario con el que ganarse los medios de subsistencia y apenas puede suscitarse —salvo pocas excepciones— siquiera esas cuestiones. Pero las minorías cada día más amplias —no sólo los representantes de oficios intelectuales, sino ese numeroso estrato social compuesto por los empleados de oficina— que podrían plantearse fácilmente todo ello, tampoco lo hacen ni en tono menor porque no salen de su individualismo, de su familialismo, de su corporativismo y de tantos otros modos de vida fragmentarios y desconectados de los demás y de la marcha del planeta Tierra.

Uno de los grandes y ponzoñosos errores inducidos por las ideologías contemporáneas —incluso por las formalmente más revolucionarias, como el marxismo— es el haber catalogado al ser humano como una fuerza de trabajo. Por el contrario, el animal razonador e imaginativo y sensible que es el humano es una persona informívora, o sea: un ser, insistamos en ello, que asimila y trata constantemente la información de su contorno y dintorno: ésta es su principal función, así como su estructura genética es principalmente un sistema informático. Pero mientras que este maravilloso ser informívoro utilice su información sólo para producir mercancías, difícilmente podrá superar que se le tome a él también, en parte, como una mercancía; mientras emplee su información para ser insolidario, egoísta y hasta agresivo contra los demás, no le será posible evitar que otros egoísmos y agresiones repercutan sobre él; mientras siga considerando la apropiación colectiva de los medios de producción y cambio como eso, como una nueva propiedad, no podrá liberarse de la condición de propietario y es probable —en algunos países como la URSS ya está probado— que, de tal modo, sustituya a la clase burguesa para colocar en su lugar a una neoaristocracia generada por los fríos flancos anónimos del Partido-Estado-Policía; mientras considere que la información que le concierne sólo es la que se refiere a su familia-trabajo-especializado es probable que la información negativa procedente de otras latitudes le caiga encima destructivamente...

Es necesario, por todo ello, la superación de la especialización disciplinaria *para que emerja en el ser humano otro tipo de conciencia*, menos limitada y repetitiva, alejada de la mezquindad, *exploradora en todas las direcciones, cuanto más complejas también más creativas*, huyendo de la cultura simple como del mono simplón que se quedó entre nuestros ancestros de hace milenios. En tal sentido múltiple, los seres humanos tienen todavía que recorrer amplísimos espacios físicos y psíquicos, materiales y simbólicos, porque su mente y su comportamiento siguen fuertemente impregnados con elementos prehistóricos y míticos que a menudo actúan bajo los convencionalismos y los prejuicios de nuestros días, y asimismo bajo no pocas rígidas reglas fijas científicas.

Uno de los hombres de ciencia más revolucionarios de la contemporaneidad, Einstein, cuya inadaptación al (y rechazo del) sistema de ideas dominante le llevó no sólo a combatir el nazismo sino asimismo a inventarse un nuevo universo científico, dejó escrito que el ser humano no utiliza unas tres cuartas partes de la potencialidad creadora de su mente. Morin, comentando este criterio, dice que «nadie puede pretender el pleno empleo de sus aptitudes espirituales; Einstein, en este sentido, pensaba que la enorme máquina cerebral del *Homo sapiens* estaba inutilizada en más del 80 %. Digamos todavía más: nuestra inteligencia no ha alcanzado su floración; nuestro pensamiento es todavía subdesarrollado; nuestra conciencia es aún bárbara. (...) Nuestras posibilidades espirituales son todavía extraordinariamente subdesarrolladas, y las civilizaciones, hasta hoy, no han permitido más que desarrollos unidimensionales de esas posibilidades» (...).

Morin reintroduce aquí un concepto típico de Marcuse que hasta ahora yo no había recordado pero que circula implícita y constantemente sometido a crítica al referirme a los enfoques unilaterales y lineales de cada «disciplina» y de cada especialidad. La inmensa mayoría de los seres humanos viven de un modo *unidimensional*, superficial y simple, con numerosas dimensiones psíquicas y culturales esterilizadas desde su infancia o amputadas durante su adolescencia y primera juventud. Todo lo cual pone de relieve el enorme problema con el que nos enfrentamos: que no sólo el hombre y la mujer utilizan poco su inteligencia y sensibilidad, sino que ese poco con frecuencia lo emplean con sordina, monotemáticamente y para agravar las cosas haciendo que cada monotema se presente monolíticamente. Respecto a la enseñanza que recibió, Simone de Beauvoir solía decir: «El sistema que me enseñaban era a la vez monolítico e incoherente.» En la raíz «mono» se hallan muchas de las desgracias de la cultura humana: los monopolios, las monografías, las monomanías, el mono-partido o partido único-totalitario...

¿Cómo superar esa circunstancia que venimos arrastrando desde hace siglos? Con este fin ya he sugerido diversos criterios, así como podría recordar los ya ofrecidos en mi libro *El Viaje y la Eutopía* (Editorial Laia, Barcelona 1985), que fue mi primera aproximación o iniciación al método de la complejidad para elaborar una cultura transdisciplinaria, multidimensional, más allá de cualquier especialización. ¿Cómo superar las supervivencias del reptil-mono que de vez en cuando se agita en nosotros? ¿Cómo ser más humanos? En torno a estas cuestiones estuvieron-han estado-están trabajando muchos intelectuales —pintores, científicos, escritores, etc.— desde hace milenios, unas veces verificando fenómenos empíricos, otras, añadiendo a los hechos pequeñas o grandes dosis de información crítica, de vez en cuando para imaginar y crear otros mundos —desde el mundo de Ícaro hasta el mundo del avión que navega a Mach 2, desde el mundo de los primitivos admirados por la luz que cada mañana irradia el sol, hasta el mundo de los soles artificiales de la electricidad, etc.—, aunque en no pocas ocasiones la actividad imaginativa no consigue más que la proyección utópica.

Pese a los grandes esfuerzos realizados, en algunos aspectos todavía andamos en las primicias. Asombra, por ejemplo, que a menos de tres lustros de distancia del año 2000, las investigaciones científicas del cerebro humano han progresado de manera insuficiente. Si bien es notable una expansión de los especialistas en neurociencias, sólo lo es desde hace muy pocos años: en 1971, la «Neuroscientific Society» no tenía más que 250 miembros, para pasar a 8.000 en 1983, pero con el inconveniente de que no crean equipos interdisciplinarios: los físicos, los químicos, los biólogos, los psicólogos, etc., siguen aislados en sus respectivas «disciplinas». Avanzan sectorialmente, pero quién nos dice que esos avances parciales no perjudican la comprensión y la explicación precisas de la estructura y del funcionamiento del cerebro triúnico en su globalidad? (Sobre el «cerebro triúnico» recuérdense las págs. 39-40.) Más: esos equipos interdisciplinarios habrían de ampliarse e integrar en su seno a sociólogos, historiadores, economistas, científicos de la política, músicos, lingüistas, escritores, representantes de las artes plásticas y de las ciencias de la información, etc., para, entre todos, encontrar respuestas complejas a las relaciones del cerebro, del sistema nervioso y de cada uno de los sentidos con los problemas sociales, históricos, afectivos, económicos, políticos, etc., de la humanidad. ¿Por qué siglo tras siglo los seres humanos, en vez de organizar soluciones a esos problemas, se dedican a complicarlos? ¿Por qué al desorden irreversible que a través del tiempo desordena nuestros cuerpos y los lleva a la muerte natural, se añaden múltiples desórdenes socioeconómicos, emotivo-eróticos y político-militares que provocan las muertes artificiales, antes de su tiempo, a través de numerosos conflictos armados y penurias de hasta los alimentos más elementales? ¿Qué determinismos conducen a los brotes malignos personificados en Franco, Stalin, Hitler, Mussolini, Pinochet, Pol Pot...? Aunque conviene analizar las determinaciones personales de cada uno de estos —y de otros— casos, tampoco cabe duda de que tras ellos actuaron-han actuado-actúan poderosos determinismos colectivos, de una y otra formación histórico-social, sin dejar de considerar las complejas causas que llevaron a participar en unos u otros conflictos generales a los grupos que se oponían-oponen a esos dictadores.

Una de las series de respuestas fructíferas a esas cuestiones es la que vengo ofreciendo en este libro: que es imprescindible superar la plaga de las disciplinas-especialidades que organizan una cultura unilateral y una ignorancia casi-general, que condicionan la formación de corporativismos y de muchos otros compartimientos estancos que circulan «individualmente» por la sociedad, anteponiendo sus intereses parciales a los intereses globales al tiempo que se reproduce de manera simple el ser humano que ya fue y cuyo anquilosamiento dificulta el desarrollo de lo desconocido, de lo nuevo, del potencial porvenir que anida en él. Que, a la vez, es imprescindible conseguir que circule ampliamente una información general en concordancia con la información de nuestra estructura sensible: una información general que esté por encima de cualquier expresión de la cultura especializada profesional, o técnica: una información general que no sea uniforme, que contenga una gran variedad de elementos abiertos a todas las heterodoxias y heterogeneidades: una información general, cuyas diversidades (históricas, psicológicas, económicas, musicales, literarias, espirituales, sociológicas, físicas, ecológicas, químicas, estéticas, etc.) e hibridaciones lleven al hombre y a la mujer a trascender su conciencia primitiva del pasado: a superar su conciencia sectorial y estancada de lo masculino y de lo femenino: a ir más allá, ya en la infancia, de la conciencia familiar y, por ende, a tener conciencia de la perversidad de encerrarse en otros tipos de conciencia limitada: clánica, corporativa, clasista, etc.: a ser conscientes de que cualquier pretensión jerárquica no está en consonancia con el equilibrio dinámico de nuestro cuerpo, no se integra en la inmensa orquesta (sin director, sólo con coordinadores) de nuestros órganos y sentidos: a ser conscientes de la artificiosidad de la conciencia nacional..., para formar, en fin, una conciencia en tanto que humanos, *una conciencia planetaria solidaria* con todos los representantes de la humanidad, sin dejar de interrogarse creativamente acerca de los demás seres —animales, vegetales, etc.— que pueblan la Tierra a la par que se permanece abiertos a las posibilidades de vida inteligente de otros planetas y de otras galaxias, vida inteligente que no ha de imaginarse antropomórficamente ni viviendo el tiempo-espacio tal como los seres humanos lo vivimos.

4. La ruptura de las fronteras entre disciplinas, la desviación significativa y el método sistémico

Aproximarse a tales horizontes, los que se sugieren en las páginas anteriores, no tiene ni tendrá nada de fácil debido a las deformaciones e intoxicaciones difundidas por la educación y la enseñanza tradicionales. Para liberarse de todo ello, para *desaprender* al estilo de Descartes y de Ruyer —y también siguiendo las pautas inspiradas en otros, como San Juan de la Cruz y Hermann Hesse—, son-serán necesarios muchos esfuerzos que tienen-tendrán que hacerse con tenacidad y no sin dolor o desgarramientos internos en cada uno de nosotros, porque esas deformaciones e intoxicaciones, por venir de lejos, se convirtieron en elementos intrincadamente articulados con nuestra mente y nuestra sensibilidad, con las costumbres, la concepción del mundo, la conducta de cada cual.

La esperanza, en dicho sentido múltiple, es que casi de una manera espontánea empieza a emerger, en bastantes profesores de la enseñanza media y de la superior, la intuición de que los enfoques fraccionados que vienen dándose a la transmisión de los conocimientos resultan simplificadores de la personalidad humana. Esa intuición se manifiesta en forma de malestar, de crítica de la erudición inútil y del escaso significado actual de algunas asignaturas, no sólo en cuanto a su función social sino asimismo en lo que se refiere a la adecuación del ser humano a la polisemia que cotidianamente se desparrama sobre él a través de los numerosísimos medios de comunicación nacionales e internacionales. En efecto, hoy existen grandes posibilidades de que la persona, además de procurar el desarrollo más complejo de su Logos, rememore y reactive a la vez su emotividad, su capacidad simbólica, interrogando el subconsciente y sus sueños, para descubrir muchas otras dimensiones subjetivas y objetivas. Pero salvo los rumbos que se tomen excepcionalmente por tales y cuáles personas (minoría absoluta en el mundo) en las citadas direcciones, los actuales planteamientos oficiales de las autoridades encargadas de la enseñanza y de la investigación siguen haciéndose según la tradición disciplinaria especializada, subordinada a la técnica, opuesta a la fecunda fluctuación de un nuevo humanismo.

Bastará que pasen unas décadas —quizá tan sólo unos pocos lustros— para que, quienes investiguen —desde el año 2002 o el 2020— la estructuración de los conocimientos científicos, artísticos y literarios modernos y contemporáneos hasta 1986 (y algunos años después), lleguen probablemente a la conclusión de que los seres humanos de estas épocas anteriores eran, son, en parte, personas cultas, pero en otra parte-gran-parte, esos investigadores desde el futuro hacia el pasado-que-es-nuestro-presente, deducirán que éramos-somos unos bárbaros. Porque, por ejemplo, ¿cómo, si no, considerar que la educación-enseñanza tradicional estimule sólo algunas pequeñas parcelas de nuestro cerebro, dejando en la oscuridad pantanosa el resto?, ¿cómo, si no, considerar que la educación-enseñanza acentúa la fragmentación del cerebro, fomentando, de tal modo, una especie de división racial entre las personas que piensan y actúan preponderantemente a partir del *hemisferio izquierdo de su cerebro (el lógico)*, mientras la mayoría de la gente funciona rudimentariamente con el *hemisferio derecho de su cerebro (el emotivo-mágico)*? ¿Por qué, en vez de fomentar sus ósmosis, se han levantado murallas entre uno y otro ámbito?

No son muchas las personas que comunican creadoramente entre los dos hemisferios; y, sin embargo, todas podrían tener una actividad mental y sensible integrada.

Sobre la naturaleza triúnica de nuestro cerebro que se reparte en esa dualidad se construye una cultura en la que *predomina lo explicativo sobre lo comprensivo, la racionalidad calculadora sobre la proyección estética, la dominación sobre la comunicación, lo analítico y secuencial sobre la síntesis global, la objetividad y la técnica, sobre la subjetividad y el arte.* La falta de diálogo y de ósmosis entre unas y otras potencialidades, provoca numerosísimas distorsiones intelectuales y sensibles que acarrean funestas consecuencias teóricas y prácticas para millones de personas en su trabajo, en sus horas de ocio, al hacer el amor, en sus relaciones con la naturaleza y con los demás seres humanos.

El *método analítico* es uno de los orígenes de esas carencias. En la cultura contemporánea los productos del método analítico se encuentran por todas partes: en el reduccionismo biológico, en el economicismo que se considera causa y efecto de todo, en las exageraciones psicoanalíticas que «ven» falos y edipos en los más diversos problemas, en el sociologismo concentrado en las estratificaciones sociales, en la reducción politológica que sólo toma los partidos como la única expresión de la vida cívica de los ciudadanos, en el filosofismo limitado al comentario patrístico de los textos de los maestros del pasado, desde Aristóteles y Platón hasta Kant y Hegel. Cada una de estas expresiones culturales tiene, sin duda, su importancia, pero el problema radica en que son partes aisladas del todo, «árboles» solitarios y alejados del «bosque».

El método analítico es necesario porque se concentra en los hechos, pero resulta contraproducente porque no observa la relación entre los hechos; penetra en los detalles, se detiene en ellos, pero no considera que pertenecen a un *conjunto*; trata una sola variable, pero son muy pocas las variables completamente aislables.

Si investiga el pasado, el método analítico no mira a la vez hacia el presente y viceversa (así hay «historiadores» de innumerables minifundios que no establecen relaciones teóricas entre ellos, pese a que, por lo general, suele haber muchas relaciones prácticas, estructurales, orgánicas, entre unas series de acontecimientos y otros, incluso a través de los siglos, desde, por ejemplo, las sangrientas querellas medievales entre cristianos, moros y judíos españoles, hasta la guerra civil de 1936-1939).

Cuando estudia el Estado (el que sea), el que emplea el método analítico se dedica exclusivamente a bucear en lo jurídico-político o en la organización burocrática (para los «minifundistas» monocultivadores, un tema excluye al otro) sin hacer la menor investigación de la historia de las mentalidades ni de la formación de las ideologías, que son la médula de todos los continentes y contenidos estatales y gubernamentales.

En biología, en medicina, en psicología, etc., etc., ocurre algo parecido: el especialista del hígado no sabe nada del cerebro, el psicólogo social prescinde de las determinaciones subconscientes, el dermatólogo o el cirujano-dentista no calcula los efectos secundarios que puede provocar al ordenar que se tome tal o cuál producto farmacéutico o al efectuar una u otra intervención, etc.

El método analítico considera los hechos como si fuesen estáticos, cuando lo cierto es, como sabemos desde Heráclito, que todo está en constante movimiento, que todo fluye y se transforma.

La precisión que suele alcanzar el método analítico sobre la cuestión que sea suele ser un inconveniente para que observe el dinamismo correspondiente, así como su confluencia o su contraposición con otras dinámicas.

La incapacidad para generalizar, es el principal problema

que conlleva el método analítico: desde su perspectiva no puede suscitar diálogos intelectualmente enriquecedores entre los aspectos complementarios y, menos aún, entre los opuestos.

La falta de diálogo en el pensamiento analítico es la causa de muchas deformaciones e insuficiencias en la cultura contemporánea: así, algunos ejemplos: una actitud imbricada exclusivamente en lo lógico-racional puede derivar hacia racionalizaciones idealistas y en su parte opuesta: una pulsación unilateral de lo empírico, sin lanzar a la vez, como ya sugería Novalis, una red teórica, una serie de hipótesis, puede degenerar en algo ininteligible; si nos dedicamos sólo a verificar los hechos que conciernen a unas personas, clases sociales, etc., no ejerceremos la imaginación crítica que revele sus determinaciones ocultas, pero si sólo imaginamos lo que son, podemos cometer muchos errores y arbitrariedades; sentirse vinculados a los acontecimientos, a los problemas, participar en los proyectos, etc., puede generar, cuando se hable o escribe de ellos, un cierto subjetivismo, pero una explicación demasiado distante de tales hechos puede caer en un objetivismo no menos confuso, en una visión poco profunda, «partidaria» en sentido opuesto o al menos indiferente.

Son series interminables de islotes incomunicados, de oscilaciones parciales del pensamiento, que crean fronteras artificiales en nuestros propios sentidos y en la mente, y dificultan o impiden una inteligibilidad global que no se quede en la superficie de los hechos pero que tampoco se hunda en la oscuridad del inconsciente, de los instintos y de los sueños.

Ante tal panorama del pasado, el porvenir probablemente se encuentra entre aquellos escritores, científicos, artistas, filósofos que vuelven a dar vida al *espíritu nómada* que no duda en traspasar fronteras, introducirse en nuevos territorios e instituir inmediatamente «la costumbre de reflexionar con métodos nuevos en cada situación nueva», como sugiere Bertolt Brecht.

En la historia de la humanidad es principalmente ese espíritu nómada el que consigue impeler los grandes saltos cualitativos de la cultura.

Los nuevos territorios teóricos también pueden encontrarse bajo las viejas edificaciones retóricas. En principio, los baluartes de éstas parecen sólidos, inexpugnables, pero investíguense bien sus contornos y dintornos y se descubrirán puntos débiles y resquebraduras. Existe un cierto riesgo de que quienes detentan los sellos y los ritos legitimadores de las antiguas academias clamen contra los innovadores acusándoles de «herejes». Pero estas denuncias hace tiempo que dejaron de tener el poder de llevar a los acusados a la hoguera. Peor aún para los anquilosados sacerdotes de tales templos: su sordera respecto a las nuevas proposiciones, el no hacer caso de las advertencias acerca de la situación ruinosa de las capillas, puede llevarles a perecer en los correspondientes derrumbamientos. Es la dialéctica irreversible entre la «*normal science*» y la «*extraordinary science*» (Kuhn). Los científicos (también los artistas y escritores) «normales», los que persisten obcecadamente en trabajar según los anacrónicos cánones académicos, los que se aferran a vetustos paradigmas, acaban siendo víctimas de su propia irracionalidad. Al dogmatizar su viejo paradigma, al refugiarse en él como una tortuga esconde la cabeza bajo su caparazón, se vuelven más y más incapaces de entender y de participar en la dinámica innovadora. Los anticuados paradigmáticos se dedican al «*puzzle solving*» y al «*know how*» de sus polvorientos mecanicismos, mientras los nuevos descubrimientos les hacen retroceder, les provocan crisis y más crisis hasta que la «revolución» (científica, artística, literaria, etc.) estalla y convierte en escombros los altares desde los que idolatraban falsas divinidades. Al final prevalecen las «mejores razones» y las más probadas por la experiencia.

Otras veces, sin embargo, no todo transcurre como esquemáticamente acabo de recordar con elementos teóricos de Kuhn. Otras veces, en muchas ocasiones, posiblemente en la mayoría de los casos, el viaje del espíritu nómada se prolonga más, encuentra muchas más dificultades al querer atravesar unas y otras fronteras disciplinarias, porque en sus casamatas los «ortodoxos» guardan más fuerzas (alimentadas artificialmente o relativamente revigorizadas por el reciclaje de los residuos) de las que se había imaginado y son capaces de lanzar y sostener algunas réplicas que hacen perder tiempo a los quehaceres «heréticos». Pero para éstos tales dificultades resultan, a fin de cuentas, exigencias a superar, pruebas enriquecedoras de su energía innovadora, estímulos para inventarse vehículos más potentes pertrechados de simbólicos martillos y palas automáticas para acabar de desintegrar las fronteras y abrirse paso natural.

Para llevar a buen término tales tareas de limpieza a las que aludo alegóricamente, ya disponemos de nuevos elementos metodológicos que van más allá de los particulares cotos y cortijos «disciplinarios». Un conjunto de nuevos instrumentos metodológicos son los que se engloban bajo el concepto de *método sistémico*; otra compleja e innovadora encrucijada metodológica propongo conceptuarla como la *desviación significativa.*

Tanto el método sistémico como la desviación significativa son aproximaciones a la transdisciplinariedad. La composición interna de la una y del otro es fruto de diversas hibridaciones y operan externamente hacia una complejidad creciente, tanto en el territorio de la teoría como en el de la práctica.

Aunque poco conocido y mucho menos practicado, el método sistémico ya tiene algunos años de existencia. La teoría de los sistemas y de la información, la biología y la cibernética se engranan para dar consistencia a esta metodología, a la que se suman los aspectos metodológicos específicos de la materia a tratar, sea política, socioeconómica, etc. No hay que confundir el método *sistémico* con el método *sistemático*: éste hace décadas que se encuentra articulado a la concepción disciplinaria de la cultura, mientras que aquél enfoca la interdisciplinariedad y avanza hacia lo transdisciplinario. El método sistemático se ocupa de modo secuencial de una serie limitada de causas lineales determinadas de forma convencional. Investigar *sistemáticamente* es hacerlo analíticamente, estudiando, por ejemplo, la organización urbana circunscrita sólo a sus construcciones arquitectónicas, lo que quiere decir separada artificialmente de cuestiones que todo auténtico urbanismo ha de plantearse *sistémicamente* como: su relación con el medio ambiente natural (mar, ríos, montes y valles próximos); la necesidad de crear identidades culturales-colectivas (esculturas, jardines, etc.) para unos barrios y otros; la red de transportes adecuada al conjunto; la contaminación atmosférica, acústica, etc., etc. El método sistemático, como el analítico, se ocupa aisladamente de un problema tras otro, mientras que el método sistémico observa las interdependencias e interacciones o al menos las interinfluencias de un problema con otros de su(s) contorno(s) y dintorno(s). Aquel método es complementario de éste, pero uno y otro son distintos, además de que mientras el sistémico engloba al sistemático, no puede ser al revés. El método sistemático divide y aísla para *explicar*, el método sistémico establece múltiples conexiones y abre todas las fluctuaciones posibles para *comprender* (sin dejar de ofrecer las lógicas explicaciones). El método sistemático da vueltas en torno a lo inmóvil, lo estático, lo inerte, mientras que el método sistémico es dinámico, investiga los sólidos pero también los fluidos, las interrelaciones vivas entre unos fenómenos y otros, entre series de hechos complejos. Lo sistemático se encierra en espacios limitados, lo sistémico se abre a espacios ilimitados. El estudio sistemático no suele considerar el transcurso del tiempo, mientras que la investigación sistémica contempla lo irreversible y lo reversible en el devenir, pone de relieve tanto la dirección hacia el desorden y la muerte (de los seres vivos, de los sistemas sociales, del planeta, etc.) como la dirección (la actividad, el movimiento, etc.) hacia el orden creativo, hacia las realizaciones que permanecen más allá de la vida de un individuo, de una generación, de un pueblo, como prueban las obras arquitectónicas, escultóricas, literarias, pictóricas, científicas, etc. de hace siglos y siglos cuya vitalidad perdura hasta hoy.

El método sistémico es *policonceptualista*, integra en su quehacer conceptos de diversas ciencias, artes, etc., así como elabora conceptos nuevos a partir de rupturas epistemológicas con conocimientos tradicionales y al inspirarse en los efectos de la relación de lo teórico-crítico con lo empírico. Hoy en día hay centros académicos llamados «politécnicos», pero lo que necesitan la cultura y la práctica social de los seres humanos hacia el porvenir son escuelas, institutos y universidades «policonceptualistas», en las que asimismo se «escucharan» las comunicaciones no-verbales y las no-lógicas, subconscientes, instintivas y oníricas. En este sentido, el método sistémico no acepta, de ninguna manera, ser prisionero de una concepción estérilmente positivista de los conocimientos, sino que, al contrario, no tiene reparos en incorporar a su reflexión metáforas, simbolismos, alegorías, potencialidades míticas, proyeciones eutópicas y eucrónicas.

La observación de las estructuras y de las funciones, de las constantes de larga duración, de los principios y elementos genéricos constituyen las centralidades plurales de las preocupaciones de quienes trabajan con el método sistémico: con él no se toma sólo una conciencia más compleja y profunda de lo real, no se mentaliza sólo lo que es, sino lo que puede ser e incluso lo mucho más (cuantitativo y cualitativo) que podría ser si a lo real se le aplican dosis diversas de imaginación crítica, de prospectiva, de savia de lo nuevo.

Pese a su rigurosa formalización teórica, el método sistémico se manifiesta contra toda idea de aislarse en «torres de marfil», porque sólo resulta completo y alcanza su integridad cuando consigue resultados prácticos: en el reenfoque de la educación y de la enseñanza, en la organización empresarial, en la actividad política, en la gestión de unas y otras instituciones. El método sistémico ha de ser eficiente no sólo en la teorización sino asimismo en la acción o en la síntesis de energía e información que se realiza en pos de determinado fin. Los efectos que se producen en la práctica actúan retroactivamente en favor de la mayor afinación y complejidad del método sistémico que, precisamente por cuanto vengo sosteniendo, es *un método que no puede darse nunca por terminado,* como definitivamente elaborado (considerar algo como definitivo o «el no va más» es el sendero que toman todos los conocimientos y sensibilidades que acaban en la esclerosis y en los dogmas cuando no mueren por sietemesinos, por malnutrición y raquitis).

La complejidad del método sistémico se expande cuando a su actividad transgresora de los campos «sagrados» de cada «disciplina» se suman los flujos aleatorios de las que he propuesto conceptuar como desviaciones significativas.

Una desviación significativa es aquella que puede tomarse y desarrollarse en los territorios abandonados que se encuentran en las separaciones entre «disciplinas». En esos «*no man's land*» es donde los exploradores o investigadores nómadas que preconizo tienen posibilidades infinitas de hallar nuevas «materias primas» así como renovados elementos metodológicos que abonen la transdisciplinariedad. La distribución contemporánea de las ciencias-letras-artes deja entre ellas —entre sus rizomas diferentes, entre sus ramificaciones diferenciadas, entre los miles y millares de ramitas y hojitas que aspiran a poseer identidades distintas e independientes— numerosas tierras de nadie, en las cuales probablemente se encuentran claves decisivas que no sólo pueden organizar nuevos conocimientos y sensibilidades sino que también habrán de determinar nuevas consideraciones del conjunto en el que interactúen.

Las desviaciones significativas asimismo pueden tomarse y desarrollarse en el interior de cada «disciplina» y a través de las «disciplinas» tal como ahora están constituidas.

Pero para avanzar en cada desviación significativa, y sobre todo para constituir largas series —yo prefiero decir grandes racimos— de derivaciones rezumantes de nuevos elementos y enfoques teórico-concretos, *es imprescindible que antes cada investigador-nómada haga crecer en sí mismo, con la fortaleza del roble y con la flexibilidad de las matas de trigo, otras capacidades:*

— la capacidad de transgredir cualquier norma impuesta por cualquier poder científico; la capacidad de hollar y trastocar cualquier espacio, estructura, forma, contenido, etc. que hasta tal o cuál momento se considere intocable; la capacidad de estar solo, el sentir amor por la soledad, el ser capaz de trabajar solo durante años como si fuese un anacoreta o un ermitaño en la cima de una montaña rodeada de selvas amazónicas; la capacidad de dudar de toda teoría que no se apoye en pruebas empíricas o experimentales; la capacidad de dudar de todas las teorías que sólo se apoyan en pruebas empíricas y/o experimentales y que no sugieren cuáles son las potencialidades de lo que se trate y sus proyecciones eutópicas y eucrónicas; la capacidad de dudar de lo eutópico y de lo eucrónico que no se engranen con potencialidades reales, demostradas; la capacidad de ser objetivo sin castrar la propia subjetividad; la capacidad de ser subjetivo sin confudirse con la objetividad; la capacidad de auscultarse las propias sacralizaciones culturales, los propios «dogmas» científicos, para violarlos lo más pronto posible; la capacidad de descubrir las propias tendencias a la rutina, a la repetición y a la burocratización del pensamiento, para reemprender cuanto antes otro camino, rumbo, inmersión o vuelo teórico-concreto; la capacidad de acercarse a los abismos de más profunda oscuridad y de enfrentarse con las luces más deslumbrantes; la capacidad de ir del todo a las partes y de cada parte al todo; la capacidad de ser poeta y artista de la ciencia; la capacidad de recordar grandes dosis de erudición para no quedarse anclado en las bases eruditas; la capacidad de rebelarse ante cualquier presión gregaria, aunque sea la de todo un cuerpo académico y la de todos los condecorados «portadores oficiales de cultura» juntos; la capacidad de sufrir dificultades económicas con el fin de hacer avanzar el conocimiento; la capacidad de apasionarse y desear el constante aumento cuantitativo y cualitativo, de los saberes por encima de todo; la capacidad de ser algo, bastante o muy aventurero para recorrer —sin miedo a enfrentarse con todo tipo de riesgos— los espacios conscientes y subconscientes, para navegar entre las fluctuaciones de la inteligencia natural y entre los continentes de la cultura que dimana de los demás, para tener unos u otros tipos de relaciones erótico-creativas con todo lo que vive en el planeta Tierra.

Con estas capacidades puede hacerse prosperar cualquier desviación significativa que va de lo cierto a la incertidumbre, de lo seguro a la inseguridad, de los cotos cerrados a la supresión de las vallas en torno a los diversos cortijos culturales; de los determinismos rígidos y unilaterales, a las causalidades circulares y al indeterminismo; de los significados que pretenden haber sido fijados de una vez para siempre, hacia la búsqueda de polisemias.

La desviación significativa se inspira en aquellos «desviados» o «herejes» (para su respectivo tiempo) que se llamaron Heráclito, Epicuro, Copérnico, Galileo, Bacon, Descartes, Darwin, Freud... que cambiaron unos y otros sentidos del mundo en la medida en que supieron oponerse a tales o cuáles dogmas imperantes en su respectivo tiempo y en el grado en que exploraron los continentes-contenidos ignorados entre «disciplinas». La desviación significativa también se inspira en otros heterodoxos de nuestros días que cito en diversas páginas de este libro, a partir del Pórtico.

Por fortuna, al ritmo que avanzamos hacia los tiempos actuales, en cada fase son más (aunque de momento son poco más que hombres aislados) los investigadores que no temen desviarse más allá de sus respectivas especialidades e incluso realizan con alegría fecunda nuevas «herejías» que proporcionan innovaciones óptimas.

Y todo ello, ¿para qué sirve?, suele preguntarse, aunque sea de forma tácita, el gregario utilitarista contemporáneo que lleva una vida vegetativa entre el comer-dormir-ganar dinero-y-tener-alguna-limitada-satisfacción-erótica. Es una pregunta que ninguno de los citados ni tampoco de los aludidos «desviados» o «herejes» se hizo o se hace jamás. ¿Para qué sirve? Si se quiere, se puede responder: en principio para muy poco, salvo que amplía y profundiza el conocimiento y la sensibilidad a la par que abre nuevos cauces para seguir con otras investigaciones. Después, sirve para todo, para cambiar el mundo; para cambiar la posición del ser humano ante su propio planeta y ante el cosmos; para reorientar la sociedad; para establecer otros modos de aplicación de la técnica; para ser cada vez más humanos sin dejar de reconocer el animal que llevamos dentro; para ser cada vez más ojo, sin olvidar el olfato; para ser cada día más oído, sin olvidar el tacto; para ser cada vez más espiritual, sin olvidar el placer del amor del cuerpo y del gusto gastrosófico.

Pero, por supuesto, cuanto vengo diciendo no sirve para conseguir un crédito en un banco, ni para ganar un concurso-oposición disciplinario a cátedra disciplinaria, ni para ser agente de la CIA ni de la KGB, ni para ser revisor de tren, ni para ser jefe de policía o coronel... No sirve para nada que tenga reglas cristalizadas como la roca, ni que trabaje en la reproducción simple de lo ya conocido. Digo más: cuanto escribo puede resultar *contraproducente* para la práctica tradicional de cada una de tales ocupaciones, así como lo que voy diciendo está *contraindicado* completamente para cualquier fabricante de cualquier producto en serie.

Es posible, sin embargo, que incluso desde los viciosos círculos cerrados de las hiperespecialidades se sientan inquietudes y se hagan preguntas acerca de cómo liberarse de las «disciplinas» endopresivas y exorrepresivas, sin acertar el cómo conseguirlo o de qué manera saltar los muros del respectivo castillo. En todo caso hay que medir las propias energías y las autoexigencias de autenticidad, así como intuir, sin detenerse en los detalles, hacia dónde se quiere ir, cuál es el objetivo o el fin relativo que se desea alcanzar. Pero si ni siquiera surge con cierta espontaneidad —sin forzarlo— un plan de viaje hacia lo nuevo, el método sistémico y las desviaciones significativas tendrán que partir de más atrás. Antes de introducirse en territorios teórico-concretos inexplorados, de materias probablemente fértiles pero ocultas bajo malezas enmarañadas, la deriva metodológica será aquella que produzca variaciones *internas* en cada «disciplina».

Al principio, tales variaciones pueden resultar *inquietantes* incluso para quien las introduce: los resultantes del planteamiento de hipótesis nuevas en conjunción con nuevos elementos materiales acaso lleguen a dar la impresión de que se desintegra la «disciplina» archiconocida sin que, en su lugar, lleguen a integrarse conocimientos nuevos. Ante esta experiencia, que tal vez dé la sensación de haberse embarcado en una travesía del absurdo, en principio lo más lógico, para la mayoría, es sentirse en peligro y dar marcha atrás: esto es lo más fácil, lo más cómodo: el retorno al cálido y seguro regazo maternal de la «disciplina», con el agravante de regresar con no pocos sentimientos de culpabilidad por haberse dejado llevar hacia la violación de los preceptos sacralizados por las autoridades académicas tradicionales.

Para otros, para los que tengan un talante más transgresor y un espíritu más aventurero —como lo tuvieron Newton, Einstein, etc., como hoy lo tienen Ilya Prigogine, René Thom, etc.—, tal experiencia probablemente les resulte excitante. Si, al contrario de lo que les sucede a los del grupo anterior, notan que lo desconocido, al margen de alguna ansiedad, no les suscita temores ni rechazos, sino nuevas interrogaciones acerca de qué es lo que va a pasar después, *es momento de hacerse nuevas preguntas y producir nuevas variaciones.* Así, la dureza de la «disciplina» parecerá que se ablanda y que se disuelve. Quizás al experimentador incipiente le embargue la creencia de que la «disciplina» se hunde. No se fíe, no cante victoria tan pronto. Una «disciplina», cualquier disciplina tradicional, *opone una gran resistencia a la innovación*, tarda mucho en diluirse. Para reencauzarla hacia la confluencia con otras series de conocimientos es preciso realizar otras operaciones.

Tras las variaciones internas, será instructivo que las desviaciones significativas desconecten tal o cuál «disciplina» de su ámbito habitual, que la desplacen hacia áreas de conocimiento próximas y que, si la tendencia al rechazo no es demasiado intensa, la reconecten, aunque sólo sea un poco y momentáneamente, con otras «disciplinas» que también hayan pasado por las experimentaciones anteriores.

Hacer salir a cualquier «disciplina» de su sistema cerrado artificial y ponerla en un sistema abierto natural en relación con otras «disciplinas», es llevar gradualmente a los «sacerdotes» o «militares» de cada una de ellas a tomar conciencia de la poquedad, de la debilidad, de la insuficiencia de su respectiva «suma de saberes», y, por ende, a tener que enfrentarse necesariamente —a poca coherencia científica y sensible que se tenga con lo que se está haciendo y con la propia dignidad de humano: un ser que por naturaleza tiende hacia una mayor autoconciencia— con un nuevo haz de interrogantes, no sin signos azarosos que oscilan entre lo positivo y lo negativo.

Una vez efectuados creativamente esos desplazamientos, desconexiones y variaciones para desembocar a la mentalización de que, contra lo que creían estar seguros, son muchas más las cosas que ignoran que las que saben, y que, aun cuando no lo quieran, están en medio de fluctuaciones aleatorias, es casi seguro que a la inmensa mayoría de espíritus disciplinarios que hayan pasado por tales experimentos les sobrevenga un ataque cerebral de humildad. Si tal actitud emerge, traerá consigo otras mutaciones: la endogamia se sustituirá por la exogamia metodológica y temática; de la rigidez unidimensional se pasará a la flexibilidad multidimensional; lo simple se rechazará para buscar la complejidad; del aislamiento disciplinario improductivo se avanzará hacia la cooperación transdisciplinaria, cuyas hibridaciones son manantial de creatividad.

5. Imaginación y creatividad para nuevas «herejías». La necesaria reelaboración constante del método de la complejidad

El método de la complejidad es la síntesis de cuantas proposiciones vengo haciendo hasta aquí: las correspondientes al método sistémico que engloba algunos aspectos del método analítico y sus sistematizaciones, las que se refieren a las desviaciones significativas, y las que planteo a continuación.

La esterilidad, la rutina mortecina, la escasa viabilidad de los métodos simples-disciplinarios es tal que incluso quienes, por sus trabajos de investigación y de escritura, ya alcanzaron una gran complejidad, sugieren que es necesario superar aún más lo simple, porque sólo estamos al principio de lo complejo. En la obertura a este capítulo ya ha quedado claramente puesto de relieve, con palabras de Prigogine que siempre es útil recordar, que «estamos en la prehistoria de la ciencia, al comienzo de una comprensión racional del universo. No sabemos aún la diferencia que hay entre la vida y la no existencia de ésta; no conocemos ni tan siquiera totalmente el papel de la gravitación y no la hemos integrado aún en las demás teorías. Nos damos cuenta ahora de que los modelos simples con los que hemos trabajado sólo se aplican a muy pocos hechos y que algunos de estos modelos están fuertemente idealizados». Esto lo sostiene Prigogine desde su condición de Premio Nobel de Química (en 1977). Y este ruso-blanco nacionalizado belga, que reparte su tiempo investigador y docente entre el Instituto Internacional de Física y Química de la Universidad Libre de Bélgica y el Centro de Estudios de Mecánicas Estadísticas de la Universidad de Texas, recuerda a continuación los criterios de su amigo Moscovici (sociólogo, director de estudios de la «École des Hautes Études en Sciencies Sociales», de París): «Hemos trabajado con unas cuantas piezas de museo y las hemos confundido con la realidad.»

Otros grandes investigadores, sin relación personal con los anteriores, sostienen lo mismo: por ejemplo: Irwin Chargaff, bioquímico vienés instalado en Nueva York, investigador en la Universidad de Columbia cuyos trabajos fueron decisivos para la descripción final de la estructura del ADN, dice: ...«La ciencia sólo da una imagen muy parcial de la realidad. Sabe que pocas personas tienen conciencia de este hecho; lo que las ciencias biológicas llaman "Naturaleza" es sólo un segmento, una pequeña fracción de la misma. El 95 % de la naturaleza no está abierta a las ciencias naturales, y por lo tanto las investigaciones biológicas sólo llevan a una ínfima partícula de la realidad que han aislado. La gran mayoría de los problemas que afectan a la humanidad escapan a la investigación de las ciencias naturales que, desde el siglo XIX, han definido la realidad en términos considerablemente restringidos.»

Perduran grandes insuficiencias en cada rama del saber y, sobre todo, existen enormes ignorancias en las separaciones entre unos y otros troncos y ramificaciones de la cultura. Por ello desde hace décadas se expresa el deseo de alcanzar una mayor complejidad y una cultura transdisciplinaria. Claude Bernard decía soñadoramente: «Llegará el día en que el fisiólogo, el poeta y el filósofo hablarán el mismo lenguaje y se entenderán.» (Claude Bernard, 1813-1878, uno de los principales médicos y fisiólogos franceses, fue catedrático en la Sorbona, e investigador clave con el método experimental y en las ciencias biológicas, publicó numerosos ensayos y libros.) Décadas después de que Bernard escribió esa opinión, Hans

A. Krebs, Premio Nobel de Fisiología y de Medicina en 1953, argumentaba: «El futuro de la salud depende de ello (de la medicina preventiva) en gran parte, pero también de la cooperación interdisciplinaria. El sociólogo, el psicólogo, el educador, el biólogo deben colaborar...» Jonas Salk, uno de los más lúcidos inmunólogos, célebre por la vacuna antipoliomielítica que lleva su apellido, describe el siguiente movimiento de las ciencias: «... creo que entramos más bien en la era de las ciencias humanas. Efectivamente, según una corriente evolutiva natural, las ciencias físicas hacen progresar las ciencias biológicas, que a su vez contribuirán a la llegada de una ciencia del hombre». Laborit, biólogo que se interesa por las ciencias humanas y sociales, es otro decidido partidario de avanzar hacia la transdisciplinariedad: «No es la reducción de lo psíquico o de lo sociológico a lo biológico lo que hay que temer: es la reducción de lo sociológico a lo sociológico y de lo psíquico al lenguaje: en otros términos: hay que temer el cierre de un sistema de pensamiento, de una información-estructura sobre sí misma.» Uno de los sociólogos que ya hace fructificar sus trabajos con talante transdisciplinario, Edgar Morin, prevé asimismo que «los nuevos desarrollos de la medicina no se podrán aislar de los desarrollos de las ciencias biológicas, que a su vez no se podrán separar de las condiciones sociales y políticas, más ampliamente del contexto multidimensional de la evolución». Desde el siglo XIX, uno de los fundadores de la sociología, Comte, propone con rigor metodológico: «Todo estudio aislado de los varios elementos de la sociedad, es, por la naturaleza misma de la ciencia, profundamente irracional y será siempre, por esencia, estéril.» Desde la filosofía, Lukàcs advirtió igualmente: «Las partes encuentran en el conjunto su concepto y su verdad.» Desde la psicología y el psicoanálisis también se han hecho rotundas propuestas transdisciplinarias. Fromm: «Del mismo modo que no pueden comprenderse correctamente los problemas psicológicos sin conocer su sustrato cultural y social, tampoco pueden estudiarse los fenómenos sociales sin el conocimiento de los mecanismos psicológicos subyacentes. (...) Las fuerzas económicas, psicológicas e ideológicas operan en el proceso social de este modo: el hombre reacciona frente a los cambios en la situación externa transformándose él mismo, mientras, a su vez, los factores psicológicos contribuyen a moldear el proceso económico y social. Las fuerzas económicas tienen una parte activa, pero han de ser comprendidas no ya como motivaciones psicológicas, sino como condiciones objetivas. Por su parte, también las fuerzas psicológicas participan en forma activa, pero han de ser entendidas como históricamente condicionadas; y, por último, las ideas son fuerzas efectivas, pero sólo en tanto estén arraigadas en la estructura del carácter de los miembros de un grupo social.» De unos conjuntos de conocimientos especializados se remite a otros; así, Piaget, también desde la psicología, es otro de los grandes pioneros de la transdisciplinariedad, interesado en ir más allá de su especialidad y comprender el devenir histórico-social: «Hay una historia de los acontecimientos o de las manifestaciones visibles y, en parte, contingentes, y hay también una historia del dinamismo subyacente o de los procesos de elaboración y de desarrollo. Pues bien, cada vez nos hacemos más conscientes de que un desarrollo orgánico es mucho más que una historia de acontecimientos o que una sucesión de fenómenos: es una estructuración u organización progresiva, cuyas etapas cualitativas están subordinadas a una integración creciente. Ésta es la razón por la que la historia de la civilización se está convirtiendo cada vez más en una tarea interdisciplinaria en la que la historia de las ciencias y de las técnicas, la historia económica, la sociología diacrónica, etc., deben analizar conjuntamente las innumerables facetas de las mismas transformaciones.» Otro no-historiador, François Jacob, Premio Nobel de Medicina en 1965, remite la biología a la historia: «Los seres vivos son, de hecho, estructuras históricas: son literalmente creaciones de la historia» ... «Casi todo lo que caracteriza a la humanidad se resume con la palabra cultura...» Ahora bien, los principales historiadores muestran un extraordinario interés por investigar los fenómenos culturales, psicológicos, espirituales. Para Braudel, «seguramente lo más incomunicable que tienen las civilizaciones entre sí, lo que las aísla y las distingue mejor, es este conjunto de valores fundamentales de las estructuras psicológicas. Y estas mentalidades son, igualmente, poco sensibles al paso del tiempo. Varían con lentitud, sólo se transforman tras largas incubaciones, de las que también son poco conscientes». Geoffrey Barraclough hace un planteamiento global: «Desde Tucídides sabemos que la clave última de toda explicación histórica reside en su naturaleza humana, y los historiadores, como discípulos de Tucídides, se han considerado, normalmente, psicólogos de propio derecho.» Moses I. Finley insiste: «El historiador debe, constantemente, apoyarse en las otras ciencias humanas: sociología, economía, ciencia política, antropología, derecho, evidentemente, pero también, según los casos, psicología, filosofía, lingüística, historia del arte, crítica literaria.» Son diversos otros los historiadores —Berr, Bloch, Febvre, Le Goff, etc.— interesados por la psicología en la dinámica social. Incluso uno de los historiadores que ha pasado gran parte de su vida trabajando con un enfoque unidimensionalmente económico-marxista, Pierre Vilar, en los últimos años viene cambiando y da mayor amplitud a sus quehaceres: «Económico, más social, más político, más ideológico y espiritual, igual a histórico.» Pero Pierre Vilar reconoce que «lo que todavía no se ha elaborado es el modelo histórico eficiente, que tenga en cuenta no sólo lo económico sino también lo psicosocial, de las secuelas del pasado, de las reacciones del presente, y de la creación de hombres nuevos a partir de realidades nuevas». Braudel, aunque da fin a una gran obra historiográfica, se ha muerto hace poco reclamando la elaboración del método transdisciplinario: las ciencias del hombre «no tienden a la oposición, sino a la convergencia...», constituyen «una sola y única aventura del espíritu, no el envés y el revés de un mismo paño, sino este paño mismo en todo el espesor de sus hijos», por lo cual Braudel preconiza: «Un nuevo lanzamiento de las ciencias del hombre es indispensable.»

Algunos de los autores citados ya son ellos mismos *personalidades transdisciplinarias.* Por ejemplo, Prigogine nunca ha estado encerrado en su especialidad química, al contrario: posee una fina formación en humanidades, en arqueología y en historia (particularmente en lo que concierne a las civilizaciones antiguas), en música y filosofía. Su talento transdisciplinario brilla sobre todo en su libro *La nueva alianza* (escrito en colaboración con Isabelle Stengers). Es, además, un hombre de gran vitalidad, viaja mucho y tiene un notable sentido del humor. El virólogo André Lwoff (Premio Nobel 1965 junto con Jacob y Monod) es a la vez violinista muy apreciado por públicos selectos y un activista cívico, defensor de los derechos del hombre allí donde estén amenazados, lo que pone de manifiesto en su libro *Jeux et combats.* Para Lwoff, el juego es una fundamental posición metodológica: «Siempre he considerado la investigación como un juego, la escritura, la pintura y muchas otras cosas también. He jugado toda mi vida.» Quizá Lwoff hizo suya una de las tesis de Schiller en *La educación estética del hombre*: «Sólo juega el hombre cuando es hombre en el pleno sentido de la palabra, y sólo es plenamente hombre cuando juega.»

Lo cierto es que el concepto de juego forma parte esencial asimismo del compañero de Lwoff, Jacob, quien también lo pone en el título de uno de sus libros, *Le jeu des possibles*. La lectura de este libro es una delicia no sólo por el rigor de su pensamiento como biólogo, sino por la sencillez con la que se expresa, y la extraordinaria libertad con la que recurre a otras fuentes, incluso a las ideas que manan de no-científicos. Esta capacidad de ser libre, de *rechazar todo prejuicio académico*, me parece otro signo de voluntad transdisciplinaria que, por supuesto, ha de ir incluso mucho más allá de la transgresión de las disciplinas y engranarse creativamente con toda la vida cultural que fluye en la sociedad. Así Jacob, en el pórtico de dicho libro pone una cita de Lewis Carroll que hace dialogar a Alicia con la Reina *Desde el otro lado del espejo*: «No se puede creer en cosas imposibles» (dice Alicia). «Supongo que te falta entrenamiento», dice la Reina... «Algunas veces he llegado a creer hasta en seis cosas imposibles antes del desayuno.» Pero en este libro no hay sólo esta cita que puede chocar a los vetustos espíritus académicos: Jacob encabeza la segunda parte con una cita de Woody Allen, y la tercera con otra de Confucio.

Con Jacob, pues, nos encontramos en el polo opuesto de la cateta Universidad española en la que sobran envaramientos y retóricas y falta ciencia y sensibilidad. También se encuentran a años-luz de esos ambientes, en los que se aparenta y apenas se hace, dos jóvenes y ya principales investigadores en ciencias sociales, Albert Bressand y Catherine Distler —él «polytechnicien» y economista por Harvard, y ella ingeniero de telecomunicaciones por la «École Normale Supérieure» de Sèvres— que dirigen el programa europeo «Prometeo» y el Centro de Prospectiva de la Evaluación: en un libro de prospectiva publicado recientemente, *Le prochain monde*, que a la vez es un análisis del mundo actual en su fase emergente, ofrecen una muestra de *texto transdisciplinario*: aunque se centran en el estudio de los efectos de la aplicación expansiva de los ordenadores y de la teleinformática, Bressand y Distler no se expresan como especialistas, sino como muy cultos generalistas: observan el mundo, sus principales antecedentes históricos, sus dinámicas más determinantes y los futuribles probables o verosímiles. De tal modo no es raro que junto a los conceptos y autores de tales especialistas, ellos citen, además, a Bertalanffy, a Braudel, a Friedman, a Galbraith, a Leontief, a Lévi-Strauss, a Marx, a Saint-Simon, a Saint-John Perse, a Shakespeare, a René Thom, etc., y a otros considerados menos o nada «santos» en el mundo académico como el humorista Reiser, el novelista Wells, el director de películas Polansky, el semanario satírico *Charlie Hebdo*, Charlot, Picasso, etc., todo lo cual no impide sino que, muy al contrario, fecunda una coherencia y una altura teórica que se desarrolla muy por encima de lo que se suele ver en los ambientes españoles análogos, en los que basta que se cite a un autor heterodoxo en un centro académico para que desde su tribu los ortodoxos lancen sus anatemas. Es instructivo del espíritu transdisciplinario que se vincula a la informática y que también anima a los que tienen esta especialidad, el que en los textos referentes a ordenadores y a su dimensión de inteligencia artificial proliferen las citas referentes a diversos autores que no tienen nada que ver con estas ciencias y técnicas o que no se les puede incluir en ninguna «disciplina» académica tradicional. Así, Bruno Lussato, catedrático parisino de Teoría de los Sistemas y presidente de la Asociación para la Promoción de Sistemas Descentralizados, en su libro *El desafío informático*, cita a François Truffaut, a Teilhard de Chardin, a Tolstoi, a Goethe, etc. Una profesora de Filosofía y Psicología, Margaret A. Boden, ex-directora de la Sociedad Británica para la Filosofía de la Ciencia y miembro de la junta directiva de la Sociedad para el Estudio de la Inteligencia Artificial y Simulación de Conducta, en su voluminosa obra *Inteligencia artificial y hombre natural*, demuestra su libertad y flexibilidad de pensamiento citando varias veces a Lewis Carroll y a su *Alicia en el País de las Maravillas*, la película *West Side Story*, etc. Esta posición teórica, en el polo opuesto a toda rigidez dogmático-disciplinaria, contraria a toda falsa seriedad especializada, es difícil de encontrar en los ámbitos universitarios españoles: al revés, pese a que los niveles científicos por lo general no son altos en nuestro país (o acaso precisamente por eso), toda referencia que escape a la «disciplina» suele considerarse negativamente.

Hasta hoy, la inmensa mayoría de los autores que he citado como alentadores de la transdisciplinariedad, llegaron a sus conclusiones de que había que superar lo simple para desarrollar lo complejo, cuando se introducían en la etapa final de su vida, lo cual explica que no desarrollaran el método correspondiente y que todavía nos encontremos en los albores de estos enfoques. Pero en los últimos años se están haciendo considerables esfuerzos en este sentido entre representantes de las nuevas generaciones, como Bressand y Distler. Con todo, ya pueden citarse, circunscritos a algunos campos, resultados deslumbrantes de los planteamientos de creciente complejidad.

De esos frutos se benefician ya millones de personas aunque ignoran cuáles han sido los procesos complejos que han llevado a la puesta en práctica de técnicas cada vez más difundidas en las sociedades en las que vivimos. A las innovaciones se ha llegado mediante el espíritu aventurero y transgresor de otras épocas, desde Copérnico a Einstein, con el rechazo y la superación de los paradigmas tradicionales, a través de la desviación significativa que no tiene miedo de abandonar el ámbito seguro de la «disciplina» conocida para ponerse en relación e incluso para instalarse en otros sectores del conocimiento, ampliando los propios de la primera especialización. Tal es, también a grandes rasgos, la experiencia compartida, fecundamente dialogante, entre el matemático Norbert Wiener, que enseñaba matemáticas en el MIT (Massachusetts Institute of Technology), y el neurofisiólogo Arthur Rosenblueth que trabajaba en Harvard. A los trabajos interdisciplinarios de éstos, dedicados a hacerse preguntas sobre lo que no saben y acerca de lo que se ignora de los espacios inexplorados entre las ciencias, se suma en los años 1940 Julian H. Bigelow, un ingeniero, y otro neurofisiólogo, Warren McCulloch, director del Instituto de Neuropsiquiatría de la Universidad de Illinois. En esos años, hace un poco más de cuatro décadas, están en los orígenes de grandes progresos científico-técnicos: es el (re)lanzamiento de la cibernética: digo (re) porque Wiener utiliza este concepto ya empleado por Platón: «*kubernetes*» o «arte del pilotaje» o modo de gobernación de los sistemas de muchas variables interactuantes, consustancial, por cuanto vengo proponiendo, al método sistémico y a las desviaciones significativas, o a su síntesis, el método de la complejidad. Entre todos esos investigadores no sólo hay colaboración interdisciplinaria, sino que algunos de ellos se lanzan decididamente a la transdisciplinariedad, como McCulloch, quien, sin dejar la neurofisiología se forma asimismo como matemático. Transcurren ya los años 1950, y estos equipos, a los que se suman otros colaboradores, trabajan en proyectos de inteligencia artificial, de biónica y de robótica. Entre los nuevos «descubridores» destacan, también en el MIT, un joven ingeniero electrónico, Jay W. Forrester, que es el inventor de la memoria magnética ultrarrápida que después utilizan los «computers» IBM. Mientras tanto, otro equipo encabezado por el biólogo Ludwig Bertalanffy, promotor de la teoría general de los sistemas, trata de aplicar las innovaciones cibernéticas a otros campos dentro de lo que definen como «Society for General Systems Research»: en estos proyectos trabajan otros biólogos como Ross Ashby y Raschewsky; matemáticos como Rapoport; economistas, como Boulding, etc. Estos pioneros van muriendo en los años 1960 y 1970, pero los efectos positivos de sus trabajos transdisciplinarios prosiguen en los años 1980 (desgraciadamente también hay efectos inquietantes porque, hasta hoy, los principales «consumidores» de ordenadores son los Ejércitos y las Policías de Estados Unidos y de otros países). Pero si he citado las actividades de esos equipos es porque en esos campos demostraron su creatividad engranando conocimientos tan distintos como los matemáticos, los psiquiátricos, los económicos, los biológicos y los electrónicos. Son ejemplos muy plausibles del método sistémico.

Hasta los elementos técnicos que están dejando atrás el modo de producción mecánico-industrial, a la par que ponen las bases materiales para un nuevo tipo de civilización, que tendrá su eflorescencia en el año 2000 y pico, son frutos, pues, de la actitud herética que no dogmatiza los contenidos de ninguna «disciplina» ni se siente paralizada ante las condenas puristas de unos u otros ortodoxos.

Ahora bien, ¿puede deducirse de esos trabajos interdisciplinarios un método *fijo* de la complejidad? No: el lector que me haya seguido hasta aquí ya puede deducir que lo «fijo», el «*know how*» explicado de una vez para siempre, es algo profundamente contradictorio con el método de la complejidad;

tampoco la cultura transdisciplinaria puede brotar de un conjunto de ideas y de elementos metodológicos que crean haber llegado al punto máximo, óptimo, de sus posibilidades y que, por ende, propendan a asentarse en posiciones acomodaticias para «ver cómo funciona» el «invento».

El método de la complejidad no tiene nada que ver con cualquier cosa parecida a una guía detallada, o a un diccionario o a un catálogo de recetas para hacer cocidos, guisos o parrilladas o ensaladas gastronómicas o académicas. La cultura transdisciplinaria se sitúa en el polo opuesto de toda idea fija o «ropa hecha» o «platos cocinados» o «botes de conserva». Aquél (método) y ésta (cultura) confluyen en promover la innovación, en hacer futuro, o si no, no son ni complejos ni transdisciplinarios. Por análogas razones, quienes deseen participar en estas tareas han de aportar algo nuevo y diverso, o será difícilmente productivo seguir tratando de todo ello. Por lo menos, quizá convenga insistir en lo ya sugerido, han de abandonar antes las certezas, prescindir de las seguridades, y, sobre todo, *renunciar de antemano a toda pretensión «imperialista» de la propia «disciplina» (la que sea) sobre las demás áreas de conocimiento.* Es probable que consiga explicarme con más claridad si engarzo lo que digo con lo que Ludovico Geymonat, uno de los más antidogmáticos representantes de la filosofía dialéctica, en concordancia con Kopnin, puntualiza como «peculiaridades del conocimiento científico actual» en su libro *Ciencia y realismo*: «...La teoría ya no es una simple transformación de datos experimentales sino una síntesis, en la cual adquiere un significado cada vez mayor el pensamiento teórico, que se presenta como un potente factor dirigido a *promover ideas fundamentales que dan origen a nuevas teorías...*» «Acumular e incluir en el entramado de la ciencia conceptos y términos que... van dirigidos no hacia el objeto estudiado sino *hacia el conocimiento en torno a éste*; es decir, la creación de metateorías y metaciencias...» «Cada vez se penetra en mayor profundidad en el campo de afirmaciones y construcciones paradójicas y "sutiles" que *chocan no sólo con el "buen sentido" sino también, por lo menos así parece, con la realidad en general entendida de modo racional...*»

La investigación actual está más allá de cualquier positivismo corto de vista y tampoco pretende catalogar verdades absolutas y definitivas, aunque sí aspira a avanzar por los caminos de nuevas probabilidades. En estos rumbos de vez en cuando encontramos otros aspectos de lo verdadero, aunque relativizado por cada uno de los diversos criterios transdisciplinarios que, en cualquier caso, consideran sus conclusiones como provisionales, en movimiento hacia otras probabilidades y verdades circunstanciales, de éstas a otras, y así sucesivamente, convencidos de que, al menos por hoy, *el fin de los fines no existe*, así como tampoco es hoy posible escribir el último número, la cifra final después de la cual ya no haya otros billones, trillones...

Dado el estado actual de la enseñanza y de la cultura en general, no es fácil que proliferen las investigaciones mediante el método de la complejidad. Para que las consideraciones complejas y probables prosperen es necesario que esta metodología intervenga ya a partir de la escuela primaria.

En sus diversos grados, la enseñanza ha de tener en cuenta las necesidades de personal cualificado para el sistema productivo. Pero la enseñanza, en todas sus fases, ha de ser mucho más que todo eso. Es instructivo y conveniente enseñar-aprender cosas, datos, reglas, erudiciones, etc., pero lo imprescindible es enseñar-aprender a pensar, a reflexionar, a criticar de un modo personal autónomo, fundado y con proyecciones racionales y sensibles coherentes con las potencialidades de cada fenómeno y momento. La enseñanza no ha de estar sólo al servicio de las necesidades técnicas de las empresas industriales, comerciales y de servicios, sino que, desde la escuela primaria hasta la Universidad, la enseñanza ha de formar seres humanos, tomando en consideración su natural condición generalista y su natural proyección múltiple, no-especializada, en cuanto le rodea. Si se llegara a tener una cultura general diversificada de alto nivel y al mismo tiempo se creara en todos el hábito entusiasta de proseguir su respectiva formación intelectual a lo largo de toda la vida, entonces el método de la complejidad se aplicaría muy fácilmente, porque ya viviríamos en una cultura transdisciplinaria, en el polo opuesto de su actual hiperespecialización y fraccionamiento.

Pero como no estamos, ni muchísimo menos, a ese nivel, hemos de partir de lo que hay, como el torero ha de lidiar el toro que le toca en suerte. El método de la complejidad no deja de considerar el conocimiento básico de cada «disciplina», pero para inundarlo de otros conocimientos de su contorno próximo o relativamente alejado: el método de la complejidad se toma relativamente en serio el saber de cada «disciplina», pero lo reconecta inmediatamente con otras «disciplinas», en cuyo quehacer no deja de mirar irónicamente hacia unos u otros «minifundios» culturales, rechazando sus infundios; en vez de las tácticas sectoriales y coyunturales del método analítico, el método de la complejidad propone estrategias globales y estructurales.

Este método procede por fases que le llevan a una complejidad cada vez mayor. En cada fase, el método de la complejidad puede resultar ansiógeno: algo de esto ya ha quedado sugerido y conviene subrayarlo a fin de conseguir que las ansiedades se racionalicen: es posible que produzca angustias porque no respeta las normas ni las jerarquías tradicionales, trastoca los conocimientos, los desconecta para establecer nuevas conexiones entre ellos, expone paradojas, sugiere mutaciones, no se priva de alguna ensoñación futurológica al tiempo que critica la actualidad o el pasado mediato. El método de la complejidad no sólo afirma (aunque poco) sino que, sobre todo, pregunta; no sólo llega, sino que sobre todo viaja. El método de la complejidad no busca un sentido único, sino que encuentra polisemias; no tiene ningún vicio científico-«monoteísta», sino que practica el más libre y flexible «panteísmo», no absolutiza nada, lo relativiza todo; el método de la complejidad es suficientemente libertario (aunque no exactamente al estilo de Paul Feyerabend), hasta ponerse en cuestión a sí mismo cuantas veces sea necesario.

El método de la complejidad, allí donde se aplica —como en este libro lo aplico mientras lo explico—, provoca el cambio de hábitos teóricos y prácticos, desplaza y resitúa, desorienta y reorienta, desnacionaliza y supranacionaliza, *desfeminiza y desmasculiniza y rehumaniza* para intentar proyectarnos en nuevas aventuras exploratorias.

Cuando ha descubierto un territorio desconocido, el método de la complejidad (que no tiene ningún sentido de la propiedad) se marcha en seguida a la búsqueda de otro paisaje, perspectiva u horizonte, perdido con sus riquezas reales y simbólicas *entre* los separados conocimientos actuales. La complejidad es compleja y cada vez más compleja siempre y cuando no se detenga en la repetición de lo conocido y en la medida que innove a través de otras variables.

¿Cuáles son otros aspectos del código del método que estoy proponiendo? La complejidad no instituye ningún código, a no ser un constante transcódigo. Así como Brecht propone la «Gran Costumbre» de «reflexionar con métodos nuevos en cada situación nueva», el método de la complejidad *construye, en cada investigación, una transcodificación* a la vez que genera un interlenguaje fruto de la crítica epistemológica de los conceptos de los demás lenguajes científicos y, en la medida de lo posible, artísticos.

Ciertamente, en todos esos enfoques surgen especificidades del método de la complejidad, aunque yo no deseo subrayarlas con el fin de no inducir ningún tipo de anquilosis o esclerosis metodológica, así como tampoco quiero detenerme en ninguna autosatisfacción apologética.

¿Podría decirse que el método de la complejidad es un intermétodo? Tampoco, porque no sólo articula métodos diversos (lo que, si nos quedáramos en este estadio, sería todavía demasiado simple), porque sobre todo los desintegra en provecho de una nueva síntesis metodológica engranada con un fenómeno (una tendencia, una constante, un movimiento, una inercia, un conjunto de problemas, una situación, un proyecto) circunstancial o de larga duración que se desee investigar.

Así pues, el método de la complejidad no sólo trastoca y deshace los compartimientos estancos de las «disciplinas», sino que este método, si bien mantiene el espíritu que vengo sugiriendo, *se modifica en cada investigación*: se desconecta de anteriores investigaciones aunque aprenda en cada una de ellas y afina sus elementos metodológicos: toma distancias críticas respecto a lo hecho: el efecto autocrítico es autotransformador pero no para constituirse en una especie de monumento que organiza su autoperfección, sino para seguir interrogándose hacia el futuro, respecto a lo desconocido, con relación a los inmensos continentes-contenidos que falta descubrir. En pos de todo ello (fenómenos, problemáticas, tendencias, eutopías, eucronías, etc.) el método de la complejidad declara sin tapujos que, con la flexibilidad que le caracteriza, avanzará hacia nuevas trangresiones de lo establecido y de las normativas consolidadas, hacia nuevas «herejías» fluidas, desviaciones significativas, discordancias y disidencias que, tal vez, encuentren nuevas síntesis. Einstein, al aplicar su método, se refería a estos enfoques con palabras más contundentes que las que yo utilizo: «Toda teoría es asesinada tarde o temprano por la experiencia. Pero si la teoría tiene algo de bueno, eso bueno es incorporado y continuado en la teoría siguiente.» La ciencia tiene un desarrollo continuo porque, de acuerdo con Geymonat, «la profundización de un conocimiento no conduce jamás a resultados que cierren definitivamente la investigación agotando el problema». En cualquier caso, la táctica y la estrategia de los transsaberes hacia los saberes que todavía no sabemos, contienen los deseos de inaugurar otras prácticas humanas, con otras escalas de valores, con éticas distintas de las actuales.

En sus prácticas o en sus elaboraciones teóricas, explícita o implícitamente, los autores que vengo citando fueron o son hombres profundamente partidarios de engranar interdisciplinariamente sus ciencias con las de los demás e incluso englobar a las artes en estas tareas enfocadas por el método de la complejidad. Como vengo sugiriendo, esta metodología se hace tanto más necesaria cuanto que el mundo se está haciendo cada vez más complejo con la interpenetración de las naciones, de las técnicas, de las finanzas, de las culturas... También ha quedado sugerido de diversas formas que de ahora en adelante el método de la complejidad puede ser cada vez más viable mediante las nuevas técnicas informáticas, en especial las que ofrecen los ordenadores con inferencias simbólicas e interfaz humana. Los más clarividentes especialistas en inteligencia artificial asimismo están convencidos de que sin la contribución de las ciencias y de las artes que se desarrollan hasta hoy sus máquinas son poco útiles, y por ende preconizan igualmente la interdisciplinariedad, pese a que algunos de ellos, como Feigenbaum, la proponen, en principio, al revés de como yo la propongo: «la informática es la disciplina que afecta a todas las demás disciplinas», cierto al menos como posibilidad, como proyecto, pero para alcanzar esos horizontes, la elaboración informática del saber ha de ser primordialmente tratada, a su vez, por planteamientos e hipótesis históricas, psicológicas, éticas, estéticas, sociológicas, matemáticas, lógicas, lingüísticas... En el fondo y en lo esencial estamos completamente de acuerdo, o sea: acabamos confluyendo en lo mismo. Feigenbaum tuvo un maestro, Herbert Simon —personaje clave en el desarrollo de la inteligencia artificial—, que es un espíritu profundamente interdisciplinario como lo prueban sus aportaciones decisivas también en el campo de la economía y sus contribuciones intelectuales en campos tan diversos como la psicología, la ciencia política y la administración financiera. Feigenbaum también detecta con claridad y denuncia sin tapujos cuál es y dónde está uno de los mayores obstáculos para difundir el método interdisciplinario: el lector que me haya seguido con atención hasta aquí ya lo puede deducir por sí mismo: *el lugar donde más se obstaculiza la creación y la transmisión de los nuevos saberes y transsaberes es la Universidad*, que ya he definido como *imperio mortuorio de las disciplinas*: el profesor Feigenbaum lo sostiene así: «las universidades muestran una profunda resistencia hacia los contactos interdisciplinarios que son esenciales en el campo de los ordenadores». Akram Midani, decano de la Facultad de Bellas Artes de la Universidad de Carnegie Mellon —una de las pocas universidades informatizada— argumenta la necesidad del método interdisciplinario para acabar con la separación artificial entre ciencias y artes que impuso el modo de producción industrial en su desarrollo y hasta etapas recientes (en parte, todavía hoy): antes «el arte y la tecnología siempre habían caminado cogidos de la mano. (...) La separación artificial entre los dos campos fue resultado de un error intelectual. Se creía que en la ciencia y la tecnología no habría lugar o tiempo para el juego. Los científicos y los técnicos pensaban en los artistas como si estuviesen gobernados por fuerzas misteriosas de la inspiración solamente. *La víctima de este debate artificial ha sido la unidad del hombre mismo*». Por tanto, hay que eliminar esa «frustrante separación» por los múltiples cauces de la informática: «nuestros estudiantes e investigadores de hoy inventan, diseñan y juegan, mientras aumentan sus capacidades y talentos usando la ciencia de los ordenadores en sus campos de interés». Avanzan ya por el rumbo de lo que yo conceptúo como *transsaberes*. Algunos físicos y matemáticos se encuentran entre quienes de modo más audaz se lanzan por los rumbos de la interdisciplinariedad. El ya muy citado Prigogine es un hombre profundamente vinculado con el arte y en los últimos tiempos ha participado en una exposición que lleva el título de «L'art et le temps» con la que se plantea el problema de la irreversibilidad. Giorgio Careri pasa de sus tareas de físico a las de escultor. Ahora bien, son los ordenadores y los objetos fractales los que más vienen atrayendo las tareas de científicos como Benoit Mandelbrot, Jean Petitot, Peter Oppenheimer, Otto Peitgen, Hans Richter, etc. Las fórmulas matemáticas se transforman en estructuras artísticas, o bien el arte es también resultado de ecuaciones, creando zonas de confluencia de saberes y de sensibilidades que poetizan las técnicas, que dan nuevos ritmos a los números, que son también vías, en suma, hacia nuevos panoramas culturales de alta complejidad, alejados y en el polo opuesto de las viejas «especialidades».

6. Flujos aleatorios y emergentes a través de sincronías y diacronías

Hacer porvenir con los transsaberes significa *desaprender* muchas cosas aprendidas en el pasado y redescubrir los múltiples movimientos del tiempo, de la materia, de la energía, de la información y de los azares a través de estructuras y relaciones sincrónicas y diacrónicas.

Desde hace milenios, el tiempo, sus transcursos rápidos o lentos, sus inercias, es una cuestión central de la filosofía y de las ciencias de todas las épocas. El tiempo está en el fondo de toda realización humana, de su sentido (minúsculo o colosal) de la transcendencia, de su búsqueda (tácita o explícita) de la inmortalidad, de la prolongación (simbólica y real) de su existencia en una u otra forma de permanencia en la historia y de eternidad, que para unos suele llamarse «cielo», para otros «paraíso», para aquéllos refusión de sus energías con las energías del cosmos que se extiende en billones y billones de años-luz, para los de más allá y los de más acá perduración de su obra (arquitectónica, literaria, científica, artística, filosófica, política, etc.) en la vida colectiva después de su muerte individual.

No es cuestión aquí de hacer una exposición exhaustiva de las categorías filosóficas y científicas del tiempo, pero sí conviene refrescar la memoria en torno a algunas ideas principales que resultan fértiles para las reflexiones centrales de este libro. Desde Aristóteles hasta Einstein, el tiempo se engrana con el espacio: para aquél se expresaba con el movimiento (de un planeta, de un cuerpo, etc.), para éste hay equivalencias: temporalización del espacio y espacialización del tiempo. Einstein se distingue también de Newton en que no sostiene que podamos referirnos, con el inglés, a un «tiempo universal» ni al «espacio absoluto». El «orden de los acontecimientos», que es como Leibniz consideraba el tiempo, es una de las nociones más arraigadas hasta la actualidad. Desde la termodinámica Sadi Cornot y Clausius argumentan un tiempo en tanto que irreversibilidad, en tanto que transformación y desorden, en tanto que frotación de energías y entropía. Por el contrario para pensadores como Bergson lo que prevalece es la neguentropía, la creatividad a lo largo de la evolución. Para Kant el tiempo es una forma de apreciación de la conciencia de cada cual.

Al descender de esas reflexiones al ritmo temporal de cada uno y de todos en sociedad, uno de los principales sociólogos franceses, Georges Gurvitch, en una serie de conceptos que también hace suyos el historiador Braudel, distingue múltiples temporalidades: «El tiempo de larga duración y en *ralenti*, el tiempo engañoso o tiempo sorpresa, el tiempo de palpitación irregular, el tiempo cíclico, el tiempo retrasado sobre sí mismo, el tiempo alternativamente retrasado y adelantado, el tiempo anticipado con relación a sí mismo, el tiempo explosivo.» Para Braudel que, como historiador, desprecia los tiempos cortos *événementiels* y valora altamente los tiempos largos, «no existe un tiempo social de una sola y simple fluctuación, sino *un tiempo social susceptible de mil velocidades, de mil lentitudes*, tiempo que no tiene prácticamente nada que ver con el tiempo periodístico de la crónica y de la historia tradicional», pero advierte más adelante que «nada hay más importante en el centro de la realidad social que esta viva e íntima oposición, infinitamente repetida, entre el instante y el tiempo lento en transcurrir. Tanto si se trata del pasado como si se trata de la actualidad, una consciencia neta de esta pluralidad del tiempo social resulta indispensable para una metodología común de las ciencias del hombre».

La actualidad tiene su propia densidad temporal, es innegable, pero suele ser de un denso delgado, volátil, aleatorio, que desaparece rápidamente, para convertirse en pasado o para devenir futuro. Un historiador inglés, E. H. Carr, ha definido el presente como una *línea imaginaria* entre el ayer (inmediato o remoto) y el mañana (inmediato o lejos en el porvenir). El hoy tiene su realidad y su posibilidad, pero a menudo es poco o nada significante, porque sobre él actúan constantemente otras dos fuerzas: las numerosas estructuras y dinámicas que proceden del pasado (de décadas y también de siglos atrás), y las numerosas energías que se organizan con el fin de hacer germinar, promover, desarrollar las potencialidades que llevan en su seno el porvenir.

El ser humano, en su mayoría, suele vivir en la confluencia del tiempo pasado y del presente, con escasas proyecciones hacia el porvenir; y cuando otros le exponen ese devenir en forma de hipótesis diversas y antagónicas, no es raro que sienta inquietud hacia lo nuevo y lo inesperado. Gran parte de la gente quiere mantenerse en una estabilidad sincrónica, y aunque desea mejorar apoya poco las fluctuaciones diacrónicas y aleatorias, que son las que pueden producir grandes fructificaciones.

La evolución y el cambio operan sobre las estructuras que funcionan equilibradamente. Pero éstas no pueden perdurar mucho tiempo sin el concurso de aquellos movimientos que implican nuevas materias, energías, informaciones y espacios. Sabemos que todo fenómeno, cuerpo, institución, grupo social, etc., que se encierra en sí mismo, que no asimila nada de su contorno, no sólo se rutiniza y burocratiza sino que pierde energías, degenera, languidece y muere. Incluso la vida común, la vida en su más mínima expresión, requiere, si desea prolongar su existencia, organizar un cierto grado de variedad en relación con la naturaleza y con la sociedad. Cuando los seres humanos se lanzan a imaginar para crear, para realizar innovaciones, sus relaciones con los dintornos y los contornos han de ser muchísimo más complejas y fluidas.

Del modo que vengo sugiriendo página tras página, pues, la savia de lo nuevo no es ningún elixir mágico que produzca maravillas en quien lo tome, sino la síntesis de la multiplicidad de resultantes de numerosas intercomunicaciones e interactuaciones que, aunque partan de núcleos de información especializada hacen prevalecer la información y cultura general, la conveniente a todos, prescindiendo de jerarquías artificiales, en la elaboración y en la práctica de la cultura transdisciplinaria que habrá de llevarnos, permítaseme soñar otra vez un poco con Fourier y con Marx, a una sociedad en la que será posible trabajar de 9 a 10 de la mañana como programador de ordenadores, por ejemplo, de 10 a 11 se dedicará un tiempo al estudio teórico, de 11 a 12 podremos ir a pescar o a cultivar tomates o pimientos, entre 12 y 13 horas habrá quienes tengan aficiones culinarias, aunque otros no almuercen a mediodía y aquéllos no coman más que a las cuatro de la tarde, para volver quizás a las cinco a trabajar un poco en alguna actividad transespecializada, o a escuchar música y hacer el amor de modos muchísimo más variados que los actuales.

Pero, mientras tanto, volvamos a sincronizar con la realidad actual porque es preciso exponer unas cuantas proposiciones teóricas más en torno a la savia de lo nuevo que puede empezar a circular por el «bosque» de la sociedad actual.

La persona deja de ser animal en la medida que desarrolla su conciencia, su racional capacidad de efectuar asociaciones de unas informaciones con otras, de unos hechos con otros, de unas necesidades con otras, etc., y en el grado en que toma consecuentemente decisiones adecuadas para optar por realizaciones prácticas que le lleven a un mayor nivel consciente y a la adquisición de conocimientos más amplios y precisos respecto al mundo en el que se encuentra. Con todo ello, sin embargo, el hombre no sobrepasa un estrato medio-bajo de las características generales de la masa humana de su respectivo tiempo. Pero en cada época, otros hombres, por lo general minorías, expresan lo más esencial del género humano: su imaginación acoplada con la creatividad. Sin la capacidad de imaginar más allá de la realidad, el ser humano ni siquiera hubiese pasado del Paleolítico al Neolítico.

La imaginación puede ser tanto más creadora cuanto más informaciones generales posea y más afinado tratamiento crítico y proyectivo les aplique. Las informaciones, las críticas y las proyecciones no sólo han de referirse a la materialidad del mundo que le rodea, sino asimismo a sus determinismos biológicos, psico-físicos. Sólo poseyendo plenos y rigurosos conocimientos acerca de que, hoy por hoy, no podemos ser totalmente libres, podremos avanzar por los rumbos de la autoliberación y de la liberación colectiva crecientes, tanto en sentido socioeconómico como espiritual, cultural y sensible. Todo ello no puede alcanzarse más que llevando a buen término constantes esfuerzos en todas las ramas científicas, filosóficas y artísticas.

Ahora bien, cuando resulta que algunas series de obstáculos con los que chocamos al desear avanzar se encuentran precisamente en los contenidos y formas culturales contemporáneos, una de las tareas primordiales habrá de consistir en desintegrar las estructuras mentales bloqueadas por dichos conocimientos. Con lo cual la problemática se complica mucho más: parece encerrarse en un círculo vicioso: el ser humano necesita información-conocimientos cultura en los que apoyar su imaginación para liberarse más, pero la cultura sufre no pocas rémoras del pasado. Sin embargo, el lector ya sabe que pueden encontrarse salidas a ese círculo vicioso: las que ofrecen la crítica sistémica de las producciones culturales «disciplinarias» que llegan hasta hoy, las que ofrecen las circulaciones heterogéneas y heterodoxas de las desviaciones significativas, la paciente elaboración de una cultura transdisciplinaria.

En tales sentidos, también es imprescindible *privilegiar una serie de actitudes humanas en vez de otras.* En los tiempos pasados y todavía en nuestros días la vida colectiva se caracteriza predominantemente por las competitividades de todo tipo: pero el hombre, por su condición social, tiene una aptitud poco desarrollada cuya expansión favorecería el crecimiento de la nueva cultura y de las nuevas prácticas interhumanas: la aptitud de la *cooperación.* Las sociedades de ayer y de hoy son productos complejos no sólo de la cultura, sino también de la agresividad, hasta los extremos más hirientes y dolorosos, pero ésta es una de las mayores contradicciones de la civilización, porque el hombre y la mujer buscan sobre todo el *placer*: que es otro fundamento decisivo de la cultura transdisciplinaria, más allá de las represalias y reprimendas preconizadas por las «disciplinas».

Así pues, el actual funcionamiento sincrónico de las sociedades y de sus instituciones (también las de la enseñanza), funcionamiento caracterizado por la agresividad, tendrá que ser desplazado y remplazado por la dinámica diacrónica del placer. Del mismo modo, la cooperación habrá de sustituir la competitividad; las fluctuaciones globales inundarán los compartimientos estancos; la burocracia desaparecerá ante la presión de responsables eficientes...

Pero no nos lancemos todavía a soñar demasiado. Las interacciones entre lo diacrónico y lo sincrónico no sólo han de ser numerosísimas para promover las fuerzas emergentes, sino que también han de pasar por múltiples complejidades y fluctuaciones aleatorias, o sea: se ha de contar con esas sustancias y símbolos imprevistos, que intuimos que existen o que pueden generarse, pero que desconocemos y que, como tantas veces ha ocurrido en la historia de la humanidad, son o han de ser motores extraordinarios de la innovación, la cual no siempre surge —por lo general brota raramente— con una forma pura, acabada, como producto de un molde previamente perfeccionado: al contrario, *la innovación es a menudo fruto de impurezas, de desórdenes, de catástrofes o al menos de muy marcadas discontinuidades* que, al final relativo, lleva a un orden provisional (aunque hay provisionalidades que duran décadas y siglos). Con conceptos diferenciados pero confluyendo en unas mismas ideas transdisciplinarias de fondo es lo que viene a decir Prigogine con su «orden por fluctuaciones» que pasa por «estructuras disipativas» que desordenan pero que reordenan; lo que también sugiere el biofísico Henri Atlan con su «azar organizador»; lo que sostiene el matemático René Thom con su teoría de las catástrofes; lo que propone el sociólogo Baudrillard con la lúdica circulación de las seducciones.

En todo ello, en el inmenso crisol de la historia, en el devenir de la humanidad, entran elementos lógicos y míticos, porciones conscientes y chorros inconscientes, prospectivas racionales y sueños que sueñan nuestros cuerpos a veces como si fuesen los de otros seres (humanos, peces, plantas, pájaros...), ciencias y poesías... La historia y el hombre que la hace están lejos de ser fruto exclusivo de la racionalidad, como tampoco interviene únicamente en ella el ser del presente, sino asimismo el fue que perdura y el devenir que será.

En torno a lo cual caben siempre diversas hipótesis que pueden incluirse en los siguientes interrogantes globales: *a*) ¿cuál es el movimiento de inercia del conjunto de estructuras que proceden del pasado? y ¿cuál es el «peso» de éste respecto al presente?; *b*) ¿cuál es la movilidad (socioeconómica, científico-técnica, cultural-sensible) de eso que relativamente y con no pocas reservas podemos llamar presente?; *c*) ¿cuáles son los impulsos hacia el porvenir? De la articulación de las respuestas a estas hipótesis pueden deducirse las líneas generales del próximo futuro. A esas hipótesis también resulta instructivo engranar estas cuestiones: ¿cuál es el ritmo y la amplitud de la reproducción del pasado que se hace en el presente?, ¿cuál es el ritmo y la amplitud de la elaboración compleja de elementos, estructuras, savias, metodologías, relaciones complejas, talantes y talentos que generen porvenir? ¿Qué ritmo prevalece en cada momento? De ello depende que emerjan (o no) las innovaciones, los descubrimientos, las invenciones materiales y espirituales.

Mientras tanto, la vida —nuestra vida, su vida...— avanza hacia la muerte, pero en el movimiento irreversible las creaciones de todo orden —nuestras creaciones, sus creaciones...— avanzan hacia la vida...

VI. HACIA LA SUPERACIÓN DE LAS CONTRADICCIONES ENTRE ESTUDIAR, SENTIR PLACER Y TRABAJAR

Algunos intelectuales ya hace tiempo que no viven contradictoriamente estas tres actividades: el trabajo (escribir un libro, pintar un cuadro, hacer una investigación científica, etc.) es a la vez la realización o la ampliación del estudio, por el que suelen experimentarse placeres análogamente tan intensos como los goces eróticos-sexuales. El intelectual que económicamente puede vivir de su trabajo, no lo considera un empleo —en varios casos, ciertamente no lo es— sino mucho más: el ejercicio de una vocación o, si no se acepta este concepto que puede parecer grandilocuente, el hacer lo que a uno le gusta e incluso le seduce y apasiona. Y mucho más: el profesor, el investigador, el escritor, etc., plenamente identificado con su tarea, a través de ella aprende a ser y a devenir, consigue hacer brotar la autenticidad de su persona y sucesivamente puede moldearla según la proyección hacia el futuro que la quiera dar.

Esta forma de vida profundamente engranada con la cultura y con la práctica de la libertad, modo de vivir que hoy caracteriza sólo a unas minorías, podrá alcanzarse por millones de personas en los próximos decenios, siempre y cuando no estalle una guerra termonuclear, se frene la destrucción de la naturaleza por diversos tipos de contaminaciones, se supriman los grandes desequilibrios socioeconómicos, y se distribuyan y se apliquen democráticamente todos los adelantos científico-técnicos, que han de dar origen a un nuevo modo de producción y a nuevas formas de relaciones sociales, políticas y culturales.

Antes de llegar a esos horizontes, y para conseguir que la gradual aproximación a ellos sea adecuada a tales fines, hoy es preciso tomar en consideración otros aspectos en coherencia con lo que he escrito hasta aquí.

1. La ciencia y el humanismo preceden y sobrepasan las exigencias del sistema productivo

Es innegable que el sistema de enseñanza debe cumplir, en parte, con la formación de personal cualificado en las diversas actividades, para atender las necesidades funcionales de la industria, del comercio y de los servicios del modo de producción actual y de su previsible evolución en los próximos dos a cinco años. En este sentido, tienen razón los empresarios cuando se quejan de que ni siquiera muchos licenciados, en la especialidad que sea, resultan eficientes para ocuparse de tal o cuál tarea. Ahora bien, todo el mundo ha de tener bien claro que el aprender, desde la escuela hasta la Universidad, no consiste únicamente en acumular conocimientos para llegar a ser capaz de ejercer un oficio, sino que la enseñanza tiene que formar ciudadanos que actúen plenamente como tales en todos los ámbitos de la vida social.

Es más fácil conseguir una buena formación paraprofesional que alcanzar la condición de hombre y de mujer que se comporte a la altura de los requisitos interpersonales de la civilización actual, con fecundidad lógica y con proyección libre. Por tanto, si bien es cierto que ha de conseguirse que los estudiantes tengan una buena preparación para integrarse sin dificultades en unos u otros lugares de la estructura del empleo, asimismo es verdad que ha de acentuarse aún más la formación global superior que en este libro se propone.

Ello conviene que sea tanto más así por cuanto tampoco hay que caer en otro gran error —en el que algunos parece que se encuentran sumergidos—: creer que es el sistema productivo el que crea empleos y el que constituye el motor de la dinámica social. Al contrario: desde hace décadas, hoy más que antes y muchísimo más de cara al futuro, son las investigaciones científicas y sus aplicaciones técnicas las que crean nuevos instrumentos, máquinas, industrialismos, renovaciones postindustriales, relaciones de producción y los correspondientes puestos de trabajo, infraestructuras que también determinan las nuevas formas sociales e institucionales.

En los orígenes del capitalismo no se encuentran sólo burgueses o empresarios, hay sobre todo pensadores que establecen las directrices, todavía dentro del feudalismo, de lo que será la futura sociedad democrática, la formación social todavía pujante en nuestros días: esos pensadores son teóricos de la ciencia política como John Locke y Montesquieu, economista como Adam Smith, filósofos como Descartes, etc., y en sus sucesivos desarrollos modernos y contemporáneos, son sociólogos como Comte, biólogos como Darwin, psicólogos como Le Bon, etc. En suma, la ciencia y el humanismo preceden y sobrepasan las exigencias del sistema productivo de cada época. Los primigenios orígenes de la máquina de vapor, de la electricidad, del teléfono, del avión, del ordenador, del robot, etcétera, no fueron más que hipótesis científicas anotadas en un papel, que sucesivamente llegan a ser inventos que son utilizados por empresarios. Pero las posibilidades de cada uno de esos inventos —y de muchos otros— para reorganizar y reorientar el sistema productivo de cada período histórico, son mucho mayores que las que en cada época se aprovechan. Las investigaciones científicas se hacen y se destinan para que la sociedad humana progrese, pero la universalidad de la ciencia, al ser aplicada al sistema productivo, queda subordinada a determinados intereses nacionales, a determinados intereses minoritarios y a determinados intereses individuales. Algo parecido sucede cuando se trata de contar con medios para promover nuevas investigaciones: los que las financian piden rentabilidades a corto plazo, sin tener en cuenta que los quehaceres científicos por lo general dan resultados a largo plazo, precisamente porque se articulan con grandes complejidades y porque trabajan en la frontera donde empieza lo desconocido, la oscuridad poblada de interrogantes. Pero sin estas tareas, el mundo todavía permanecería en las rudimentarias sociedades agropecuarias, con «inventos» transmilenarios como el arado romano y el trillo de piedras cortantes. Sin los científicos, los responsables directos de las empresas no tardarían en encontrarse con un sistema productivo estancado. Sin los científicos y los humanistas, no se habrían formado —ni se formarían— sociedades civilizadas, con regulación de libertades, deberes y derechos para todos, y con instituciones privadas y públicas que los administran. La producción por la producción, el negocio circunscrito al negocio, sin tener nuevas concepciones sociales que conciernen a naciones enteras, no habría sido más que una continuación bárbara de la piratería, de los guerreros dedicados al pillaje, de las esclavitudes, servidumbres y picarescas, del bandolerismo y en definitiva del imperio del más fuerte en cada rincón de la selva. Sin ciencia ni humanismo, el ser humano no habría llegado a ser lo que es (con concreciones más positivas que negativas), ni podrá devenir lo que será.

En este sentido, si muchos empresarios españoles fuesen más audaces de lo que son o, por lo menos, estuviesen más y mejor informados de lo que están de la dinámica del mundo que avanza hacia el futuro, harían fuertes inversiones en la creación de nuevas instituciones educativas e investigadoras. Estados Unidos está a la cabeza del progreso científico-técnico precisamente porque desde hace siglos sus sucesivos gobiernos y sus más destacados industriales y financieros destinan grandes sumas a la fundación y al funcionamiento de centros universitarios que, a la vez, suelen estar dedicados a la investigación. Hoy, en todos los países desarrollados, tienen muy clara la siguiente idea: que uno de los sectores que puede crear más empleo es el de la enseñanza: *cada día son más las personas que necesitan, durante más tiempo, recibir la correspondiente formación cultural (de iniciación o de reciclaje).* Tan es así que por todas partes circula el concepto de «educación permanente»: ya resulta un absurdo limitar la enseñanza-y-el-aprendizaje a unos pocos años entre la niñez y la primera juventud: con la expansión de las industrias basadas cada vez en más conocimientos las necesidades de aprender se prolongan durante gran parte de la vida, hasta pocos años antes del término de la vida activa.

2. Expansión de los sistemas de producción automatizada, reducción de los puestos de trabajo, configuración y reparto de nuevos tipos de empleo y ampliación del tiempo libre

El paro es uno de los problemas más dramáticos de nuestro tiempo. El dramatismo es mayor debido a la imprevisión que ha caracterizado a los gobernantes y empresarios respecto a las consecuencias de la creciente aplicación de los nuevos adelantos técnicos en las industrias y en los servicios. Estos efectos habrían sido y podrían ser menos nocivos si al mismo tiempo se hubiese programado, o si se programa para el futuro, la configuración de nuevos tipos de empleo y nuevas formas sociales de participación en el trabajo. Todo ello sería factible hacerlo bien, de modo racional, planificado, pero, como en tantos otros cambios históricos anteriores, acabará haciéndose mal, atravesados por los irracionalismos, atropelladamente, sin medidas planificadas o a la manera salvaje.

La progresiva tecnificación e internacionalización del trabajo humano viene cambiando desde hace unas décadas los antiguos modos de efectuarlo. Desde las tareas más especializadas hasta las poco o nada cualificadas, han visto o ven transformarse los medios y las maneras de intervenir en los quehaceres individuales y colectivos. Hoy, por poner algunos ejemplos, ni siquiera los barrenderos municipales de grandes ciudades como París, Barcelona, etc., se dedican a barrer con escobas las calles: salvo pocas excepciones, ya cuentan con camiones, furgonetas u otros minúsculos vehículos-barredores; millones de mujeres han dejado de lavar a mano; los agricultores hace tiempo que labran con otros tipos de arados arrastrados por tractores; a los abogados se les abre un campo inmenso por la aplicación en sus países del derecho internacional (aludo, en especial, a la aplicación de las normas comunitarias en cada una de las naciones componentes de la CEE); los médicos cuentan con nuevos sistemas de diagnóstico y de tratamiento de las enfermedades (por la vía farmacológica, quirúrgica y por los cauces de los conocimientos alternativos, frutos de nuevas articulaciones con la naturaleza y con las investigaciones de la inmunología, etc.); los ingenieros de una fábrica situada en California pueden estar trabajando en equipo con otros ingenieros, diseñadores, lingüistas, matemáticos, etc., situados en Londres, en Tokyo y en París...

Los ordenadores, la telemática, los robots, etc., son útiles en numerosos centros de trabajo. La aplicación de máquinas automáticas programables en la producción y también en los servicios constituye un indudable progreso humano, como mínimo porque eliminan lo más penoso y lo más insalubre del trabajo. Ahora bien, en un principio estas nuevas técnicas también provocan efectos perniciosos: el principal y el más numeroso es que llevan al paro a millones de personas en todo el mundo. La productividad y la precisión de un hombre o de una mujer, e incluso de muchos de ellos juntos, no puede compararse a las de un «computer». La aplicación de la microelectrónica produce desplazamiento hacia el desempleo en otros sectores, por ejemplo: las antiguas centralitas telefónicas necesitaban varias empleadas que fueran enchufando y desenchufando las llamadas que se recibían del exterior y que tenían que trasladar a las diversas extensiones de la propia empresa, o viceversa; hoy, una centralita con igual número o más capacidad de líneas está automatizada y basta que la atienda una sola telefonista.

En los talleres y en las oficinas se reducen los empleos en la medida en que se introducen procedimientos automatizados. Esto es incontrovertible. Ahora bien, los nuevos sistemas también crean puestos de trabajo, aunque es en menor cantidad que los que eliminan. Los nuevos puestos de trabajo se subdividen entre aquellos que requieren una cierta especialización superior y los que necesitan una formación subalterna, aunque la diferenciación entre unos y otros pueda llegar a ser tenue, dada la exigencia generalizada de una cultura global de alto nivel; el paso de una a otra categoría será asimismo factible según el ritmo en que se produzcan las innovaciones y la asimilación de los respectivos conocimientos: Los sectores postindustriales y postagropecuarios así como los nuevos servicios que sin duda crearán nuevos empleos, sólo empiezan a desarrollarse. Ya he apuntado que el número de enseñantes e investigadores tiene que aumentar enormemente en todo el mundo, así como los profesores que, aun siéndolo auténticamente, no sean literal o exactamente miembros del claustro (vocablo de viejísimas resonancias) de tal o cuál instituto o universidad: los profesionales de cualquier actividad, enriquecidos, además, por la experiencia práctica, habrán de ocupar cada vez más puestos clave en la transmisión de conocimientos, tanto más o menos especializados como globales. En diversos estudios prospectivos realizados en Estados Unidos, Francia, Gran Bretaña, Japón, etc., se señala que los empleos se crearán también en sectores como sanidad, hotelería y servicios de bar y restaurant, seguridad, los dedicados al ocio, a la expansión cultural y al turismo, actividades artísticas y deportivas, artesanías, servicios públicos de transportes, energías y nuevos materiales, acuicultura, telecomunicaciones, aeronáutica, organización y administración de instituciones públicas, que requerirán no sólo un nuevo tipo de funcionario, sino también o sobre todo un nuevo tipo de político, distinto al retórico y poco eficiente político que, salvo excepciones individuales, prolifera actualmente en ayuntamientos, gobiernos autónomos y central. Una novedad que muchos argumentan respecto a los nuevos y futuros empleos es que, gracias a la telemática, muchas personas podrán trabajar desde sus propios domicilios privados. También es verosímil que se creen numerosos empleos en lo que podríamos denominar *centros productivos de signos*, dedicados a subjetivar los objetos producidos masivamente, a singularizar unos u otros aspectos en sociedades de masa que propenden a la homogeneización de todo, a personalizarse distintivamente respecto a la tendencia a la robotización. En todo ello, los psicólogos y sociólogos, los pintores y músicos, los diseñadores y los *homo ludens*, etc., tendrán mucho que hacer.

No obstante todo ello, hay que subrayar que se ha terminado la época en que cada hombre podía contar con un trabajo estable para toda o para muchos años de su vida. El paro que estamos viviendo y que aumenta desde hace unos pocos años es un paro estructural, que no hace más que anunciar el paro multitudinario que acabará de provocarse en años próximos, a menos que empiece a reorganizarse sistemáticamente el tiempo de trabajo y su reparto entre todos.

No hay ni habrá empleo para todos al estilo clásico de ocho horas al día o cuarenta horas por semana y aproximadamente un mes de vacaciones al año durante gran parte de la vida. Este fenómeno se está acabando y se acabará completamente en la próxima etapa.

¿Qué hacer, pues?

Se proponen varias vías de solución:

a) El aumento de los impuestos a los que tienen empleo, con el fin de subvenir a las necesidades básicas de los que se encuentren en el paro. Esto resultaría peor que la «enfermedad»: disgustaría a los empleados, no satisfaría a los parados, crearía una absurda e injusta división social con la consiguiente conflictividad, respecto a la que cabe imaginar el brote de algunas actitudes neorracistas.

b) Organizar el retraso de la edad de llegada de los jóvenes al empleo, así como el adelanto de la edad de jubilación. Por ejemplo, que en vez de que la vida laboral se prolongue, como hoy, más o menos entre los 20 y los 65 años de edad, que transcurra sólo entre los 30 y los 55, aproximadamente. Esto ya muestra una cierta racionalidad, que en parte serviría para satisfacer las mayores necesidades de formación cultural antes de llegar al puesto de trabajo y en la otra parte correspondería al principio de un cierto descenso de las capacidades físicas. Sin embargo, como en el nuevo modo de producción desaparecerán los puestos de trabajo para los que se requiera considerable fuerza física, y ya que el promedio de vida aumenta (en los países desarrollados llega hasta los 75), a los 55 años una persona puede considerarse relativamente joven con la ventaja de estar en la fase culminante —y durante diez o acaso veinte años más— de su creatividad intelectual, que es la que más se necesita hoy y se precisará en los años venideros.

c) La solución más racional, más humana, más eficiente y más creadora individual y colectivamente es la siguiente: que todo el mundo tenga un empleo o una actividad con la que ganarse la vida, y que cada cual trabaje menos o incluso mucho menos de lo que hoy trabajamos. Esto es, en vez de trabajar ocho horas (algunos siguen trabajando nueve y diez cada día), hay que llegar a una situación en la que todos trabajen entre tres y cinco horas al día, como máximo, con lo cual se absorberían los parados. El reparto del trabajo también podría hacerse ampliando los períodos de vacaciones: es verosímil que llegue una época en la que sólo se trabaje, por ejemplo entre lunes y jueves, y que además del mes veraniego de vacaciones, se pueda disponer de otro(s) mes(es) de vacaciones en invierno, primavera y, ¿por qué no?, en otoño, es decir: se trabajarán dos meses cada trimestre. La revolución científico-técnica en marcha y sus posibilidades de alcanzar grandes productividades y rendimientos en los próximos decenios nos brindan sugerencias que dicen que lo supuesto —y propuesto— en las líneas anteriores puede no ser una utopía demasiado lejana en el tiempo.

Si reconsideramos el pasado reciente del que procedemos, tal prospectiva no es descabellada. Hace pocas décadas, incluso en la mayoría de países europeos la semana laboral era de unas setenta horas y aun más, especialmente para los campesinos. Yo he conocido personas de cierta edad en los años 1950 y en Barcelona (por ejemplo, panaderos y empleados de una pastelería) que todavía recordaban cómo en su juventud, en los años 1920, vivían-trabajaban en una especie de semi-servidumbre: incluso dormían en el propio lugar de trabajo). Hoy, en Europa y también, aunque menos, en España, algunos reivindican y otros ya disponen de una semana de 35 horas. De ese nivel no será difícil pasar a las 25 horas semanales, con lo cual ya estarán en las 5 horas al día.

Para que todo el mundo tenga alguna actividad, y a fin de que cada uno trabaje menos, pueden establecerse otras combinaciones: por ejemplo, en el bloque *c*) pueden asociarse las proposiciones del punto *b*). También podría hacerse de la siguiente manera: institucionalizar y generalizar para todos los empleos el *año sabático* (en las universidades de Estados Unidos y de otros países, ello consiste en que durante un curso, el profesor al que le corresponde el año sabático no da clases y se dedica a viajar, a leer, a «reciclar» sus conocimientos o a aumentar sus saberes en otras ciencias, artes, etc.). Podría regularse un año sábatico, de liberación del trabajo habitual, cada cinco años, por ejemplo, a condición, claro es, que ese tiempo no se dedicase sólo a tumbarse a la bartola o a un ocio alienante. En especial, tendría que ser un tiempo dedicado a superarse humanamente y, reiterémoslo una vez más, no hay superación humana más que por la vía intelectual, sensible, mediante la adquisición de cultura, de afinamiento espiritual.

En cualquier caso, es indudable que avanzamos hacia una civilización en la que aumentará mucho el tiempo libre y que ello exigirá —exige ya, salvo a los hombres que se caracterizan lamentablemente por su imprevisión— nuevos planteamientos de tipo cultural-profesional, cultural-humano y moral. En los próximos lustros, al trabajo no podremos darle el mismo sentido ni la misma proyección, entre otras razones porque habrá cambiado la naturaleza de nuestras actividades. También tendremos que darle otro significado al tiempo, a la libertad, al desarrollo histórico y a nuestro devenir irreversible a través de él.

3. La formación cultural permanente y los problemas de la representación y de la utilización de los conocimientos en los ordenadores

La reorganización del tiempo dedicado al trabajo se impondrá, además, porque, con la generalización y la aceleración del sistema inteligente, cada cual necesitará renovar periódicamente sus conocimientos. Por cuanto hoy ya podemos observar, puede asegurarse que en el futuro habrá pocas diferencias entre los centros de investigación-enseñanza y los centros de producción-distribución: serán inmensos laboratorios-talleres del saber-fábricas, o transindustrias-multiuniversidades, polifacéticos centros productivos de cultura y de cosas para satisfacer las necesidades básicas que se extenderán asimismo por los campos y por determinadas zonas marítimas, donde se encuentran los orígenes de la vida en este planeta. Naturaleza, persona, sociedad y proyecciones culturales se engranarán de manera creativa y placentera.

No habrá (en las industrias y en los centros de investigación en ciencias y en tecnologías avanzadas *ya no hay*) separación total entre los años dedicados al estudio (entre los 6 y los 26 años de edad, aproximadamente) y los años destinados a la actividad profesional. En algún grado, se necesitará (ya se necesita en lugares como los indicados) volver a ser estudiante a los 40, a los 50 y a los 60 y tantos años de edad o más (ahora ya un buen profesor, o un empresario audaz o un lúcido investigador, también un periodista, un médico, un abogado, etc., que sean fecundamente responsables de su oficio, *estudian unas y otras materias hasta que se mueren, llevando a buen término esta tarea no por necesidad sino por placer*). Este talante será exigible para la mayoría —esperemos que también sea asumido con satisfacción— en una época no lejana, desde la que se considerará irracional que hasta 1988 se organice la enseñanza como algo aislado desde la niñez hasta la adolescencia (a no pocos ya nos parece un fenómeno atravesado de irracionalismos). En el futuro también considerarán irracional que la mayoría no vuelva a estudiar nada en toda su vida.

Es absurdo que tras la enseñanza primaria y media, se pretenda alcanzar una formación superior «para siempre» en 5-7 años de estudios universitarios. Por cuanto vengo apuntando hasta aquí, cada vez resulta más imprescindible una formación —otros dicen «educación»— cultural permanente, a lo largo de toda la vida y en relación con los demás sectores sociales, porque una cosa es la teoría de las ciencias y otra, con frecuencia distinta, la aplicación práctica de sus conceptos, de sus fórmulas, de sus tesis, de sus normas. Por ejemplo, un profesor de física, seguramente puede adquirir una versión más flexible y proteica de sus leyes después de pasar un mes en una fábrica observando la diversidad de productos que se obtienen de la aplicación de sus principios teóricos. O bien un sociólogo, cuando no es sólo un teórico y hace investigaciones empíricas, descubre que un mismo concepto —burguesía, clase obrera, Estado, etc.— aplicado al análisis de dinámicas históricas de diferentes naciones engloba contenidos distintos e incluso contrapuestos. De cara al futuro, un centro universitario ya no puede ser el lugar donde se terminan los estudios, sino tan sólo *un ventanal de apertura* a la cultura que, sobre todo, se elabora en la sociedad, en la dialéctica de las múltiples experiencias y de los conocimientos acumulados hasta un determinado momento, que se ponen a prueba, que se reafirman, que se matizan o que se rechazan a cambio de otros saberes obtenidos por la experimentación.

La enseñanza, hasta la fase hoy llamada «superior», tendrá que ser un período en el que, especialmente, habrá que *aprender a aprender,* esto es: a adquirir métodos para la asimilación de los conocimientos y sobre todo *métodos para la elaboración de saberes nuevos* a partir de los ya conocidos. Ya en la larga etapa de iniciación, la formación cultural no se limitará sólo a la dimanante de los centros docentes, sino que tomará en consideración, por la vía de la autodidaxia, los elementos culturales vivos, creativos, que broten de otras instituciones

—revistas, periódicos, programas de radio y televisión, industrias, talleres de pintor, de escritor, de músico, etc.— y cuyos adelantos no hayan llegado —hoy tardan en llegar— a las facultades académicas (hasta ahora con la mirada más puesta en el pasado que dirigida hacia el futuro). Todo ello habrá de estimular, a lo ancho de la vida social, otro tipo de relaciones culturales (no las clásicas, de dominación, entre el que sabe y el que no sabe) de las que cada cual podrá enriquecerse, interdisciplinariamente, a lo largo de los intercambios, las interacciones, los diálogos comprensivos, las controversias y las nuevas series de hipótesis, las comprobaciones y el relanzamiento de otras conjeturas, a través del tiempo, desde la adolescencia hasta la vejez. Por ello el sistema inteligente consistirá en que la vida humana será, más que nunca, la expresión de la cultura, desde la que rezuma el cuerpo hasta la que fluye de la mente, desde la que significa la práctica de juegos y deportes hasta la que fructifica en el retiro de las bibliotecas, desde la típica del auditorio musical en plena urbe hasta la específica del laboratorio espacial, desde la de los silenciosos e inmensos depósitos de datos que atesorarán los ordenadores, hasta la del zumbido peculiar de múltiples terminales con los que se crearán nuevas combinaciones, hibridaciones y derivaciones, cuantitativas y cualitativas, de los conocimientos y de sus prácticas y concreciones tecnológicas.

La enseñanza-y-el-aprendizaje-y-la-investigación han de tener una gran y afinada estrategia para integrarnos armónicamente en el futuro, constituyendo a la vez nuevos derechos y deseos y una nueva escala de valores morales. De cara al futuro, la formación cultural permanente no tratará de formar rígidamente un tipo de ser humano —o no se limitará a formarlos con pocas variantes gregarias—, sino que los nuevos profesores-investigadores ofrecerán los diversos elementos mediante los cuales, cada uno podrá escoger libremente el tipo de persona y de profesional que desee ser, y sucesivamente, mientras quienquiera tenga energías para intentarlo, podrá introducirse en las variantes culturales que crea que correspondan a su autenticidad, a las disponibilidades potenciales de su propia naturaleza. En este sentido, también habrá que observar con precisión, y en cada persona (en cada niño, en cada adolescente, en cada joven, en cada individuo maduro, etc.), en qué medida necesita asimilar conocimientos exógenos, y en qué otra precisa desarrollar su lógica autogenerada, su pensamiento y su práctica más o menos original o con mayor o menor impulso innovador. La dosificación de unas y otras corrientes culturales no siempre es —ni será— fácil de hacer e incluso entraña algunos riesgos: ejemplos: un exceso de conocimiento erudito, puede aplastar la tendencia al conocimiento creador; pero lanzarse a una supuesta creatividad teórica, sin poseer los suficientes saberes que hasta un determinado momento pueden fundamentarla, tal vez no lleve más que a pergeñar débiles absurdos, sin pasado y, sobre todo, sin porvenir.

En todos esos enfoques y planteamientos los ordenadores dotados de inteligencia artificial podrán llevarnos, según la capacidad y la voluntad de quienes se sirvan de ellos, a perspectivas culturales extraordinarias. En primer lugar por la cantidad de datos, informaciones y conocimientos que tendrán de un modo constante a nuestra disposición, en tanto que una maravillosa, gigantesca expansión de la memoria humana. Téngase en cuenta que incluso las personas mejor dotadas sólo pueden recordar una cantidad limitada de saberes y detalles, relativamente poca en comparación con la que una supercomputadora puede acumular y reproducir en cualquier momento: una cantidad asombrosa. La memoria de las mujeres y de los hombres es lenta, impresa y al cabo de pocas horas puede fatigarse o ser cada vez menos productiva. En cambio, la memoria de la máquina inteligente es rápida, de gran precisión y no se cansa. La fatiga puede llevar al científico y al artista, al profesor y al investigador, a cualquier profesional, al aburrimiento y hasta el aborrecimiento de los trabajos por los cuales sienta más entusiasmo o una inclinación vocacional tan o más fuerte que la religiosa (hay no pocos grandes hombres de ciencia y pintores y escritores y compositores, etc., que, a su manera, son profundamente religiosos). Por el contrario, el ordenador no se aburre ni aborrece las tareas que le encargan. La mayoría de las personas, también las que trabajan en oficios intelectuales, suelen ser poco sistemáticas en sus tareas, y pueden adentrarse aun menos en los trabajos que necesitan enfoques sistémicos o que requieren crecientes combinaciones de diversos y numerosos conocimientos o que exigen proyecciones metodológicas de complejidad reticular extensiva. Para las máquinas inteligentes de la quinta generación no sólo resultará fácil ser sistemáticas, sino también adentrarse en consideraciones sistémicas insólitamente complejas. Todo ello llevará tanto a nuevas cantidades de saberes como implicará considerables saltos cualitativos en los conocimientos. Tomando como fundamento los conocimientos que se poseen hasta hoy, las mentes más privilegiadas de cualquier rama del saber sólo pueden plantear unas cuantas deducciones lógicas e hipótesis, acerca de cuáles serán los posibles desarrollos de dichos conocimientos. Tales deducciones, inducciones e hipótesis pueden ampliarse y profundizarse a lo largo de los días y sobre todo al cabo de los meses, de los años y de los decenios (por desgracia son muchos los científicos que mueren dejando su obra en parte inconclusa): los más audaces, o los más dotados de imaginación poética y artística o los que más se atrevan a liberarse periódicamente de los condicionamientos de la observación empírica y de la experimentación material, extrapolarán algunos de sus conocimientos para especular en torno a eutopías y a eucronías. (Son varios los científicos y los filósofos de magnitud universal y de todos los tiempos, desde Thomas More y Kepler hasta Carl Sagan, Zamiatin, Asimov y Clarke que, al margen de su trabajo principal, han escrito libros utópicos o novelas de ciencia-ficción.) Las nuevas máquinas de inteligencia artificial multiplican por cifras inauditas el número y la rapidez de esos trabajos de los seres humanos: ya se está trabajando en lenguajes de programación lógica (PROLOG: este lenguaje empezó a crearse en la Universidad de Aix-Marseille) con los que se quiere llegar a obtener, en principio, un millón de LIPS: inferencias lógicas por segundo. Los japoneses y los norteamericanos son quienes tienen más adelantados estos proyectos cuyo objetivo final, desde la actual perspectiva, es conseguir un superordenador que pueda realizar entre 100 y 1.000 millones de inferencias lógicas por segundo. (Las actuales máquinas sólo pueden tratar entre 1.000 y 100.000 inferencias lógicas por segundo.) El programa japonés para la fabricación de ordenadores de la quinta generación es el que parece más consistente: está dirigido por Tohru Moto-oka, catedrático de la Universidad de Tokyo y Kazuhiro Fuchi, directivo del Laboratorio Electro-técnico. El Gobierno de aquel país ha puesto a disposición de este programa un presupuesto de 100.000 millones de yens para la etapa de 1982 a 1992. Pero insistimos en que no todo es cuestión de microelectrónica en este plan de trabajo que se propone alcanzar objetivos que, para quienes no están en el secreto de estas investigaciones, pueden parecer fantásticas especulaciones de película. Para preparar la fabricación de esas máquinas superc ultas e inteligentes se trabaja también en estudios a partir de la lógica, de la lingüística, de la psicología, de todo el vasto campo de conocimientos y sensibilidades humanas, ya que el modelo a imitar (multiplicándolo enormemente) es precisamente el de la inteligencia humana, que no puede definirse más que de una manera muy compleja, *difusa e incluso borrosa,* lo mismo que el lenguaje de las personas. Por ello otro destacado investigador japonés en estas materias, el profesor Michio Sugeno, del Instituto Tecnológico de Tokyo, sostiene que una de las claves para dialogar en lenguaje natural con los ordenadores de inteligencia artificial es la *lógica difusa o borrosa* («fuzzy measure theory») (Sugeno ha creado un dispositivo que ya es capaz de reconocer un centenar de palabras, en varios idiomas, y que se aplica para la dirección de vehículos mediante instrucciones orales de cualquier ser humano).

Para estos proyectos y tareas se necesitan, más que especialistas, profesionales con capacidad inter- y transdisciplinaria a fin de poder alcanzar tales niveles de complejidad, profesionales que sepan eliminar o al menos controlar cualquier elemento dogmático o rígido de su «lógica» o «disciplina» (¡qué término tan violento y pedestre!) especializada, porque como también advierte Vladimir Zveguintsev, doctor en Filología por la Universidad de Moscú, que trabaja en los problemas de la articulación de la lengua natural con los sistemas intelectuales computerizados, «los conocimientos del hombre expresados por la lengua tienen carácter polisémico y multidimensional, y se forman bajo la influencia de factores de carácter psíquico y fisiológico, tales como la imaginación, la intuición y la percepción sensitiva». ¿Cómo llamar a este nuevo tipo de profesionales inter- y transdisciplinarios? Varios autores han puesto en circulación diversos conceptos, como «especialistas de la transferencia de saberes expertos» que sepan hacer «parir a los especialistas su saber», dice Jean-Gabriel Ganascia (profesor en la Universidad de Paris-Sud e investigador en el laboratorio de investigación informática, LRI, de Orsay), quien añade: «está naciendo un nuevo oficio, el de ingeniero del conocimiento. El ingeniero del conocimiento es no sólo un hombre de la técnica, que conoce la informática y la inteligencia artificial, sino que también es un hombre especializado en lo psíquico del conocimiento, sabiendo buscar, identificar, conceptuar y explicar los diferentes actos del saber». Feigenbaum coincide, en lo fundamental, con esta definición de las personas altamente representativas de la cultura de hoy y para el futuro al proponer el concepto de «ingeniero del saber», que ha de ser un saber experimental, explorador, heurístico, estratégicamente descubridor, fecundo de hipótesis que pueden abrir cauces a campos culturales inmensos. Feigenbaum, inspirándose en las tesis de Penny Nii (profesora de informática también en la Universidad de Stanford), dice que «el ingeniero del saber es al mismo tiempo un generalista y un especialista. Ha de ser capaz de situarse de modo cuidadoso y preciso dentro de la mente del especialista con quien trabaja, de modo que al final pueda imitar sus métodos de pensamiento con gran precisión. En esto reside su generalidad. Pero también ha de ser capaz de enmarcar sus conocimientos de modo tal que el equipo de programadores pueda convertir estos conocimientos en códigos informáticos útiles».

En torno a las formas de representación, control, utilización y renovación del saber en los ordenadores de inteligencia artificial siguen planteándose todavía, sin embargo, notables problemas. Otro investigador francés en Informática, Hervé Gallaire (dirige en Munich el «European Computer-Industry Research Centre», un centro de investigación mancomunada de las sociedades Bull, ICL y Siemens), escribía no hace mucho: «Si hoy se habla tanto de la representación de los conocimientos es, de hecho, porque hasta ahora ningún formalismo tan universal como el de, por ejemplo, la representación decimal de los números no ha podido establecerse... La representación de los conocimientos sigue siendo, pues, un problema mayor, lejos de estar resuelto.»

En efecto, la inteligencia artificial no puede progresar mucho mientras no sepa cómo asimilar, reproducir y tratar innovadoramente los conocimientos elaborados por los hombres hasta el presente. La base de conocimientos de los ordenadores de la quinta generación es una estructura diferente de la base de datos de los ordenadores que vienen utilizándose. Es relativamente fácil manejar los datos objetivos, sobre acontecimientos y cosas, y relacionarlos entre ellos. Pero es difícil operar sobre una base de conocimientos, ya que estos incluyen los hechos, las creencias, las opiniones, los juicios de valor, los prejuicios y también algunas hipótesis o proyecciones heurísticas hacia el porvenir, según cada autor, cada persona. A la hora de representar, escoger, organizar, controlar, transmitir los elementos de la base de conocimientos pueden exponerse diferentes criterios que conduzcan a distintos razonamientos. En estos aspectos las conjeturas no siempre e incluso raramente suscitarán el acuerdo de todos. ¿Qué datos y conocimientos, proposiciones experimentales y heurísticas se combinarán para resolver qué problemas, en qué espacios y tiempos? ¿Cuáles van a ser —y quiénes van a dirigir— los programas que pongan en marcha las interpretaciones o el motor de inferencias lógicas? ¿Qué líneas o redes de raciocinios se interconectarán para llegar a qué aspectos y objetivos culturales, sensibles, sociales, éticos, económicos, estéticos, políticos? ¿De qué premisas se partirá a fin de desarrollar qué argumentos? ¿Quiénes dialogarán mediante las interfaces humanas con los ordenadores inteligentes? ¿Qué necesidades y deseos se atenderán preferentemente?

La informática, incluso en su quinta generación, deja numerosas cuestiones por resolver y cuyas soluciones han de hallarse mediante actuales y nuevos conocimientos humanísticos. *La inteligencia artificial tendrá el porvenir que le marque la inteligencia natural*, de las mujeres y de los hombres, con sus respectivas escalas de valores, sus sentidos de la libertad y de la justicia, sus tolerancias o intransigencias, su gusto estético musical, plástico, literario, su capacidad de soñar o no...

4. Nueva escala de valores: tener un empleo y hacer lo que a cada uno le gusta

La dimensión ética de las cosas y de las relaciones interpersonales, intergrupales e internacionales, se ha ido descuidando en las últimas décadas, pero estamos ya en una etapa crucial en la que cada vez son más las mujeres y los hombres que consideran que es imprescindible reafirmar algunos valores morales y crear otros nuevos. Estas corrientes no sólo constituyen los efectos de un cierto renacimiento de las tendencias humanistas, sino que a la vez se plantean como necesidades prioritarias imbricadas con las necesidades de la enseñanza innovadora y liberadora y con las exigencias de la dinámica acelerada de la sociedad impelida por la revolución científico-técnica que, para su plena realización, requiere la paz en el mundo y la superación de las situaciones socio-económicas y científico-técnicas desequilibradas entre las naciones.

Con tales enfoques, lo que hoy caracteriza a unos pocos artistas, científicos y escritores, probablemente se expandirá en la mayoría: en el porvenir, las personas no querrán simplistamente tener un empleo, sino que principalmente optarán por hacer lo que más les guste, aunque con esto no ganen tanto dinero como con aquéllo.

En el futuro, la naturaleza, el sentido y la proyección del trabajo humano cambiarán radicalmente. De la obligación penosa que es hasta hoy, pasará a ser una inclinación deseada como elemento del propio devenir; de necesidad impuesta objetivamente, evolucionará hacia una ética del deber promovido subjetivamente; de dominación de unos hombres sobre otros, se irá —ya se va— gradualmente hacia unas interrelaciones creativas, armónicas; de las contraposiciones se pasará a las complementariedades; de la competitividad agresiva, a la cooperación; del individualismo salvaje, a las individualidades libres y con gran sentido de la solidaridad.

4.1. *Nueva escala de valores (bis): aprender a ser y a devenir*

Durante siglos y milenios, los problemas básicos con los que tuvieron que enfrentarse los seres humanos se refirieron a diversos tipos de escasez o de penuria total, incluso de las cosas más elementales: de alimentos, de fuego, de calor, de vestidos, de vivienda, de cultura, de higiene, de medios de transporte y de comunicación, de posibilidades de realizar investigaciones científicas, etc. Por tanto, su universo intelectual, amenazado constantemente por el no-tener, se orientaba unilateralmente por el tener. Centrado en la obtención de las cosas, en su consumo y en su contemplación, por lo general el hombre de todas las épocas se ocupaba —hoy todavía una mayoría se ocupa— muy poco de saber quién era, o quién es, y cómo puede llegar a ser más.

La conducta típica de la persona únicamente orientada por el tener es parecida a la de un niño egoísta y avaro, encerrado con sus propios juguetes, sin amigos o sin experimentar auténticas relaciones afectivas con los demás, o sosteniendo determinados contactos sólo con vistas a obtener más cosas, a conseguirlas por las buenas o por las malas. El niño, el adolescente o el adulto que se comporta así, es un neurótico que pretende realizarse a través de las cosas y que, por ende, se *cosifica* él mismo, o sea: abandona en germen o no promueve el desarrollo de su propio ser. El individuo dominado por la noción de tener destruye sin darse cuenta buena parte de su auténtica humanidad al ritmo en que se «apoya» en el consumo excesivo de alcohol, de otras drogas o que, en suma, se centra en aumentar hipertróficamente unas supuestas necesidades o necesidades artificiales cuya «satisfacción» no añade nada de esencial a su vida o, lo que es peor, le lleva a padecer ciertas patologías: obesidad, hipertensión, etc., o a convertirse en un exhibicionista: más joyas, más coches, más casas, etc., cosas con las que, en el fondo, pretende disimular o enaltecer *su escasa significación* como hombre o como mujer considerado(a) por sí mismo(a), por su propia identidad.

Ciertamente, no se puede hacer una crítica total al tener, puesto que el ser humano tiene necesidad de diversos objetos que pueden facilitar su ser. Durante siglos e incluso a través de las últimas décadas, el conseguir sucesivos aumentos de bienestar material ha facilitado nuevos contenidos y formas de realización del ser. Es decir, a lo largo del tiempo, en la medida que van superándose unas y otras carestías elementales —las concernientes a la nutrición, a la salud, a la enseñanza básica, etc.—, a las personas les resulta más factible ocuparse de atender otras necesidades de tipo superior, lúdico y espiritual, teorético y experimental, que las hagan trascenderse o ser más.

En la última etapa del siglo XX, en los países altamente industrializados la mayoría ya satisface cuanto es básicamente imprescindible. Esto es, millones de personas pueden hoy frenar e incluso poner término a su obsesiva inclinación por el tener y, por consiguiente, lanzarse a una mayor, sobre todo más profunda, autocreación de su ser.

En nuestros días, los derechos que se articulan al tener, empiezan a ser anacrónicos y contraproducentes. Ahora, y hacia el porvenir, lo principal y decisivo es el ejercicio del *derecho a ser y a devenir.*

No-ser y no llegar a ser más de lo que el ser humano es, significa negar su propia naturaleza, la de cada cual con sus intrínsecas y peculiares potencialidades en el sentido que sea, por lo general polisémicas, en el grado que resulte.

No hay ninguna expresión de lo vivo que no sea evolución, un proceso o una corriente, un movimiento o una transformación. Lo sabemos desde Heráclito y se confirma a través de los siglos mediante otros filósofos, biólogos, poetas, psicólogos, etcétera. Cualquier estructura vital, desde la de la planta hasta la del animal, es (o está viva) en tanto que deviene, en tanto que crece y se desarrolla. Ello es tanto más así en el ser humano, por cuanto, poco o mucho, su crecimiento y desarrollo no es sólo ni principalmente físico, sino esencial y decisivamente psíquico, intelectual, desde el mismo momento en que adquiere un lenguaje y adopta unos comportamientos sociales a los que les añade unos u otros elementos culturales, pequeños o grandes, conocidos o nuevos, comunes o específicos y originales.

Contra lo que pueden sugerir las apariencias, para ser se necesitan más energías que para tener. El esfuerzo para acumular cosas tiene el vuelo corto, se agota o se colma pronto, mientras que adentrarse en el rumbo del ser significa orientarse hacia amplísimos y complejos horizontes. El tener desencadena actitudes volitivas mecánicas, simplistamente lógicas, hacia fines inmediatos o a plazo relativamente corto. Por el contrario, el ser pone en situación dialéctica tanto a nuestros conocimientos como a nuestras emociones, a nuestra mente y a nuestro corazón, a nuestra mirada y a nuestra proyección imaginaria hacia todas las escalas temporales y espaciales.

Tener es fácil y ser resulta difícil. Ser significa ir más allá del egocentrismo infantil (que suele perdurar en no pocos adultos), primitivo o salvaje. Para ser hay que ser crítico y autocrítico, libre y autoliberador. Ser significa que en determinados momentos la persona deja de ser lo que ha sido para ser lo que será, movimiento transformador que no puede llevarse a buen término más que en conjunción creadora con otros seres, conocimientos, afectos, sensaciones artísticas, puntos de vista, sueños, eutopías y eucronías. En definitiva, ser es una confluencia enriquecedora con los demás seres humanos, con sus respectivas derivaciones culturales y con sus prácticas, al tiempo que una confluencia, que asimismo enriquece, con la naturaleza, con los árboles y con los pájaros, con los mares y con las estrellas. Poetas como Rilke y Valéry lo intuyeron con gran lucidez y belleza, lo cual también expresaron con claridad y precisión científica desde psicólogos como Erich Fromm hasta biólogos como François Jacob.

La enseñanza innovadora y todo el futuro de la cultura han de estar fecundamente engranadas con el aprender a ser y a devenir en una dinámica histórica que habrá de superar la contradicción entre el trabajo y el placer, conceptos-prácticas que probablemente se fundirán y desembocarán en lo que quizá se defina como *el desarrollo global del ser humano*. Su ocupación se efectuará como si gozara del tiempo libre, su esencia impregnará su existencia, la flexibilidad del sistema será tal que parecerá la institucionalización de los juegos, de las actividades lúdicas de alta intensidad científica y artística.

4.2. *Nueva escala de valores (ter): el desarrollo histórico, la personalidad libre y el futuro de la cultura*

El desarrollo histórico y el futuro de la cultura serán el resultado de los impulsos del ser en libertad, que no dejará de engranar cuantas tendencias principales han quedado expuestas hasta aquí. No puede ni podrá concebirse que el futuro de la ciencia y de la técnica se realice al margen del futuro de la ética y de la estética, en tanto que frutos de los sucesivos autoengendramientos de la autenticidad y de la dignidad humanas. Es necesario articular en todo momento los ritmos de evolución de unos y otros fenómenos, con el fin de que ninguno quede retrasado primariamente o con objeto de que ninguno se adelante precipitadamente hacia situaciones contraproducentes.

La máxima participación posible de las mayorías en esa corriente es otra condición imprescindible para desembocar creadoramente en ese porvenir que ya germina en el presente de las naciones desarrolladas. Las alternativas que en estas páginas se sugieren no serán suficientemente consistentes si en ellas no participa una parte creciente de la población y, en primer lugar, las personas que de un modo u otro ya pertenecen a los diversos ámbitos de la cultura. La participación supone a la vez una ruptura de los compartimientos aislados, una franca apertura de las puertas de las sectas intelectuales, una superación de las disciplinas y de sus prejuicios, y una comunicación en todos los sentidos que evite cualquier tipo de conformismo que pretenda estancar la marcha de la historia y la liberación de la persona en ella. El ser necesita la organización de las adecuadas estructuras que evolucionen a través del tiempo, pero ningún entramado estructural humano (social, cultural, etc.) puede confundirse con o intentar que quede establecido como un orden rígido, estático «para siempre».

SERGIO VILAR
Barcelona-Madrid
París-Atenas
Primavera de 1987-Otoño de 1988

NOTA:

La acumulación de ideas ajenas y de teorías propias para escribir un libro se inicia mucho antes de que la escritura de la obra correspondiente se haga de manera «definitiva». *El futuro de la cultura* empecé a prepararlo en 1980, si bien diversas lecturas de textos que en estas páginas cito son de etapas anteriores, principalmente las de los clásicos de unas materias y otras.

En un mundo como el actual dominado por la velocidad, es necesario subrayar la dinámica de creación de un libro como éste, para poner de manifiesto que, al contrario de esa tendencia veloz, la elaboración de los principales procesos culturales requiere diversas lentitudes, lo mismo que para su asimilación completa y fructífera. La reflexión crítica y en profundidad, en especial si se engrana con planteamientos complejos, se encuentra en el polo opuesto a la rapidez, sobre todo si consecuentemente se desea innovar a partir de todo ello. Con lo cual también sugiero que no basta con leer un libro de este estilo: hay que releerlo así como son necesarias varias lecturas de textos análogos.

FUENTES TEÓRICAS Y EMPÍRICAS

ATLAN, H.: *L'organisation biologique et la théorie de l'information*, París 1972.

ANZIEU, D.: *Le groupe et l'inconscient. L'imaginaire groupal*, París 1982.

BACHELARD, G.: *Essai sur la connaissance approchée*, París 1970.

— *Le Nouvel Esprit Scientifique*, París 1971.

BAREL, Y.: *Prospective et analyse des systèmes*, París 1971.

BARRACLOUGH, G.: «Historia», en M. M. FREEDMAN et al.: «Corrientes de la investigación en las ciencias sociales», Madrid 1981.

BAKUNIN, M.: *La instrucción integral*, introducción y traducción de Claudio Lozano, Barcelona 1979.

BATESON, G.: *Vers une écologie de l'esprit*, París 1973.

BAUDRILLARD, J.: *De la seducción*, Madrid 1981.

BERGER, G.: *Universidad, tecnocracia y política*, Madrid 1965.

BERGSON, H.: *L'évolution créatrice*, París 1948.

BERTALANFFY, L.: *Robots, Men and Minds*, Nueva York 1967.

BIELICKI, T.: *The Intensity of Feedbacks between Physical and Cultural Evolution*, Nueva York 1970.

BODEN, M.: *Inteligencia artificial y hombre natural*, Madrid 1984.

BOHM, D.: *La totalidad y el orden implicado*, Barcelona 1988.

BOTKIN, J. W. et al.: «Aprender, horizonte sin límites», informe al Club de Roma, Madrid 1979.

BRAUN, E.: *Tecnología rebelde*, Madrid 1986.

BRAUDEL, F.: *La historia y las ciencias sociales*, Madrid 1966.

BRECHT, B., en HOLTHENSEN, H. E.: «Brecht», Barcelona 1963.

BRESSAND, A. y DISTLER, C.: *El mundo del mañana*, Barcelona 1986.

BUNGE, M.: *La investigación científica*, Barcelona 1969.

— *The Mind-Body Problem*, Montreal 1980.
CAILLOIS, R.: *Le Mythe et l'homme*, París 1972.
— *Cohérences aventureuses*, París 1973.
CANETTI, E.: *Masa y poder*, Barcelona 1981.
CARR, E. H.: *¿Qué es la historia?*, Barcelona 1967.
CASTORIADIS, C.: *L'institution imaginaire de la société*, París 1975.
COHEN, Y.: *Man in Adaptation*, Nueva York 1982.
COMTE, A.: *Sociologie* (textes choisis), París 1969.
COOMBS, Ph.: *La crisis mundial de la educación*, Madrid 1979.
CORDON, F.: *La evolución conjunta de los animales y su medio*, Barcelona 1966.
CHARGAFF, E.: *Voices in the Labyrinth: Nature, Man and Science*, Nueva York 1977.
CHAZAUD, J.: *Psychanalyse et créativité culturelle*, París 1972.
CHOMSKY, N.: *Conocimiento y libertad*, Barcelona 1972.
— «Théories du langage, théories de l'apprentissage», en «Le débat entre Jean Piaget et Noam Chomsky», París 1979.
DAVID, A.: *La cibernética y lo humano*, Barcelona 1966.
DELEUZE, G. y GUATTARI, F.: *L'Anti-Edipe*, París 1972.
— *Mille Plateaux*, París 1980.
DOBZHANSKY, T.: *Man and Natural Selection*, Chicago 1981.
DUMAZEDIER, J.: *Vers une civilization du loisir?*, París 1962.
ECCLES, J. C.: *The Brain and the Unity of Conscious Experience*, Londres 1965.
ECO, U.: *Obra abierta*, Barcelona 1963.
— *La struttura assente*, Milán 1968.
EDELMAN, B.: *L'homme des foules*, París 1981.
EINSTEIN, A.: *Ideas and Opinions*, Nueva York 1954.
EINSTEIN, HEISENBERG, SCHRÖDINGER, PLANCK et al.: *Cuesiones cuánticas*, Barcelona 1987.
FAURE, E. et al.: *Aprender a ser*, Madrid 1973.
FEIGENBAUM, E.: *La quinta generación*, Barcelona 1984.
FEYERABEND, P.: *Tratado contra el método*, Madrid 1981.
— *Adiós a la razón*, Madrid 1984.
FINLEY, M. I.: *Mythe, mémoire, histoire*, París 1982.
— *Entretiens avec Le Monde*, París 1984.
FOUCAULT, M.: *Les mots et les choses*, París 1966.
— *L'archéologie du savoir*, París 1969.
— *L'ordre du discours*, París 1971.
— *Surveiller et punir*, París 1975.
— *Microfísica del poder*, Madrid 1978.
FOURASTIE, J.: *Inventario del porvenir*, Madrid 1966.
FREIRE, P.: *La educación como práctica de la libertad*, Madrid 1982.
FREUD, S.: *El malestar de la cultura*, Madrid 1970.

FROMM, E.: *El miedo a la libertad*, Buenos Aires 1964.
— *¿Tener o ser?*, Barcelona 1980.
— *Anatomía de la destructividad humana*, Madrid 1982.
FROSINI, V.: *Cibernética, derecho y sociedad*, Madrid 1982.
GALLAIRE, H. et al.: *La Recherche en intelligence artificielle*, París 1987.
GANASCIA, J. G. et al.: *Ibídem*.
GARCÍA GUAL, C.: *Epicuro*, Madrid 1983.
GASTAUT, H. en MORIN, E. et al.: *El primate y el hombre*, Barcelona 1983.
GEYMONAT, L.: *Ciencia y realismo*, Barcelona 1980.
GOYTISOLO, J.: Entrevista con Tulio H. Demicheli, en *ABC* de Madrid el 26-I-1988.
GUATTARI, F.: *Psychanalyse et transversalité*, París 1972.
— *L'inconscient machinique*, París 1979.
GURVITCH, G.: *Dialectique et sociologie*, París 1962.
— *La vocation actuelle de la sociologie*, París 1963.
GUILLAUMAUD, J.: *Cybernétique et matérialisme dialectique*, París 1965.
HANDY, Ch.: *El futuro del trabajo humano*, Barcelona 1986.
HARTUNG, H.: *La educación permanente*, Madrid 1966.
HESSE, H.: *El juego de los abalorios*, Madrid 1978.
HORNEY, K.: *La personalidad neurótica de nuestro tiempo*, Buenos Aires 1973.
HUINZINGA, J.: *Homo ludens, a study of the play-element in culture*, Londres 1949.
HUXLEY, A.: *Literatura y ciencia*, Buenos Aires 1964.
ILLICH, I.: *Une société sans école*, París 1971.
— *Libérer l'avenir*, París 1971.
INFORME *FAST* (Comisión de las Comunidades Europeas): *Europa 1995 - Nuevas tecnologías y cambio social*, Madrid 1986.
JACOB, F.: *La logique du vivant*, París 1970.
— Declaraciones a *Le Nouvel Observateur* del 10 de octubre de 1973.
— «Sexualité et diversité humaine», serie de tres artículos publicados en *Le Monde*, París, 9, 10 y 11 de febrero de 1979.
— *Le jeu des possibles - Essai sur la diversité du vivant*, París 1981.
JUNG, C. G.: *Symbols of transformation*, Nueva York 1956.
— *Archetypes and the collective unconscious*, Nueva York 1959.
KUHN, T. S.: *The structure of Scientific Revolution*, Chicago 1970.
KUNDERA, M.: *El arte de la novela*, Barcelona 1987.
LA BOÉTIE, E.: *El discurso de la servidumbre voluntaria*, Barcelona 1980.
LABORIT, H.: *L'agressivité détournée*, París 1970.

— *L'homme imaginant*, París 1970.
— *La nouvelle grille*, París 1974.
LACAN, J.: *El yo en la teoría de Freud y en la técnica psicoanalítica*, Barcelona 1983.
LAMBERTH, J.: *Psicología social*, Madrid 1982.
LAVER, M.: *Los ordenadores y el cambio social*, Madrid 1982.
LEFEBVRE, H.: *La critique de la vie quotidienne*, París 1961.
LÉVI-STRAUSS, C.: *La pensée sauvage*, París 1962.
LORENZ, K.: *L'agression*, París 1969.
LUSSATO, B.: *El desafío informático*, Barcelona 1982.
LWOFF, A.: *Jeux et combats*, París 1981.
LYOTARD, J. F.: *La condición posmoderna*, Madrid 1984.
MACLEAN, P.: *The Triune Brain*, Nueva York 1970.
— en MORIN et al.: *El primate y el hombre*, Barcelona 1983.
MARCUSE, H.: *L'homme unidimensionnel*, París 1968.
— *Ensayo sobre la liberación*, Buenos Aires 1969.
— *La dimensión estética*, Barcelona 1978.
MAYOR ZARAGOZA et al.: *Investigación científica y metas sociales*, Madrid 1982.
— *Mañana siempre es tarde*, Madrid 1987.
McCORDUCK, P.: *Machines Who Think*, San Francisco 1979.
MINSKY, M.: *Computation: Finite and Infinite Machines*, Englewood Cliffs, 1967.
— et al.: *Robótica*, Barcelona 1986.
MISHKOFF, H.: *A fondo: inteligencia artificial*, Madrid 1988.
MOLES, A.: *La création scientifique*, París 1984.
MONOD, J.: *Le hasard et la nécessité*, París 1970.
MORIN, E.: *La nature de la nature*, París 1977.
— *La vie de la vie*, París 1980.
— *La connaissance de la connaissance*, París 1986.
MOSCOVICI, S.: *La société contre nature*, París 1972.
— *L'âge des foules*, París 1981.
NOVALIS, en POPPER, K.: *La lógica de la investigación científica*, Madrid 1962.
PIAGET, J.: *Logique et connaissance scientifique*, París 1967.
— *Estudios sociológicos*, Barcelona 1977.
— *Problemas generales de la investigación interdisciplinaria y mecanismos comunes*, Madrid 1979.
PIAGET, CHOMSKY et al.: *Théories du langage, théories de l'apprentissage*, París 1979.
POMIAN, K.: *L'ordre du temps*, París 1984.
POPPER, K.: *La sociedad abierta y sus enemigos*, Barcelona 1981.
— *La lógica de la investigación científica*, Madrid 1962.
— *El universo abierto - Post Scriptum* a *La lógica de la investigación científica*, Madrid 1984.

PRIGOGINE, I.: *Étude thermodynamique des phénomènes irréversibles*, París 1974.
— *La nouvelle alliance*, París 1980.
— *Physique, temps et devenir*, París 1980.
REICHENBACH, K. H.: *The Direction of Time*, California 1956.
RICHTA, R.: *La civilisation au carrefour*, París 1969.
ROHRER, H.: Entrevista con Antonio M. Yagüe, publicada en *Ya* del 13-IV-1988.
ROSNAY, J.: *Le Macroscope*, París 1975.
RUFFIE, J.: *De la biologie à la culture*, París 1976.
RUYER, JACOB, GROS: *Sciences de la vie et Société*, París 1980.
RUYER, R.: *La cybernétique et l'origine de l'informations*, París 1954.
SABATO, E.: *El escritor y sus fantasmas*, Buenos Aires 1963.
SALOMON, M.: *El futuro de la vida*, Barcelona 1982.
SÁNCHEZ FERLOSIO, R.: Entrevista con J. M. Plaza, publicada en *Diario-16* del 27-VI-1988.
SCHANK, R. y CHILDERS, P.: *The Cognitive Computer*, Addison-Wesley, 1984.
SCHILLER, F.: *La educación estética del hombre*, Madrid 1932.
SCHWARTZ, L.: *Où va l'Université? Rapport du Comité National d'évaluation*, París 1987.
SERRES: *Hermès I. La communication*, París 1969.
— *Hermès II. L'interférence*, París 1972.
SERVAN-SCHREIBER, J. J.: *La revolución del conocimiento*, Barcelona 1987.
SCHRÖDINGER, E.: *What is life?*, Cambridge 1967.
SIMON, H.: *The Sciences of the Artificial*, Cambridge 1981.
SNOW, C. P.: *The Two Cultures and Scientific Revolution*, Cambridge 1959.
— *Ciencia y gobierno*, Barcelona 1963.
STEGMULLER, W.: *Estructura y dinámica de teorías*, Barcelona 1983.
SUCHODOLSKI, B.: *Pedagogia de l'essència i pedagogia de l'existència*, Barcelona 1986.
THOM, R.: *Stabilité structurelle et morphogenèse*, París 1977.
TOULMIN, S.: «Vers une voie entre constructivisme et innéisme» en PIAGET-CHOMSKY, *op. cit.*
VALÉRY, P.: *Oeuvres*, I, París 1962.
VILAR, P.: «Problèmes théoriques de l'histoire économique», en *Aujourd'hui l'histoire*, París 1974.
VILAR, S.: *¿Tener libertad o ser libre?*, México 1964.
— *El viaje y la eutopía*, Barcelona 1985.
— *La década sorprendente 1976-1986*, Barcelona 1986.
— *La Universidad, entre el fraude y la irracionalidad*, Barcelona 1987.

WIENER, N.: *Cybernétique et Société*, París 1962.
WOODCOCK, A. y DAVIE, M.: *La théorie des catastrophes*, Lausana, 1982.
WOOLLEY, L.: *Los comienzos de la cilización*, en *Historia del desarrollo cultural y científico de la humanidad*, Vol. I (UNESCO), Buenos Aires 1966.

En cuanto se refiere a los datos y criterios de los profesores e investigadores citados en el capítulo III de *El futuro de la cultura* han sido publicados en los diarios *ABC*, *Ya*, *Diario-16* y *El País*, de Madrid; y en *El Periódico* y *La Vanguardia*, de Barcelona.

ÍNDICE ONOMÁSTICO

G

H

I

J